统计学系列教材

国家重点学科·国家精品课程

二十一世纪“双一流”建设系列精品教材

统计学

（第三版）

向蓉美　王青华　主编

西南财经大学出版社

图书在版编目(CIP)数据

统计学/向蓉美,王青华主编.—3 版 .—成都:西南财经大学出版社,
2018.8(2023.3 重印)
ISBN 978-7-5504-3650-3

Ⅰ.①统… Ⅱ.①向…②王… Ⅲ.①统计学—教材 Ⅳ.①C8

中国版本图书馆 CIP 数据核字(2018)第 182861 号

统计学(第三版)
向蓉美 王青华 主编

责任编辑:李晓嵩
助理编辑:袁 婷
责任校对:杨婧颖
封面设计:杨红鹰 张姗姗
责任印制:朱曼丽

出版发行	西南财经大学出版社(四川省成都市光华村街 55 号)
网 址	http://cbs.swufe.edu.cn
电子邮件	bookcj@swufe.edu.cn
邮政编码	610074
电 话	028-87353785
照 排	四川胜翔数码印务设计有限公司
印 刷	郫县犀浦印刷厂
成品尺寸	185mm×260mm
印 张	15
字 数	305 千字
版 次	2018 年 8 月第 3 版
印 次	2023 年 3 月第 5 次印刷
印 数	9001— 10000 册
书 号	ISBN 978-7-5504-3650-3
定 价	36.00 元

第三版前言

西南财经大学统计学课程先后被评为国家级精品课程、国家级精品资源共享课程。经过多年来持续不断的建设，统计学课程的教材体系、教学内容、教学资源日趋成熟完善。本教材正是我们课程建设成果的重要组成部分。

《统计学》(第二版)自2013年1月出版以来，已多次重印，受到了广大读者的欢迎。大数据时代的到来，更彰显了统计学在各个领域的重要作用。统计学教学也必须顺应时代的变化而不断发展完善。为了更好地满足这一需要，我们对《统计学》(第二版)及其配套的辅导书《统计学学习指导及应用实践》(第二版)进行了修订。

本次修订的主要内容有：更新和补充了一些例题和练习题，有利于紧密联系社会经济实际问题进行教学；根据Excel新版本对教材中有关内容进行了修订；对第二版中表述不严谨的内容和疏漏之处进行了订正，对一些图表格式和变量符号也做了修改，以使教材更加严谨、规范。此外，我们将提供各章的PPT、扩展阅读文献等数字教学资源，以供教师选用。

参加本书修订的教师均为西南财经大学长期担任统计学课程教学的教师。具体分工是：第1章，向蓉美教授；第2章，苏远琳副教授；第3章，黎春副教授；第4章，向蓉美，陈丹丹；第5章，雷敏副教授；第6章，夏怡凡副教授；第7章，马丹教授；第8章和第9章，王青华副教授。最后由向蓉美和王青华对全书进行统稿和审定。

我们衷心感谢兄弟院校同行长期以来对我们的大力支持！西南财经大学出版社的领导及编辑对本书的修订出版付出了辛勤的劳动，我们在此也表示诚挚的感谢！由于作者水平有限，书中难免存在错漏和不妥之处，恳请专家和读者批评指正，对此我们表示衷心的感谢！

编　者

2018年7月于西南财经大学

第二版前言

统计学的作用越来越为人们所认识，人们对统计知识的学习需求也越来越多。《统计学》第一版自2011年1月出版以来，已三次印刷。这两年来，我国坚持以科学发展为主题，以加快转变经济发展方式为主线，国民经济保持平稳较快发展，各项社会事业不断进步。为了及时反映这些发展和变化，使教材的理论和方法应用更加密切地联系实际，我们对教材做了修订，主要是全面更新了统计数据，在知识的讲解、图表的使用和举例中，都尽可能利用最新的实际社会经济数据，对第一版中个别表述不够准确和印刷有误的文字和公式符号做了修正。

编　者

2013年1月

第一版前言

我们生活在信息时代,数据无处不在、无时不有。哪里有数据,哪里就有统计。

统计学是一门研究数据的方法论学科。宇宙间万事万物,林林总总,各种事物可依特定的性质予以归类,形成各种群体——现象总体。无论是自然的、实验的,还是社会的、经济的,凡是可以用数据表现的总体,都可以作为统计的研究对象。统计方法和统计思想渗透到了社会、经济、自然、科技、生活的每一个角落。统计学不仅在社会经济领域得到发展,而且一些过去与数量毫无联系的学科,如政治学、法学、历史学、艺术学、考古学等,也都在对应用统计方法技术进行研究和实践。正因为如此,统计学被教育部经济学和管理学教学指导委员会指定为经济类和管理类各专业必修的核心课程之一。本教材是关于统计学基本理论和方法的教材,适用于经济类和管理类专业学生,也适用于广大想要学习统计学的经济管理人员。

统计学的内容十分丰富。在多年的统计学教学实践中,我们发现很多学生因这门课程中计算公式多、对知识点之间的联系感到难以掌握,而对统计学的学习产生了畏惧情绪。因此,我们重思想、重应用,按照先描述统计、后推断统计的思路编写,把统计知识的学习与 Excel 软件的运用有机结合,注重教会学生思考如何收集所需数据、应该采用什么方法去整理和分析数据以及怎样利用计算机软件输出的结果得出结论并进行解释,注重培养学生应用统计知识去分析和解决实际问题的能力。本教材每章后面配有本章小结以及思考题与练习题。为了帮助大家更好地学习和把握这门课程,我们还编写了与本教材配套的《统计学学习指导及应用实践》。

2007 年,西南财经大学的统计学学科被评为国家级重点学科,统计学课程被评为国家精品课程。不断提高统计学教材的质量,是我们建设重点学科和精品课程最重要的内容之一。本教材由西南财经大学统计学院和西南石油大学几位长期从事统计学教学的教授和副教授共同编写而成。作者和具体分工如下:

向蓉美,西南财经大学,编写第 1 章和第 4 章;苏远琳,西南财经大学,编写第 2 章;蒲涛,西南石油大学,编写第 3 章;雷敏,西南财经大学,编写第 5 章;夏怡凡,西南财经大学,编写第 6 章;马丹,西南财经大学,编写第 7 章;王青华,西南财经大学,编写第 8 章和第 9 章;最后由向蓉美和王青华对全书进行了总纂。

随着社会经济的不断发展和统计理论的不断完善,我们将适时根据其发展变化情况修订本教材,也恳请读者将使用本教材的建议和意见及时反馈给我们,对此我们表示衷心的感谢。

编　者

2010 年 10 月于西南财经大学

目录

MULU

1

总论

教育部把统计学列为经济类、管理类大学本科学生的专业(核心)基础课。为什么要学习统计学？什么是统计？如何进行统计？在这一章中,我们将学习一些统计学的基本问题。

1.1 为什么要学习统计学

§1.1.1 感悟统计

统计数字是量化的历史。

——温家宝为《新中国60年》所作的序言《闪光的数据 浓缩的丰碑》

你们借助于发展成熟的理论和统计分析来创造经济政策和计划的合理基础的贡献，涉及重大科学突破。……我很荣幸地向你们转达瑞典皇家科学院的祝贺，并且请你，丁伯根教授，从国王陛下手中接受1969年度阿尔弗雷德·诺贝尔经济学奖金。

——爱立克·伦德伯教授在第一届诺贝尔经济学奖颁奖大会上的讲话①

在终极的分析中，一切知识都是历史；在抽象的意义下，一切科学都是数学；在理性的基础上，所有的判断都是统计学。

——C. R. 劳《统计与真理：怎样运用偶然性》②

像今天有能力的公民能读会写一样，将来会有一天要求有能力的公民必须会计算，而且能够利用平均值、最大值和最小值。可以预期，这样的时代已经不远了。

——H. G. Wells③

统计的力量是如此的强大，哪里有数据，哪里就有统计。统计是现代人谋生的手段，因为我们正处于信息化的时代，数字化信息随处可见。

§1.1.2 统计学是一门应用范围很广的科学

无论我们是否学过统计学，懂得统计学，我们生活中的每一天都会遇到大量统计问题，新闻和大众媒体每天都在表现统计数字。例如，每年的《政府工作报告》总是要列举大量的水平、比例、结构、速度等数据，说明国民经济的发展状况；统计部门每月、每年都要公布居民消费价格指数（CPI），反映一定时期内城乡居民所购买的生活消费品和服务项目价格变动趋势和程度。确实，“好”“比较好”“很好”“非常非常好”“比以往任何时候都好”等这样的比较级或最高级的词语太苍白、太空洞了，而“2017年我国国内生产总值达到827 122亿元，按可比价比2016年增长6.9%、比1978年增长33.5倍”这样的统计数据才实实在在地反映了中国改革开放以来和2017年取得的巨大成就。我们生活在信息

① 王宏昌. 诺贝尔经济学奖金获得者讲演集[M]. 北京：中国社会科学出版社，1997.

② C. R. 劳是当代最著名的统计学家之一。C. R. 劳. 统计与真理：怎样运用偶然性[M]. 北京：科学出版社，2004.

③ H. G. Wells，英国作家、历史学家。

时代，信息的主体之一就是统计数据。

宇宙间万事万物，林林总总，各种事物可依特定的性质予以归类，形成各种群体——现象总体。无论是自然的、实验的，还是社会的、经济的，凡是可以用数据表现的总体，都可以作为统计的研究对象。统计方法和统计思想渗透到了社会、经济、自然、科技、生活的每一个角落。统计学不仅在社会经济领域得到发展，而且一些过去似乎与数量毫无联系的学科，如政治学、法学、历史学、艺术学、考古学等，也都在对应用统计方法技术进行研究和实践。

1.2 什么是统计

§1.2.1 统计的含义

"统计"作为社会经济生活中经常使用的名词，一般具有三种含义：统计工作、统计资料和统计科学。

(1)统计工作

统计工作即统计实践活动，是人们为了说明所研究对象的某种数量特征和数量规律性，而对该现象的数据进行收集、整理与分析的活动。例如，为了获得粮食产量而进行的抽样调查活动，为了获得全国人口的数量和构成等而进行的人口普查活动等。

统计实践活动有很久远的历史，早在公元前两千多年，统治者为了征兵、征税、管理奴隶的需要，就有了人口、土地、财产的统计活动。《通典》记载了我们历史上最早的统计数据："禹平水土，为九州""九州之地凡 24 388 024 顷，人口 13 553 923 人"。到中世纪，西欧各国都有了人口、军队、领地、财产等的统计活动。

(2)统计资料

统计资料即统计数据，是通过统计工作所获得的能够说明现象总体某种特征的数据，是统计实践活动的成果。例如，"2017 年我国国内生产总值 827 122 亿元，按可比价计算比 2016 年增长 6.9%"等这些数据就是统计部门和广大统计工作者辛勤劳动得到的，是能够说明我国经济发展水平的统计资料。

统计数据最集中、最系统地反映在各种年鉴中，如《中国统计年鉴》《国际统计年鉴》《中国经济年鉴》《中国金融年鉴》《中国物价及城镇居民家庭收支调查统计年鉴》等。《中国统计年鉴》涵盖了国民经济的主要数据，包括国民经济核算、各行业生产、就业、人民生活、对内对外贸易、社会活动、环境等方面的数据。随着互联网技术的发展和普及，网络提供的数据有成为统计数据主要来源的趋势。统计数据还可以从经济分析报告、专著、期刊里获得，如《中国经济数据分析》《经济形势分析与预测(经济蓝皮书)》以及一些期刊里刊登的最新月度数据等。

(3)统计学

统计学是一门研究收集数据、表现数据、分析数据、解释数据,从而认识现象数量规律的方法论科学。统计学源于统计实践活动,是对统计实践活动的理论概括和总结,又用于指导统计实践活动。

收集数据需要对客观现象做周密细致的调查;表现数据需要对调查得到的数据加以整理,使之成为反映现象总体的条理化、系统化的数据;分析数据需要用科学的方法从数据中得出反映现象本质数量规律性的结果;解释数据需要用有关知识对数量规律性做出说明。所有这些就构成了统计学的研究内容。

统计学是一门为定量分析提供方法的方法论学科,因而是一门应用性很强的学科。它几乎与所有的学科领域都有着或多或少的联系,凡是有数据的地方,统计学都能发挥其作用。统计学为其他学科提供研究数量规律性的方法,但是统计学绝不是万能的,各个学科数量规律的解释还需要由各学科的理论来完成。例如,大量观察发现 2016 年我国人口的男女性别比,从 0 ~4 岁组的 115. 62 ∶100,到 70 ~74 岁组的 96. 36 ∶100,再到 95 岁以上组的 48. 25 ∶100[①],随着年龄的增大呈下降趋势。形成这样的比例和趋势的原因,仅用统计学来解释是不够的,还要用遗传学、医学甚至社会学理论来解释。又如大量观察表明, 吸烟者患肺癌的概率大于不吸烟者患肺癌的概率。吸烟是否会导致人患肺癌? 为什么会导致人患肺癌? 这些应是医学研究的问题。

尽管统计学不能解决各门学科的所有问题,但是,各门学科离不开统计学,统计学的理论和方法在各门学科的研究中会发挥越来越重要的作用。

作为一门科学,统计学初创于 17 世纪中叶至 18 世纪初,当时主要的学派有国势学派和政治算术学派。

国势学派的创始人是德国人赫尔曼·康令。康令自 1660 年以后,开始定期地、系统地用对比的方法讲授国家之间比较方面的知识。他不仅讲述事实,而且试图探讨事实的因果关系。他把这个课程叫作“欧洲最近国势学”,于是“国势学”由此产生。当时,康令的学说在学术界产生了很大的影响,德国大学中的许多教授都称赞并追随他的学说。其中戈特弗里德·阿亨瓦尔发扬了康令的学术思想,把这门课程定名为“统计学”,于是开始有了“统计学”这个名称。但是国势学派只是对各国情况做了一般性的比较叙述,如“某国人口众多”“土地辽阔”等,而没有进行数量研究和描述。所以国势学派是有统计学之名,而无统计学之实。

政治算术学派的创始人是英国人威廉·配第。配第首先提出了用数量科学地研究社会经济现象的方法——政治算术。在他的名著《政治算术》的序言中,配第明确指出:“我

① 中华人民共和国国家统计局. 中国统计年鉴 2017[M]. 北京:中国统计出版社,2017.

进行这项工作所使用的方法,在目前还不是常见的。因为和只使用比较级或最高级的词语以及单纯做思维的论证相反,我却采用了这样的方法(作为我很久以来就想建立的政治算术的一个范例),即用数字、重量和尺度的词汇来表达我自己想说的问题,只进行诉诸人们感官的论证和考察在性质上有可见的根据的原因。”他还说:“用数字、重量和尺度(它们构成我下面立论的基础)来表示的展望和论旨,都是真实的,即使不真实,也不会有明显的错误。……因为,能够证明为确实的东西,也就是确实的。”他在研究社会经济现象的规律时,还应用推算法、分组法,编制了原始数据的图表,计算了一系列总量指标、相对指标和平均指标。但是配第始终没有用“统计学”三个字,所以政治算术学派也是有统计学之实,而无统计学之名。

近代统计学产生于18世纪末至19世纪末,当时主要的学派是数理统计学派。数理统计学派的代表人物是比利时著名的统计学家、数学家、物理学家、天文学家和人类学家兰贝特·阿道夫·雅克·凯特勒。他结合各家各派的统计思想,博采众长,把统计学发展中的三个主要源泉,即德国的国势学,英国的政治算术学和意大利、法国的古典概率论加以协调、统一、改造和融合,使之成为具有近代意义的统计学,把统计学推向了新的发展阶段。他将统计方法用于研究人类,促进了人口统计学的发展;他提出“平均人”理论,用平均值作为实际值的一种代表值;他创建“国际统计会议”组织,促进了国际统计交流与合作。可以说凯特勒是古典统计学的终结者、近代统计学的先驱者,在统计学发展史上起着承前启后、继往开来的作用。

现代统计学一般认为从19世纪末20世纪初开始,其标志是推断统计学的问世。英国生物学家、统计学家卡尔·皮尔逊在1894—1895年间提出正态分布、矩形分布、J形分布、U形分布等13种曲线及其方程式。他的这一研究成果,打破了以往次数分布曲线的“唯正态”观念,推进了次数分布曲线理论的发展和应用,为大样本理论奠定了基础。他还提出了卡方检验和标准差概念,发展了相关回归理论等。英国统计学家威廉·西利·戈塞特创立了t分布,开创了小样本理论的先河。

统计学的发展史表明,随着社会的发展与实践的需要,统计学越来越多地依赖和吸收数学方法,使统计方法不断丰富和完善,不断发展和演变,成为研究社会经济现象、自然技术现象数量方面的方法论科学。目前,统计学越来越多地向其他学科领域渗透,形成各种以统计学为基础的边缘学科。随着统计学应用日益广泛和深入,特别是借助电子计算机,统计学所发挥的作用越来越大。

§1.2.2 统计学的类型

(1)描述统计学

描述统计学是关于如何对现象的数据特征进行观测、整理、计量、表述的理论和方法论科学。其特点是用从一个总体或样本中收集到的数据,来对这个总体或样本进行描述或得出有关这个总体或样本的结论。例如,全班有50名同学或从全校15 000名同学中抽取400名同学,把这50名同学或400名同学的成绩用图、表或特征值如平均分数、分数的标准差和及格率等表示出来,从而得出针对该班50名同学或400名同学学习情况的结论。

(2)推断统计学

推断统计学是关于如何抽取样本并利用样本数据推断总体有关数据的理论和方法论科学。其特点是用从一个总体中随机抽取的样本数据,得出关于这个总体的结论。例如,从全校15 000名学生中,随机抽取400名学生进行学习情况调查,用这400名学生的平均分数、分数的标准差和及格率等推算出全校15 000名学生的平均分数、分数的标准差和及格率等,从而得出全校学生学习情况的结论。这就是在进行推断统计。

只有对样本进行了描述,才能对总体进行推断,所以描述统计是推断统计的基础。"你可以将推断统计学看作在样本信息基础上对总体水平的'最优猜测'。"①本教材第2章至第5章属于描述统计学的基本理论和方法,第6章至第9章属于推断统计学的基本理论和方法。

§1.2.3　统计的特点

(1)数量性

统计的数量性特点指统计总是用数字作为语言来表述事实。统计运用科学的方法收集、表现、分析和解释数据,并用统计指标表明所研究现象的规模、水平、比率、依存度、发展变化趋势和规律等。

但是统计不研究抽象的数量,它是在质的规定性下研究数量。例如,要说明一国的经济状况,需要统计国内生产总值数据,但是只有明确了国内生产总值的概念和范围,才能得到国内生产总值数据;只有规定了工资总额的内涵和外延,才能得到工资总额数据。

(2)总体性

统计的总体性特点指统计不是研究个别事物的数据,而是研究大量个别事物构成的现象整体的数据,只有这样才能达到认识现象的数量规律的目的。例如,劳动力资源统计,不是要了解个别劳动力的情况,而是要反映一个国家或地区的劳动力资源总数及其构成、就业总数及其分布等。

但是,统计是从认识个别事物入手来认识现象整体的数量特征的。例如,要了解劳动力资源总数及其构成、就业总数及其分布等,必须从每一个劳动力开始,对其性别、年龄、文化程度、职业等进行调查登记,然后经过分类汇总计算,才能了解劳动力资源的整体情况。

① 道格拉斯·A.林德,威廉·G.马歇尔,塞缪尔·A.沃森.商务与经济统计方法:全球数据集[M].冯燕奇,叶光,聂巧平,译.北京:机械工业出版社,2009.

§1.2.4 统计研究的基本方法

(1)大量观察法

大量观察法指为了对现象整体的数量规律有所了解,必须对所要研究现象的全部或足够多的个体进行调查的方法。只有通过大量观察法才能消除偶然的、次要的因素的影响,以反映主要的、共同起作用的因素所呈现的规律性,达到对现象总体数量规律的认识。例如,就个别家庭来说,可能有的男性人口多些,有的女性人口多些,似乎没有什么规律,但是如果观察成千上万个家庭,就会发现人口的性别比例大约为 1∶1;又如掷硬币和掷骰子,每掷一次出现哪一面或什么点数是不确定的,但是当我们掷很多次硬币或骰子时,就会发现掷硬币出现正面和反面的可能性几乎各为 50%,掷骰子出现 1~6 点的可能性几乎各为 1/6。

大量观察法实际上不是指一种具体的方法,而是一种统计思想方法,强调观察的总体单位要充分多,只有这样才能将现象的个别偶然差异充分抵消,从而准确地揭示出所研究现象的数量特征和规律性。否则,就可能以偏概全,得到片面的或错误的结论。

(2)统计分组法

统计分组法指根据统计研究的需要,按一定的标志把总体分成若干组别的方法。通过统计分组,突出组与组之间的差异、抽象组内各单位差异,以便划分现象的类型、反映总体的内部结构和现象之间的相互关系。统计分组法贯穿统计研究和统计工作的全过程。

(3)综合分析法

综合分析法指运用各种经过科学分类汇总的综合指标和各种分析方法,如时间数列分析法、指数分析法、相关回归分析法等,反映现象总体在一定时间、地点、条件下的规模、水平、对比关系、集中趋势、差异程度、依存关系、发展趋势和变化规律等。

(4)归纳推断法

归纳推断法指由个别事物的事实,概括为现象总体的一般特征的推理方法。归纳推断可以使我们从具体的事实中得到一般的知识,扩大知识领域,加深认识程度。社会经济现象是复杂的,常常会出现这样的情况:我们所观察的只是部分单位或有限单位事实,而我们需要分析的却是现象总体的全部单位的事实,这就需要我们从部分单位的事实归纳推断出现象总体的数量特征。例如,调查万分之一的城市居民户的收入水平,推断出城市全部居民户的收入水平;调查 1‰的农田的收获量,推断出上万平方米农田的收获量;等等。

1.3 统计学中的基本概念

§1.3.1 总体、个体与样本

总体是由客观存在的、具有某种共同性质的众多个别事物构成的整体，即在一定的研究目的下，所要研究事物的全体。总体规模用 N 表示。

构成总体的个别事物是个体或总体单位。个体是所要研究具体问题的承担者。在统计调查中，常常称总体为调查对象，称个体为调查单位。

样本①是从总体中抽取的一部分个体的集合，而抽中哪些个体不能确定，有若干个可能的组合，因此样本是一组随机变量。构成样本的个体的数目称为样本容量，用 n 表示。一个样本单位必定是一个总体单位；样本是总体的代表，带来了总体的信息，与总体有同质的数量特征；样本具有随机性，而研究目的一经确定，总体就是唯一的。从总体中随机抽取一部分个体作为样本，目的是要根据样本提供的有关信息去推断总体的特征。总体的规模 N 可以很大，甚至可以无穷大，而样本是总体的一个子集，其规模 n 小于总体规模 N。

例如，要了解某校学生的学习情况，由于学习情况具体体现在学生身上，所以全校所有的学生是总体，每一个学生是个体，从全校所有的学生中随机抽取400名学生就构成了一个样本，通过400名学生的学习情况如平均成绩、及格率等，可以推断全校学生的学习情况；若要研究某市的工业生产情况，由于工业生产情况具体体现在工业企业身上，因此该市每一个工业企业是个体，所有的工业企业是总体，从中抽取的若干个工业企业构成一个样本，通过样本工业企业的产值、利润、上缴税金、劳动生产率等，可以推算全市工业产值、利润、上缴税金、劳动生产率等；若要研究某市的工业生产设备情况，由于工业生产设备情况具体体现在设备上，所以每一台工业生产设备是个体，该市所有的工业生产设备是总体，从中抽取的部分工业生产设备是样本，通过这些设备的净值、生产能力等，可以推算全市所有工业生产设备的净值、生产能力等。

在这些例子中，“学习情况”“工业生产情况”“工业生产设备情况”是研究目的，某个学校的学籍、进行工业生产、用于工业生产的设备分别是这些学生、工业企业、工业生产设备的“共同性质”，若干名学生、若干个工业企业、很多的工业生产设备分别是“众多个别事物”。

总体具有以下特点：

总体具有同质性。这是指构成总体的总体单位在某一方面性质是相同的，只有性质

---

① 样本有随机样本与非随机样本之分，在统计学中主要指随机样本。本教材以下若无特别说明，样本均指随机样本。随机样本是按随机原则从总体中抽出的部分单位构成的整体。所谓随机原则，是指样本单位的抽取不受任何主观因素及其他系统性因素的影响，每个总体单位都有相等的被抽中的机会。

相同的人、单位、物等才能集合在一起,研究其数量表现和数量联系才有意义。因此,同质性是构成总体的基础。

总体具有大量性。这是指构成总体的总体单位必须足够多。总体单位是总体数量特征最原始的承担者,总体的数量特征很多时候是无法直接观测到的,只能通过对总体单位的数量特征进行观测得到。而总体单位的数量特征可能各不相同,没有规律可循,只有对大量总体单位的数量特征进行综合,才能体现总体的数量特征。因此,大量性是构成总体的条件。

总体具有差异性。这是指构成总体的总体单位在某一方面的性质是相同的,而在其他方面都是不尽相同的。如上面的例子,如果每一个学生的学习情况都一样,每一个工业企业的生产情况都一样,每一台设备的状况都一样,我们就不需要总体了,而只要了解一个学生、一个工业企业、一台工业生产设备,就能够知道所有学生的学习情况、所有工业企业的生产情况、所有工业生产设备的状况。因此,差异性是构成总体的前提。

按构成总体的总体单位是否可以计量,总体可以分为有限总体和无限总体。构成一个总体的总体单位无论有多少,只要其数量是有限的,就是有限总体。如全国人口普查,总体单位多达十几亿人,但它是有限的,是有限总体。构成一个总体的总体单位若是不可数的,即为无限总体。如果没有时间界线,可以把连续生产线的产品产量视为无限总体。社会经济现象绝大多数是有限总体,而在推断统计中,往往把总体视为无限总体。

§1.3.2 标志、指标与变量

(1)标志

标志是说明总体单位特征的概念,所以也称为单位标志或单位标识,在统计调查中称为调查项目或登记项目。总体单位具有很多特征,在人口调查中,说明每一个人的特征的标志有:性别、籍贯、文化程度、婚姻状况等;在工业生产调查中,说明每一个工业企业的特征的标志有:所有制性质、职工人数、固定资产数量、产量、利润额等。

标志的具体表现称为标志值。例如,在人口调查中,“性别”这个标志具体可以表现为“男”或者“女”,“年龄”这个标志具体可以表现为“2 岁”“19 岁”“85 岁”等。这里“男”“女”“2 岁”“19 岁”“85 岁”等是标志值。

根据标志的具体表现不同,标志可以分为品质标志和数量标志。若一个标志的具体表现只能用文字表示,不能用数字表示,则这个标志为品质标志。品质标志表明总体单位的属性,如“性别”表现为“男”或“女”,“籍贯”表现为“北京”“上海”“成都”等,“婚姻状况”表现为“未婚”或“已婚”,“所有制性质”表现为“国有经济”“集体经济”“股份制经济”等。所以,“性别”“籍贯”“婚姻状况”“所有制性质”等是品质标志。就所研究的问题,有的品质标志只有“是”或者“非”两种表现,则称其为是非标志。例如,“产品合格与否”,每一件产品要么合格,要么不合格;“家庭是否有电脑”,每一个家庭要么有电脑,要么没有电脑;等等。“产品质量合格与否”“家庭是否有电脑”就是是非标志。

若一个标志的具体表现可以取不同的数字，则这个标志为数量标志，数量标志表明总体单位的数量特征。例如，年龄可以是 2 岁、19 岁、85 岁等，职工人数可以是 5 253 人、10 234 人、103 人等，固定资产可以是 9 877 万元、15 789 万元、78 万元等，总额利润可以是 461 万元、19. 809 亿元、122 万元等。所以，“年龄”“职工人数”“固定资产”“总额利润”等是数量标志。

(2)统计指标与指标体系

统计指标简称为指标，是反映总体数量特征的概念与具体数值。人口总数、国内生产总值、增长速度、增加值、社会消费品零售总额等是统计指标，名称加数值也是统计指标。例如，“2017 年年末全国总人口为 139 008 万人，比 2016 年年末增加 737 万人。初步核算，2017 年国内生产总值 827 122 亿元，按可比价格计算，比 2016 年增长 6. 9%。其中，第一产业增加值 65 468 亿元，增长 3. 9%；第二产业增加值 334 632 亿元，增长 6. 1%；第三产业增加值 427 032 亿元，增长 8. 0%。2017 年全年粮食产量 61 791 万吨，比 2016 年增加 161 万吨，增产 0. 3%；2017 年全年社会消费品零售总额 366 262 亿元，比 2016 年增长 10. 2%”，这些数值名称及数值也是反映我国国情国力的一些统计指标。

统计指标包括指标名称、指标数值、计量单位三个要素。指标名称是现象数量特征的内涵和外延，反映指标的经济含义、时间范围和空间范围。指标数值是现象数量的规模大小、水平高低、相对程度等。计量单位是现象数量的衡量尺度。

按表现形式，统计指标可以分为总量指标、相对指标和平均指标；按反映的数量特点，统计指标可以分为数量指标和质量指标，数量指标是反映现象总规模、总水平或总数的指标，质量指标是反映现象相对水平或工作质量的指标。统计指标的两种分类方式的关系如图 1. 1 所示。

统计指标 { 总量指标——数量指标
相对指标、平均指标 }——质量指标
} 统计指标

图 1. 1　统计指标的两种分类方式的关系

社会经济现象是复杂的、多种多样的，其数量表现和数量关系不是一两个指标能够反映的，因为单个指标的作用是有限的，一个统计指标只能反映总体某一方面的数量特征，而要全面反映总体的数量特征，就需要若干个既相对独立又相互联系的统计指标来反映。若干个有联系的统计指标构成的有机整体就是统计指标体系。

统计指标体系分为基本统计指标体系和专题统计指标体系两大类。基本统计指标体系反映经济和社会发展的基本情况，如一个国家的人口总数、国土面积、国内生产总值等；专题统计指标体系反映某一经济或社会现象的情况，如为了反映全国或地区的经济效益而设置的国民经济效益指标体系，为了反映全国或地区的固定资产投资分布、利用和效益而设置的固定资产投资指标体系，等等。

(3)指标与标志的关系

指标与标志有密切的联系,指标数值总是汇总标志值或总体单位而得到的。例如,把各个工业企业的增加值和企业个数汇总就得到反映工业企业生产情况的重要指标——工业增加值和工业企业总数。但是,与标志有可以用数量表示的数量标志与不可以用数量表示的品质标志之分不同,任何统计指标都可以用数量表示,也就是说统计指标都是可量的,而标志未必都是可量的。品质标志的表现不是数值,只有对品质标志的具体表现所对应的单位进行汇总,才是指标。例如,性别的具体表现为男或女,把男性人数或女性人数汇总,男性多少人、女性多少人才是指标。

(4)变量

在统计中,我们称说明现象某种数量特征的概念为变量。按照这个定义,指标名称和标志都是变量,如国内生产总值、工资总额、学生人数、性别可以取不同的值或不同的表现,它们就是变量。

变量的具体表现是变量值,即统计数据,如国内生产总值 827 122 亿元、工资总额 300 万元、学生人数 21 000 人、性别男等。一般变量的分类情况如图 1.2 所示。

- 变量
  - 定性变量
    - 定类变量
    - 定序变量
  - 定量变量
    - 定距变量
    - 定比变量
      - 离散变量
      - 连续变量

图 1.2　一般变量的分类

定性变量是具体表现为文字的变量,如“性别”的具体表现是“男”“女”,“满意度”的具体表现是“非常满意”“满意”“基本满意”“不满意”“非常不满意”等。

定量变量是可以取具体数值的变量,如“成绩”可以是 60 分、75 分、92 分等,“国内生产总值”分别为 519 322 亿元、636 463 亿元、827 122 亿元等。

离散变量是可以一一列举的量,其取值都是整数,如“机构数”“学生人数”“设备台数”等。

连续变量是不能一一列举的量,任意两个变量值之间都有无穷多个变量值,如“重量”“长度”“零件尺寸误差”等。

§1.3.3　统计数据

统计数据是对客观现象进行计量的结果。任何现象都有其属性或数量表现,现象之间都有内在的关系,这些属性或数量表现及内在关系的表现,就是统计数据。

(1)统计数据的分类

按是否可以直接用数字表示,统计数据可以分为定性数据和定量数据。品质标志的具体表现是定性数据，反映现象的类别和等级。数量标志的具体表现和统计指标数字是定量数据，反映现象的规模、水平、相对程度等。

按是否经过加工处理，统计数据有原始数据和综合数据之分。原始数据产生于统计调查阶段，主要是说明总体单位特征的数据，如"性别男、女""月工资 1 860 元、2 410 元"；综合数据则是经过统计整理后形成的，用以说明总体特征的数据即统计指标数字，如"2017 年我国国内生产总值 827 122 亿元"等。

按时间状况，统计数据可以分为截面数据和时序数据。截面数据也称为静态数据，是同一时间点或时间段的数据，如全国 2011 年国内生产总值数、年末的人口数等。时序数据也称为动态数据、时间序列，是不同时间点或时间段的数据序列，如我国历年的国内生产总值数、历年末的人口数等。

(2)统计数据的计量尺度

统计数据是对客观现象进行计量的结果，这就涉及计量尺度的问题。统计数据的计量尺度关系到对数据进行描述和推断采取的方法。

①定类尺度(类别尺度)。类别尺度是按现象的某种属性对现象进行平行分组。分组后所形成的数据，称为定类数据、类别数据或列名数据。例如，按性别把总体分成男和女两类，按企业登记注册类型，把企业登记注册类型分为内资企业、港澳台商投资企业和外商投资企业三大类。"男""女""内资企业""港澳台商投资企业"和"外商投资企业"就是定类数据。为了便于计算机处理，人们可以用 0、1、2 或 A、B、C 代表这些数据，但是它们只是数据的代码，它们之间没有数量上的关系和差异。

定类数据没有优劣、大小、顺序之分，谁排前、谁排后，对统计研究没有实质性影响。定类数据的只能区分事物的同类或不同类，所以其数学特性是"等于(=)"和"不等于(≠)"，其计算功能是能够计算每一个类别的次数和比重、众数和异众比，进行列联表分析和χ^2 检验等。

②定序尺度(顺序尺度)。顺序尺度是按现象的某种属性对现象进行有等级差异或顺序差异的分组。分组后形成的数据称为定序数据或顺序数据。例如，按"满意度"把总体分成"非常满意""满意""基本满意""不满意""非常不满意"等五类。"非常满意""满意""基本满意""不满意""非常不满意"就是定序数据。定序数据也可以用 1、2、3 或 A、B、C 等表示，但也仅仅是它们的代码而已。

显然，"非常满意"好于"满意"，"满意"好于"基本满意"，它们是不平行的，是有序的。定序数据不仅可以区分事物的同类或不同类，还可以区分事物的好坏，所以其数学特性除了"等于"和"不等于"外，还有"大于"和"小于"。但是定序数据不能具体测定类别之间的差异，不能具体说一个类别大于或小于另一个类别多少。其计算功能除了定类数据的功能外，还可以计算中位数、分位数、等级相关等，但是不能进行加、减、乘、除运算。

定类尺度和定序尺度在对现象总体分类时，必须符合穷尽和互斥的原则，即在分类时，必须包括总体的所有个体，使每一个个体或单位都能归入其中一类，而且只能归入一类，不能遗漏、不能重复。

③定距尺度（间隔尺度、区间尺度）。定距尺度是对现象类别或顺序之间的间距进行的测度。这样得到的数据称为定距数据、区间数据或间隔数据。定距数据之间的差是固定不变的，并且没有一个通常的零点，定距数据之间比值是没有意义的。例如，女士内衣尺寸就是定距数据，其国际标准对照如表 1.1 所示。内衣尺寸每增加 2 个单位，尺码就大一号，但是，绝对不能说“4 号内衣是 2 号内衣的两倍大”“0 号内衣不代表其不存在”。又如温度也是间隔数据，10 摄氏度比 8 摄氏度高 2 摄氏度、20 摄氏度比 18 摄氏度高 2 摄氏度，高出的温度一样，但是，20 摄氏度的天气绝不是比 10 摄氏度的天气热一倍；0 摄氏度也是温度的一种状况，绝不代表温度不存在。

表 1.1 女士内衣尺寸国际标准

国际	XS	S	M	L	LX	LLX	XXXL
中国	S	M	L	XL	XXL	XXXL	
美国	2	4	6	8	10	12	14
英国	6	8	10	12	14	16	18
欧洲其他国家	32	34	36	38	40	42	44
法国	34	36	38	40	42	44	46
意大利	38	40	42	44	46	48	50

④定比尺度。定比尺度是对现象进行观测计数或计算。这样得到的数据是定比数据。定比数据是对事物精确的度量，有真正的 0 值。例如，两人某门课考试均为 90 分，意味着两人考试成绩没有差别；成绩 95 分比 80 分高 15 分；体重 60 千克的人比体重为 30 千克的人重 1 倍。定比数据除了具有定类数据、定序数据和定距数据的全部计算功能外，还具有加或减或乘或除运算功能，可以汇总，可以计算各种特征值、相对数以及进行更多的定量分析。例如，某校学生人数 21 000 人，等于各个专业学生人数之和；2017 年年末，广义货币（M_2）余额 167.7 万亿元，比 2016 年年末增长 8.2%。其中 8.2% 为 2017 年年末广义货币余额减去 2016 年年末广义货币余额的差值与 2016 年年末广义货币余额的比值。2017 年全年社会融资规模增量 19.4 万亿元，按可比口径计算比 2016 年多 1.6 万亿元。其中 1.6 万亿元是 19.4 万亿元减去 2016 年全年社会融资规模增量 17.8 万亿元得到的。

按计量尺度所分的上述四类数据是有层次的，后一层次的数据包含了前一层次的全部信息内容，能够转换为前一层次的数据，但反之则不然，即定比数据包含了定类数据、定序数据和定距数据的全部信息内容，也可以转换成定类数据、定序数据和定距数据；定序数据包含了定类数据的全部信息内容，可以转换成定类数据，但是不能转换成定距数据、定比数据,定距数据不能转换成定比数据。由定距尺度和定比尺度得到的数据都是定量数据。定距数据只能计算差距,不能计算比率;定比尺度是最高级的计量层次,具有加或减或乘或除运算功能[①]。图 1.3 表示的是计量层次由低到高的各尺度的主要特征。

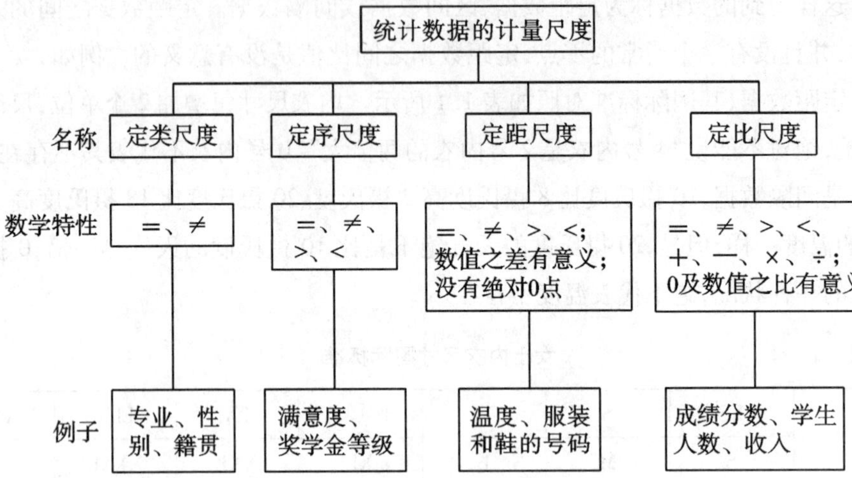

图 1.3　四个计量尺度的特征

§1.3.4　参数与统计量

(1)参数

参数是反映总体某种特征的量,是根据总体所有数据来计算的,如总体均值、总体方差或标准差、总体是非比率(即总体成数)等,也经常称这些总体参数为总体指标。由于实际中往往不可能收集齐总体所有的数据,所以参数的真实数值往往也是未知的,需要利用样本数据去估计或推断。

(2)统计量

统计量也被称为样本指标,是根据样本数据计算的、不含任何未知总体参数的量,如样本均值、样本方差或样本标准差、样本是非比率即样本成数等。样本是从总体中随机抽取的部分单位构成的整体,是实际进行调查登记的对象,因此其数据是可知的,统计量也是可知的。

由于样本来源于总体,所以样本统计量必然在一定程度上可以用来推断有关的总体参数。例如,可用样本均值去估计总体均值,用样本方差或标准差估计总体方差或标准差,用样本是非比率去估计总体是非比率,等等。

在用样本统计量去估计或推断总体参数时,往往需要通过一定的函数关系式对样本

① 由于定距数据仅仅是对现象类别或顺序之间间距的测度,不能做其他数学计算,而本教材后续章节的内容也不涉及定距数据,所以在本教材后续章节中我们称定比数据为定量数据、数值(数字)型数据。

统计量进行再加工，这就形成了构造统计量。常用的构造统计量有 Z 统计量、t 统计量、χ^2 统计量、F 统计量等。

1.4 用 Excel 进行统计分析

§1.4.1 Excel 的数据分析工具

2013 版 Excel 的“数据→数据分析”中，有 19 种数据分析工具。从“方差分析：单因素方差分析”开始，到“Z 检验：双样本平均差检验”结束，如图 1.4 所示。

图 1.4　Excel 的数据分析工具对话框

本教材将大量应用数据分析工具，如第 2 章用到“直方图”，第 3 章用到“描述统计”，第 4 章要用“指数平滑”“移动平均”等。

§1.4.2 Excel 的统计函数功能

在 Excel 的“粘贴函数(f_x)”中，有 105 个统计功能，从“AVEDEV（绝对偏差的平均值）”开始，到“ZTEST”结束，可以做很多统计计算。

在标准工具栏上，单击 f_x，就会出现“插入函数”对话框，在选择类别下拉菜单中选择“统计”，出现如图 1.5 所示的对话框，就可以选择需要的统计函数进行统计运算。

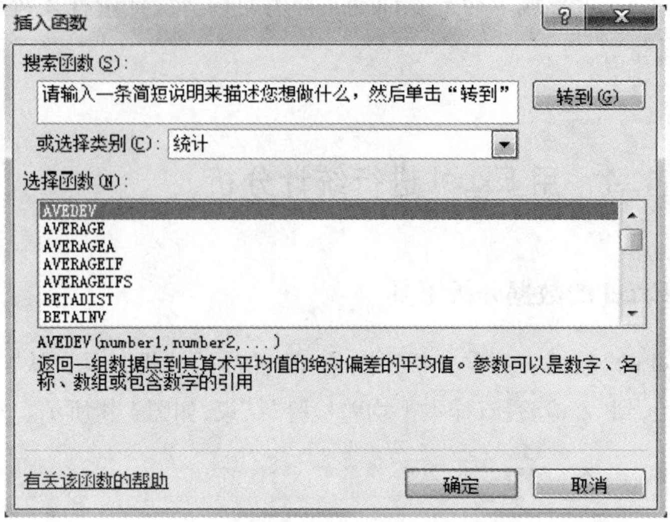

图 1.5　Excel 统计函数功能对话框

Excel 统计函数功能是对 Excel 的数据分析工具的补充,对每一个统计功能都有比较详细的介绍。如点击“NORMINV”,会出现如图 1.6 左边所示的方框,若再点击左下方的“有关该函数的帮助”,就会出现如图 1.6 右边所示的方框。右边方框介绍了左边方框各个项目的含义,给出了使用说明和示例。

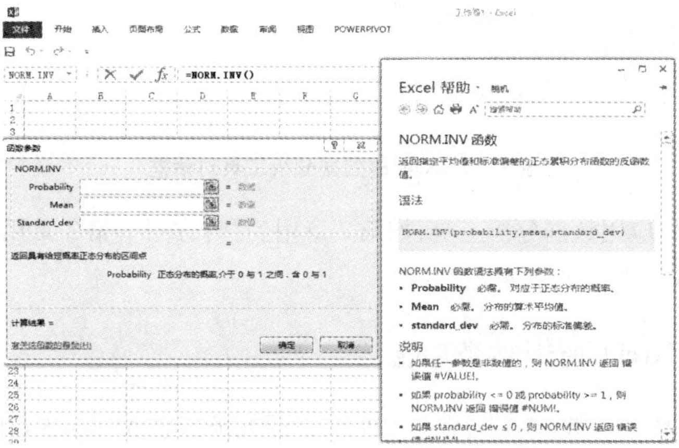

图 1.6　Excel 统计函数功能使用示例

§1.4.3　Excel 的统计图表功能

在 Excel 的“插入”中,有 10 种标准图表,170 多种常用图表。根据需要选择一种图表后,根据对话框的提示填写相关内容,就可以制成所需要的图表了,如图 1.7 所示。

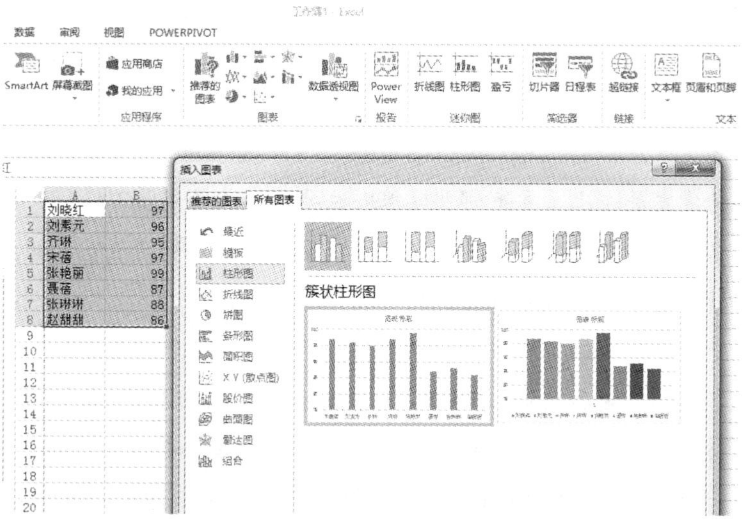

图 1.7 Excel 的统计图表功能对话框

制成统计图后,可以右击有关部分,做修改或添加,从而使统计图更完美。

本章小结

本章分四节介绍了统计学中最基本的问题。统计学是研究数据的方法论科学,论述有关数据收集、整理、分析和解释的理论。为了学好统计学,必须把握好以下问题:

1. 统计的含义。统计工作、统计资料、统计学及其关系;统计学发展史上的主要学派和代表人物;统计研究的总体性和数量性特点。

2. 统计研究的基本方法。大量观察法、分组法、综合分析法、归纳推断法。其中大量观察法不是一种具体的方法,而是一种统计思想。

3. 统计的基本概念。总体、个体与样本及其关系;标志、指标与变量及其关系;参数与统计量及其关系。

4. 统计数据的概念和分类。统计数据是总体或总体单位某一特征的具体表现即变量值。无论品质标志的具体表现、数量标志的具体表现还是统计指标数值都是统计数据。按是否可以直接用数字表示,统计数据可以分为定性数据和定量数据;按是否经过加工处理,统计数据可以分为原始数据和综合数据;按时间状况,统计数据可以分为截面数据和时序数据;按计量尺度,统计数据可以分为定类数据、定序数据和数值型数据。

5. Excel 在统计中的作用。Excel 有强大的统计功能、图表功能和数据分析功能。

思考题与练习题

1－1　什么是统计？

1－2　统计学发展史上主要有哪些学派？主要代表人物是谁？

1－3　什么是大量观察法？为什么说大量观察法是统计研究最基本的方法之一？

1－4　统计的总体性和数量性特点的含义分别是什么？

1－5　为什么说差异性是构成总体的前提？

1－6　试各举两个定类数据、定序数据、定距数据、定比数据的例子。

1－7　某公司正致力于测试一种新的电视广告的效果。作为测试的一部分，广告在当地新闻节目中下午6:30播出。两天以后，该公司进行了电话采访以获取记忆率信息（观众记得看过广告的百分比）和对广告的印象。这一研究的总体是什么？个体是什么？样本是什么？这种情况下为什么使用样本？简要解释其原因。

1－8　苏格兰曾经在某一地区进行了一次实验来确定对学龄儿童提供免费牛奶的效果，在每一所学校选择一些儿童作为处理组给予免费牛奶。请确定这个实验的总体、总体单位、样本。

1－9　统计研究现象总体的数量特征，为什么要从定性认识、从个体研究开始？

1－10　统计研究的基本方法可通用于自然现象、社会经济现象和科学实验等领域的分析研究。这种说法对吗？为什么？

1－11　试举若干你日常生活中所接触的统计问题的例子。

1－12　Excel在统计中有什么作用？

2

统计数据的收集、整理与显示

统计数据是统计分析的基础,追踪其初始来源,均来自调查或实验。当研究的问题确定后,我们就要考虑为进行研究所需要的数据,包括我们从哪里获得数据,向谁收集这些数据,怎样才能获得高质量的数据,怎样具体实施调查,对收集到的反映每个个体特征的大量数据,如何进行分类汇总形成反映现象整体状况的数据等。

2.1 统计数据的收集——统计调查

§2.1.1 统计调查的意义

统计数据收集是根据统计研究的目的要求,采用科学的调查形式和手段,有计划、有组织地获取所研究数据的过程,在社会经济统计中也称为统计调查。统计调查是统计的基础阶段,决定着统计工作和统计研究的成败。对统计调查的基本要求是:准确、及时、完整。准确是指收集的统计数据要真实、可靠,如实地反映客观实际。及时是指在规定的时间内,提供及时、有效的统计数据。完整是指对应该调查的单位和项目要无一遗漏,数据要相互配套,这样才能全面、系统地反映所研究现象总体的特征。

统计数据可以通过两种不同的途径获取:一种是直接向调查对象收集反映调查单位特征的原始数据;另一种是收集以前或别人已经收集好的并经过一定程度整理的次级资料。

§2.1.2 统计调查方案

统计调查涉及面广、工作量大,为保证统计调查工作有计划、有组织地顺利开展,在调查前应该制订一个科学的、周密的调查方案。调查方案的制订是统计设计在调查阶段的具体化。调查方案一般包括以下内容:

(1)确定调查目的

在调查方案中首先应该明确为什么要进行调查,通过本次调查要解决什么问题。只有目的明确才能进一步确定向谁调查、调查什么及用什么方法进行调查等,数据的收集工作才能有序地进行。例如,我国第六次全国人口普查的目的是查清2000年以来我国人口数量、结构、分布和居住环境等方面的变化情况,为科学制定国民经济和社会发展规划,统筹安排人民的物质和文化生活,实现可持续发展战略,构建社会主义和谐社会,提供真实、准确、完整、及时的人口统计信息支持。

(2)确定调查对象、调查单位和报告单位

调查对象是根据调查目的和任务确定的所要调查事物的全体,即统计总体。调查单位是调查项目的具体承担者,即总体单位。确定调查对象是确定调查范围,确定调查单位是明确具体向谁调查。报告单位(填报单位)与调查单位是两个不同的概念。报告单位是向上报告调查内容、提交统计数据的单位。报告单位一般是在经济上、行政上具有一定独立性的单位,而调查单位可以是个人、企事业单位,也可以是物,两者可能一致,也可能不一致。

(3)确定调查项目和调查表

调查项目是根据调查的目的和任务确定的调查中需要登记的调查单位的特征,由一系列标志构成。确定调查项目要注意需要与可能相结合、调查项目的表达要确切具体、同类调查的项目应保持相对稳定。例如,人口普查主要调查人口和住户的基本情况,内容包括姓名、性别、年龄、民族、国籍、受教育程度、行业、职业、迁移流动、社会保障、婚姻、生育、死亡、住房情况等。

把若干调查项目按照一定的顺序排列在表格上,即形成调查表。调查表不仅能够有条理地填写需要收集的数据,还便于以后对数据进行整理。调查表有单一表和一览表两种。单一表是一个调查单位填写一份,可以容纳较多的调查内容。一览表是把多个调查单位的内容登记在一份表上,适用于调查内容不多的情况。在某些统计调查如民意调查和市场调查中,调查项目主要以提问的问卷形式出现。问卷是以书面文字或表格的形式了解被调查者的意见。问卷的主体部分由一系列问题及备选答案组成。

(4)确定调查组织形式和方法

调查方案要根据研究目的、调查内容和调查对象的性质特点,明确规定调查的组织形式和收集数据的具体方法。

由于统计研究对象的复杂性、统计研究目的和任务的多样性,统计调查的形式也是多种多样的。根据调查范围不同,统计调查有全面调查和非全面调查之分。全面调查是对调查对象中的所有单位无一例外地都进行调查,目的在于直接获得总体数据。全面调查包括的总体单位完整,收集的数据比较全面,能够满足各个层次、各级政府管理的需要,能够为抽样调查提供抽样框。统计报表和普查属于全面调查。但全面调查花费的人力、物力、财力较大,所需时间较长,调查过程中容易受到各种人为因素的干扰而影响资料的质量。非全面调查是只对调查对象中的一部分单位进行调查,其目的是了解总体基本情况,或用样本数据推断总体特征。非全面调查可以节约调查费用,提高调查资料的时效性,调查内容可以比全面调查更深入细致,但存在部分单位对总体的代表性误差。对社会经济问题的非全面调查常采用重点调查和抽样调查的方式。

(5)确定调查时间

调查时间有两方面的含义:一是指调查数据所属的时间,即调查的标准时间。如果是时期现象,要明确所要收集的数据所属时期的起止时间;如果是时点现象,要规定收集登记的时点,如我国第六次全国人口普查的标准时间是 2010 年 11 月 1 日零点。二是指调查期限,即整个调查工作从开始到结束的时间。

(6)确定调查的其他事项

为了保证调查工作顺利进行,在调查方案中还需要制订好组织实施的各项具体计划,包括明确调查的组织机构、宣传、调查人员的选择和培训、经费预算、是否需要试点、资料报送程序和方法、数据处理和质量控制、数据公布、资料管理和开发应用等。

§2.1.3 统计调查的组织形式

(1)普查

普查是专门组织的一次性的全面调查。普查具有信息全面、完整的特点。普查的目的是详尽地了解某项重要国情国力,为政府制定规划、方针政策提供依据。由于普查涉及面广、调查工作量大,所花费的时间、人力、物力、财力都很大,因而只能间隔较长时间进行一次。

我国目前已经建立起了周期性的普查制度,每十年进行一次人口普查和农业普查,每五年进行一次经济普查。普查既可用于收集时点现象在一定时点上的数据,也可以用于收集时期现象在某一段时期内的总量。

(2)统计报表

统计报表是以基层单位的原始记录为依据,依照国家有关法规,自上而下地统一布置,按照统一的表式、统一的项目、报送时间和程序,自下而上地逐级地定期提供统计资料的一种调查形式。

随着社会主义市场经济的发展,统计报表的局限性也日益显现出来。一方面决策主体和利益主体的多元化和多层次化,可能存在对统计数据真实性的干扰;另一方面统计报表的调查内容和时间比较固定,不能及时、灵活地调查新情况、新问题。

(3)重点调查

重点调查是在调查对象中选择一部分重点单位进行调查的一种非全面调查。所谓重点单位,是指所调查标志的表现在其标志总量中所占比重大的少数单位。重点单位虽然为数不多,但从所要调查研究的标志来看,它们却在总体中具有举足轻重的作用。对这些单位进行调查,能够从数量上反映整个总体在该标志总量方面的基本情况。

重点调查适用于现象总量在各单位之间的分布极不均衡、客观上存在重点单位的场合。重点调查既可以为了某个目的选择重点单位进行一次性调查,也可以用于需要连续不断收集资料的经常性调查。

(4)抽样调查

抽样①调查指按照随机原则从总体中抽取部分单位构成样本进行调查,以样本数据推断总体数据的一种非全面调查。所谓随机原则就是在抽取样本单位时不受任何主观因素及其他系统性因素的影响,总体的每一个单位都有同等的机会被抽中。

与其他统计调查相比,抽样调查具有经济性、时效性、准确性和灵活性等优点,是应用最广泛的调查形式。《中华人民共和国统计法》第十六条规定:“收集、整理统计资料,应当以周期性普查为基础,以经常性抽样调查为主体,综合运用全面调查、重点调查等方法,

① 广义的抽样包括概率抽样和非概率抽样。概率抽样即随机抽样,本教材若无特殊说明,抽样均指随机抽样。

并充分利用行政记录等资料。”2017 年 5 月 28 号颁布的《中华人民共和国统计法实施条例》明确提出：“统计资料能够通过行政记录取得的，不得组织实施调查。通过抽样调查、重点调查能够满足统计需要的，不得组织实施全面调查。”

§2.1.4　统计数据收集的具体方法

调查单位确定后，收集统计数据的基本方法主要有观察法、报告法、访问法等。各种方法有不同的特点和适用条件，应该根据调查对象的特点、研究目的和任务及统计调查的条件灵活选择调查方法。

(1)直接观察法

直接观察法是调查人员深入现场对调查单位进行直接观察、记录和计量。如对产品库存进行实地盘点，农产品产量抽样调查采取的实割实测方法，在十字路口对车流量进行计量等，都属于观察法。观察法取得的资料比较客观、具体，能够保证数据的准确性，但观察法需要花费较多的人力、物力和时间；同时由于观察者认识事物的能力不同，并带有主观见解，其结果往往因人而异。

(2)报告法

报告法是指被调查者按照调查者的要求，根据自己的实际情况如实填报调查内容，以信函、传真、计算机网络等方式向调查者报送数据的方法。该方法对调查者来讲比较省时省力，但资料的真实性取决于被调查者的配合程度，如果对被调查者没有一定的约束机制，就容易发生虚报瞒报的现象。统计报表制度就是一种规范程度比较高的报告法。

(3)访问法

访问法也称采访法、询问法，是由调查人员提问、被调查者回答来获取数据的方法。访问法的具体方式有很多种，如顾客满意度调查，可以是集体访问，也可以个别访问；可以是街头访问，也可以入户访问；可以是面谈访问、也可以电话访问。

除了以上三种传统的调查方法以外，随着计算机网络技术的普及，电子邮件调查法、WED 站点调查法、计算机电话辅助调查法等以互联网络为平台进行调查的方法应运而生，其应用范围日益广泛。

2.2　统计数据的整理

§2.2.1　统计数据整理的意义

统计数据整理是根据统计研究的需要，将收集到的大量反映个体特征的数据进行科学的分类汇总、加工处理，或对收集到的次级资料进行再加工，使之系统化、条理化，以符合统计分析的需要，成为能够反映事物总体特征的综合资料的过程。

统计调查所收集的原始资料是反映个体特征的、分散的、零碎的资料，不能反映总体的数量特征。对原始数据的整理一般是分类和汇总性的整理。对次级资料，主要是再分组。

统计数据整理是统计工作的中间环节，是从对现象个体观察过渡到对总体数量特征认识的连接点，在统计工作中起着承前启后的作用。统计整理的质量，直接影响对现象总体数量描述的准确性和分析结果的正确性。

§2.2.2　统计分组

(1)统计分组的概念和作用

统计分组是根据统计研究的目的和要求，将总体中的所有单位按照一定的标志分为若干部分或组别的方法。统计分组对总体而言是“分”，对个体而言又是“合”。总体分组后，突出了组与组之间的差异，而抽象了组内各单位的差异。

统计分组的作用主要表现在三个方面：第一，划分总体的类型。现象的类型多种多样，不同类型的现象存在本质差别，通过对统计数据的分组，就可以把不同类型的现象区别开来。第二，反映现象内部结构和比例关系。通过分组，总体被划分为若干组成部分，可以反映总体的构成特征和基本性质。第三，揭示现象之间的相互依存关系。现象之间总是相互联系、相互依存、相互制约的，在分组基础上，可以观察这些现象之间的内在联系和数量关系。

(2)统计分组的原则

科学性原则。它是指统计分组要从统计研究的目的出发，选择最能说明现象本质特征的标志作为分组标志，使组与组之间在某一方面具有显著的差异，而组内各单位在该方面具有同质性。

完备性原则。它是指分组时任何一个总体单位或任何一个原始数据都能归属于某一个组，而不会遗漏在外。例如，将工业企业按所有制分组，若只分“国有企业”“集体企业”“私营企业”三组就是不完备的，因为还有合资企业、外商独资企业等不能归入上述三组中。如果再增加“其他企业”一组，分组就完备了。

互斥性原则。它亦称不相容性原则，指任何一个总体单位或任何一个原始数据，在一种统计分组中只能归属于某一个组，而不能归属于两个或两个以上的组。例如，将工业企业分成“国有企业”“集体企业”“大型企业”“小型企业”等，就不具有互斥性。一个企业可以同时出现在几个组，这时将造成统计数据上的混乱。

(3)统计分组的种类

按分组标志的性质不同分为品质标志分组和数量标志分组。品质标志分组就是从属性上区分各种类型组。例如，从业人员按职业、性别分组，企业按经济类型分组，国民经济按行业分组，等等。按品质标志分组的关键是界定各类型组的性质差异。数量标志分组是从某个变量的数量差异上来区分各种类型。例如,职工按年龄分组,企业按职工人数分组或按固定资产多少分组,等等。数量标志分组的关键是正确划分各组界限。

按分组标志的多少可分为简单分组和复合分组。简单分组是按一个标志对总体单位进行分组,它只反映总体某一方面的类型和结构特征。复合分组是按两个或两个以上的标志对总体单位进行重叠分组,如对某地区工业企业先按经济类型分组,再将各组按规模大小进行分组。复合分组不仅能够比简单分组更加具体和深入地反映总体内部的类型和结构特征,而且可以显示结构的层次,说明总体内部类型的主从关系。但是,复合分组的标志也不宜太多,因为随着分组标志的增加,分组的组数就会成倍增加,分组过多时,总体单位分布过于分散,不利于揭示现象的内部构成和分布规律,从而失去分组的意义。

§2.2.3 分布数列

(1)分布数列的概念

将总体各单位按某个标志分成若干组,列出各组的总体单位数或各组单位数在总体单位数中所占的比重,这样形成的数列称为分布数列或分配数列。分布在各组的单位数称为次数或频数;各组单位数在总体单位数中所占的比重又称为频率。分布数列是统计整理结果的基本表现形式,它表明总体单位在各组的分布状况,在统计分析中具有广泛的用途。分布数列可以反映总体的分布特征、结构,并据以研究总体单位某一标志的平均水平及其变异程度。分布数列由两个基本要素构成:一是总体按某个标志所分的组;二是各组频数或频率(比重)。

(2)分布数列的种类

根据分组标志不同,分布数列可以分为品质分布数列和变量分布数列。品质分布数列是按品质标志分组而形成的分布数列,简称品质数列,是定性数据数列,由各组名称和各组次数或比重构成。表2.1是一个定类数据的数列,表2.2是一个定序数据的数列。

表2.1 2017年全国三次产业结构

产　业	增加值(亿元)	比重(%)
第一产业	65 468	7.9
第二产业	334 623	40.5
第三产业	427 032	51.6
合　计	827 123	100.0

资料来源:中华人民共和国国家统计局. 中华人民共和国2017年国民经济和社会发展统计公报[EB/OL]. [2018-06-15]. http://www.stats.gov.cn/tjsj/zxfb/201802/t20180228_1585631.html.

表 2.2　某地区居民对住房状况的评价

对住房的满意程度	户数(户)	频率(%)
非常满意	58	14.5
满　意	84	21.0
一　般	98	24.5
不 满 意	119	29.8
非常不满意	41	10.2
合　计	400	100.0

变量分布数列简称变量数列,即按数量标志分组而形成的分布数列,由各组变量值及各组次数构成。变量数列又可以分为单项式变量数列(见表 2.3)和组距式变量数列(见表 2.4、表 2.5)。以一个变量值为一组的变量数列是单项式变量数列。当离散变量的变量值变动幅度不大时,适合编制单项式变量数列。以变量值的一个区间为一组的变量数列是组距式变量数列,每一组两端的值称为组限,各组最小的值为下限,最大的值为上限。连续变量或离散变量的变量值变动幅度比较大时,应该编制组距式变量数列。

表 2.3　某企业某日工人日产量表

日产量(件)	工人人数(人)	比重(%)
10	70	8.75
11	100	12.50
12	380	47.50
13	150	18.75
14	100	12.50
合计	800	100.00

表 2.4　某地区某年农民人均年收入

人均年收入(元)	人数(千人)
3 000 ~ 3 500	40
3 500 ~ 4 000	92
4 000 ~ 4 500	204
4 500 ~ 5 000	120
5 000 ~ 5 500	40
5 500 ~ 6 000	36
合　计	532

组距式变量数列组限的表示可以重叠,也可以不重叠。对离散变量一般采取不重叠组限形式,而对于连续变量,从理论上说,应采用重叠组限形式,即前一组的上限与后一组的下限为同一数值,如果某个变量值刚好等于组限,将其归入下限所在组。但在实际工作中,也常常对连续变量只取整数,且采取不重叠组限,如表 2.5 所示。

表 2.5 我国 2017 年年末人口数及其构成

年龄(周岁)	年末数(万人)	比重(%)
0 ~ 15	24 719	17.8
16 ~ 59	90 199	64.9
60 及以上	24 090	17.3
其中:65 及以上	15 831	11.4
合　计	139 008	100.0

资料来源:中华人民共和国国家统计局. 中华人民共和国 2017 年国民经济和社会发展统计公报[EB/OL]. [2018 - 06 - 15]. http://www.stats.gov.cn/tjsj/zxfb/201802/t20180228_1585631.html.

组距式变量数列中,区间的长度称为组距。对重叠形式的组限,组距 = 上限 - 下限,如表 2.4 所示,第二组组距为 4 000 - 3 500 = 500 元;对于不重叠形式的组限,组距 = 本组上限 - 上组上限(或 = 下组下限 - 本组下限),如表 2.5 所示,第二组的组距为 59 - 15 = 44 岁,或 60 - 16 = 44 岁。如果第一组只有上限,最后一组只有下限,这样的组称为开口组,这样的数列称为开口数列,如表 2.5 所示。开口组一般以相邻组组距为其组距来计算组中值。开口式分组适用于数据集有极端值且较分散的情况。各组组距相等的数列称为等距数列,如表 2.4;各组距不尽相等的数列称为异距数列,如表 2.5。

各组上限与下限的中点值称为组中值,即:组中值 = $\frac{上限 + 下限}{2}$,或组中值 = 上限(下限) $\mp \frac{相邻组组距}{2}$。组中值通常作为该组数据的代表值,但这种代表有一个必要的假定条件,即各组数据在本组内呈均匀分布或对称分布。如果实际数据的分布不符合这一假定,用组中值作为一组数据的代表值会有一定的误差。

(3)变量数列的编制

编制变量数列的目的在于对定量数据及其特征进行观察,先将数据按某个数量标志进行分组,然后计算出各组中出现的次数或频率。在编制变量数列时,首先要根据研究目的和现象的特点确定是编制单项数列还是组距数列,组距数列是采用等距还是异距,是否需要开口组等问题。下面我们结合例 2 - 1 来说明组距数列的编制方法和过程。

【例 2 - 1】下面是某班学生统计学的考试成绩数据,试编制变量数列来反映该班学生考试成绩的分布特征。

67	90	52	88	78	91	65	63	66	89	85	77	85	62	76	79
81	42	76	82	84	60	70	85	69	71	76	78	73	86	65	67
75	94	66	83	78	87	70	61	89	75	76	80	72	78	66	88
65	69	64	97	79	76	80	75								

分组的具体步骤如下：

第1步：确定分组的形式。对考试成绩可编制等距数列。找出数据的最大值和最小值，本例56个数据的最大值是97，最小值是42，数据的波动幅度（即极差）是55分，采用开口组比较适宜。

第2步：确定组数。数据分成多少组，一般与数据本身的特点及数据的多少有关。组数太多或过少都不适宜。如果组数太多，数据的分布就会过于分散，组数过少，数据的分布就会过于集中，这都不便于观察数据的分布特征和规律。本例分为5组更能反映考试成绩的分布特征。

第3步：确定组距。组距与组数成反比，可根据全部数据的全距（极差）和组数来确定，即组距＝全距/组数。本例中全距为55，则组距＝55/5＝11。为便于计算分析，组距宜取5或10的倍数，而且第1组的下限应该低于最小变量值，最高一组的上限应高于最大变量值，因此组距可取10分。

第4步：确定组限。组限应是引起事物质变的数量界限，并有利于表现总体分布的规律性。因此组限的选择应当能够反映现象本质特征。本例中成绩是连续变量，可采用组限重叠的形式。

第5步：计算各组次数，形成变量数列。根据所确定的组数、组距和组限，将全部数据归入各个不同的组，计算出各组的频数或频率，即可编制出变量数列。表2.6第(1)、(2)栏就是例2－1分组整理后所得的变量数列。

表2.6　　某班学生统计学成绩表

成　绩	学生人数（人）	比　重（%）	向上累计		向下累计	
			人数	频率（%）	人数	频率（%）
（甲）	（1）	（2）	（3）	（4）	（5）	（6）
60以下	2	3.57	2	3.57	56	100.00
60～70	15	26.79	17	30.36	54	96.43
70～80	20	35.71	37	66.07	39	69.64
80～90	15	26.79	52	92.86	19	33.93
90～100	4	7.14	56	100.00	4	7.14
合　计	56	100.00	—	—	—	—

(4)累计次数分布

分布数列只能反映各组次数的分布状况，为了更清楚地反映数据的分布特征，实际中常常需要计算累计次数。次数累计的方法有向上累计和向下累计两种（见表2.6第(3)至第(6)栏），向上累计是由变量值小的组向变量值大的组累加各组的次数或频率，各组的累计次数表明小于该组上限的次数或百分数共有多少；向下累计是将各组的次数由变量值大的组向变量值小的组累加，各组的累计次数表明大于该组下限的次数或百分数共有多少。如表 2.6 所示,80 分以下的共有 37 人,占全班人数的 66.07%;70 分以上的有 39 人,占全班人数的 69.64%。

(5)次数分布的类型和次数分布图

①次数分布的类型。次数分布的类型主要有三种:钟形分布、U 形分布、J 形分布。

钟形分布,包括对称分布和偏态分布,其特征是中间变量值出现的次数多,较大值和较小值出现的次数少,即“中间大,两头小”。这是客观事物数量特征表现最多的一种形式,如人的身高、农作物产量等。对称钟形分布以变量的平均值为对称轴,左右两侧对称,两侧变量值分布的次数随着与其平均值距离的增大而逐渐减少,如图 2.1 所示。偏态分布根据尾巴拖向哪一方又可分为正偏(或右偏)和负偏(或左偏)分布,如图 2.2 所示。

U 形分布又称倒钟形分布,与钟形分布正好相反,呈现“中间小,两头大”的特征。人口按年龄分组的死亡率的分布就呈 U 形分布,如图 2.3 所示。

J 形分布的特征是“一头大,一头小”。如果随着变量值增大,次数也增多,这种分布称为正 J 形分布;如果变量值增大,次数减少,这种分布称为反 J 形分布,如图 2.4 所示。

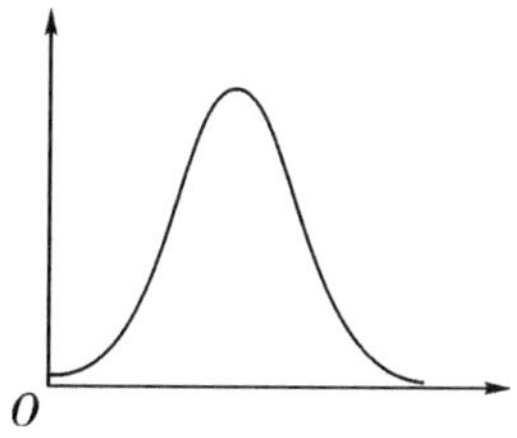

图 2.1　对称钟形分布

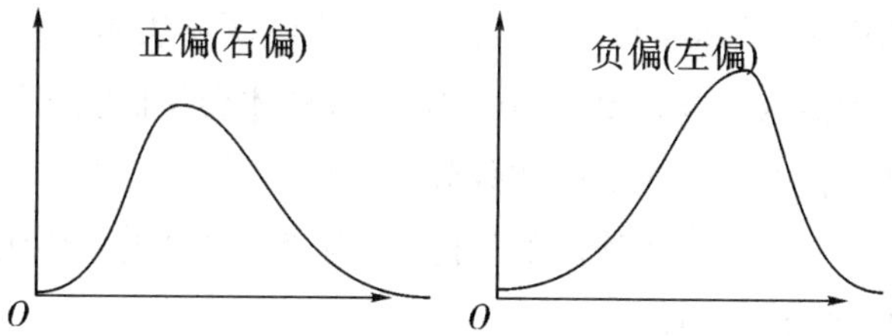

图 2.2　偏态分布曲线

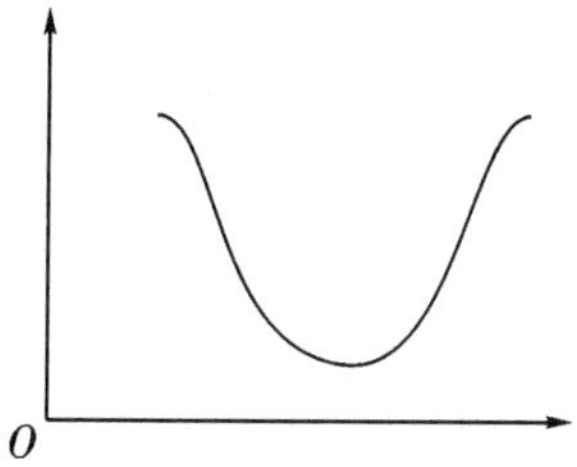

图 2.3　U 形分布

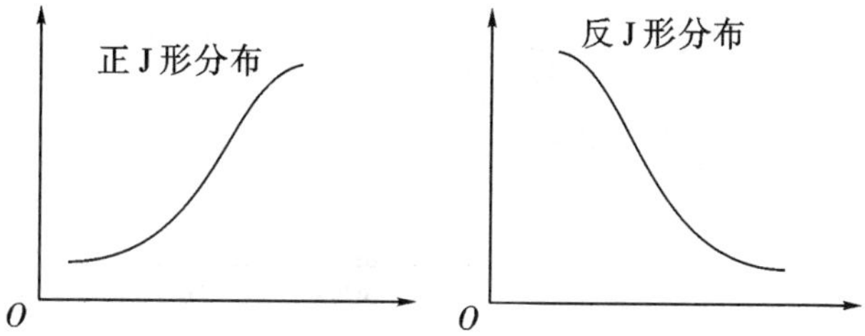

图 2.4　J 形分布

②次数分布图。分组数据频数分布的特征常用直方图来表示。以柱形图的形式对频数分布进行图形化描述得到的图叫直方图。直方图是用于展示组距数列分布特征的一种图形,在直角坐标中,用横轴表示数据的分组,纵轴表示频数或频率,这样各组与相应的频数就形成了一个矩形,用矩形的宽度和高度(即面积)来表示频数分布。对于等距数列,各组频数可以直接作为直方形的高度。图 2.5 是根据表 2.6 资料绘制的直方图,从这个直方图我们可以更直观地看出学生成绩的分布状况,即成绩在 70 ~ 80 分的人数最多。

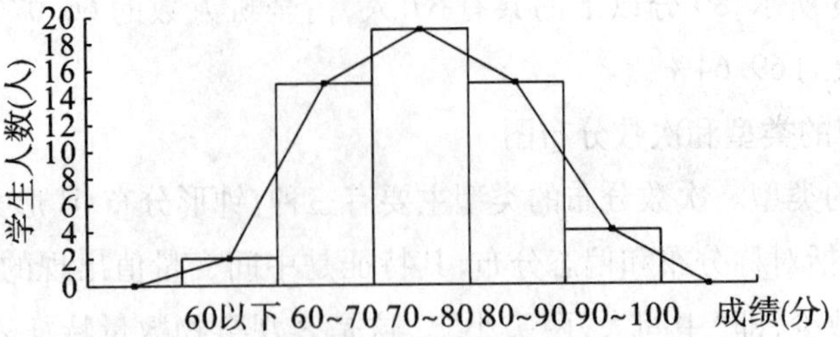

图 2.5　学生成绩次数分布直方图和折线图

对于异距数列,由于各组组距不同,频数的差异不能直接表明数据分布的特征。这时就需要根据频数密度来绘制直方图,以准确反映各组数据分布的特征。其方法是:以各组频数密度(频数密度 = 频数/组距)为各组直方形的高度,或先确定标准组距,将标准组距乘以各组频数密度得到标准组距频数,再以各组的标准组距频数作为各组直方形的高度。

与直方图作用相似的图是折线图。它以各组的组中值为该组的代表值,然后用折线将各组次数连接起来,就形成了折线图,也称为次数多边图(见图 2.5)。直方图与折线图的面积是相等的,因此,直方图与折线图所表示的分布规律是相同的。需要注意的是,折线图的两个终点要与横轴相交,这样才会使折线图下所围成的面积与直方图的面积相等,从而使两者所表示的频数分布一致。

曲线图是折线图的理论图,当变量数列的组限无限小时,折线就表现为一条光滑的曲线(见图 2.6)。

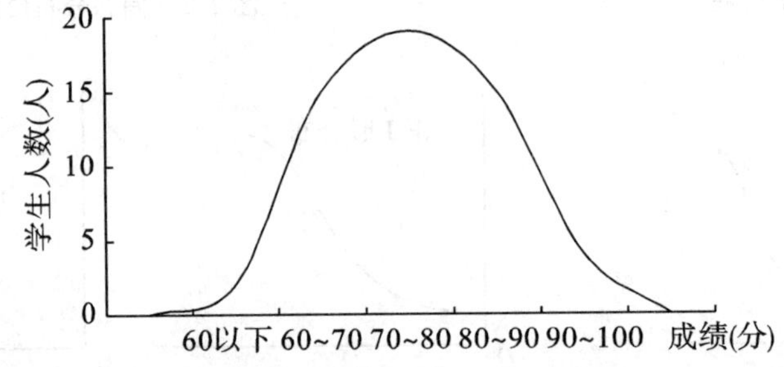

图 2.6　学生成绩次数分布曲线图

利用 Excel 可对原始数据进行分组并得到频数分布表和直方图:点击"数据"→"数据分析"→"直方图"。在"直方图"中的"输入区域"输入数据所在区域;在"接收区域"输入指定的分组上限值所在区域;在"输出区域"指定频数分布表输出区域的起点单元格;选择"图表输出";最后点击"确定"即可得到频数分布表和直方图(图 2.7 是例 2－1 用 Excel 进行分组得到的频数分布表和直方图)。

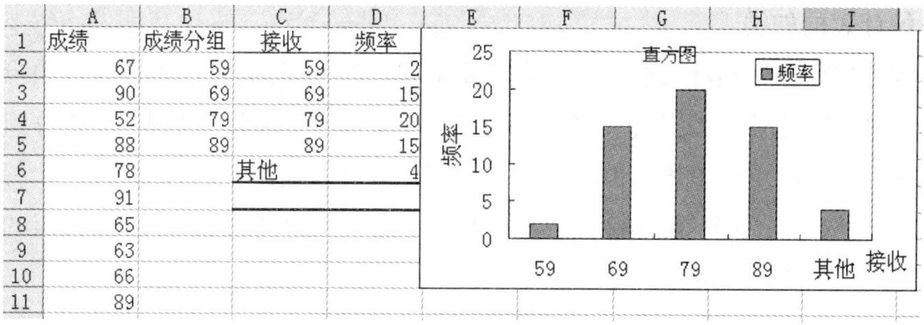

图 2.7 Excel 的频数分布表和直方图

图 2.7 中的输出结果不符合要求，应进行调整。在直方图的任一条形上点击右键，选择"数据系列格式"，在"选项"中将"分类间距"调整为 0，即可得到条形之间无间隔的直方图。将输出结果中的"接收"改为"成绩"，C2 ~ C6 单元格的数值分别改为"60 以下""60 ~ 70""70 ~ 80""80 ~ 90""90 ~ 100"，"频率"改为"频数"，所得结果就如图 2.5 所示。

2.3 统计数据的显示

§2.3.1 统计表

(1)统计表的概念

把经过调查整理汇总计算而得到的统计数据按一定的结构和顺序，系统地排列在一定的表格内，就形成了统计表。统计表是表现统计数据的基本工具。经过整理的统计数据用统计表的形式来表现，较之于冗长的文字叙述更为醒目、清楚，便于数据的检查、核对和比较分析。

(2)统计表的构成

统计表从形式上看一般由总标题、横行标题、纵列标题、数字资料等要素构成，必要时可以在表的下方加上表外附加。总标题是统计表的名称，概括表的内容，置于表的正上方。横行标题放在表内的左端，表示研究的对象。纵列标题放在表的右上端，也称为指标名称。统计表的结构如表 2.7 所示。

表 2.7 2016 年三次产业对国内生产总值增长的贡献率和拉动 ←总标题

	贡献率(%)	拉动(百分点)
一产业	4.3	0.3
二产业	38.2	2.6
三产业	57.5	3.9
合 计	100.0	6.8

—— 纵列标题

横行标题 {（一产业、二产业、三产业、合计）

} 数据

资料来源：中国国家统计局网站，www.stats.gov.cn。产业贡献率指各产业增加值增量与国内生产总值增量之比；产业拉动指国内生产总值增长速度与各产业贡献率之乘积。 ←表外附加

(3)统计表的种类

统计表的形式多种多样,根据使用者的要求和数据本身的特点,可以设计出形式多样的统计表。统计表按照主词分组情况不同,可分为简单表、简单分组表、复合分组表。对总体未经过任何分组,按总体单位名称排列的统计表称为简单表;对总体按一个标志分组的统计表称为简单分组表(见表2.7);对总体按两个及以上标志进行层叠分组的统计表称为复合分组表(见表2.8)。

表2.8　2016年国内、外三种专利申请受理情况　单位:项

项目	申请受理数量
发明	1 338 503
国内	1 204 981
职务	982 971
非职务	222 010
国外	133 522
职务	130 699
非职务	2 823
实用新型	1 475 977
⋮	⋮
外观设计	650 344
⋮	⋮
合计	3 464 824

资料来源:中国国家统计局网站,http://www.stats.gov.cn/tjsj/ndsj/。实用新型和外观设计的分类与发明相同。

(4)列联表

列联表又称为交叉表,是由两个以上的变量进行交叉分类的频数分布表。表2.9是从某高校学生中,抽取300位进行调查,得到他们的性别和月平均通信费支出,对数据进行交叉分析编制的2×6列联表。表中的行是定性变量"性别",列是定量变量"月平均通信费"。

表2.9　某高校300位学生的性别与月平均通信费的列联表

性别	月平均通信费(元)						
	50以下	50~60	60~70	70~80	80~90	90以上	合计
男	18	50	52	17	8	5	150
女	20	55	57	11	5	2	150
合计	38	105	109	28	13	7	300

从表2.9中反映出不管是男生,还是女生,每月的通信费大多为50~70元,总体来看,男生的通信费支出略高于女生。

根据原始调查数据编制列联表可以利用 Excel 提供的数据透视表来实现。其具体操作方法是:在 Excel 工作表中输入各个变量的名称(性别、月平均通信费等)及其原始调查数据,然后点击“数据”→“数据透视表和数据透视图”,选择“数据透视表”→指定数据源区域→指定数据透视表显示的位置→打开“布局”对话框,将行变量名“性别”拖入“行”,列变量名“月平均通信费”拖入“列”,将用于计数的任一变量(如“月平均通信费”)拖入“数据”,默认输出是该变量各组数值的求和,确定后在输出表左上角的“求和项:月平均通信费”处点击右键,在弹出的对话框中选择“字段设置”,将汇总方式“求和”改为“计数”,即可得到如表 2.9 所示的列联表。

(5)统计表的设计规则

由于使用者的目的及统计数据的特点不同,统计表在形式和结构上会有较大差异,但其设计的基本要求是一样的,要便于使用者进行比较、分析及阅读,“科学、实用、简练、美观”仍然是设计统计表的基本要求。设计统计表时一般应该注意以下规则:

①统计表的各种标题,要能确切地反映和概括出表的基本内容。特别是总标题的表达,力求简明,总标题一般需要表明统计数据的时间(When)、地点(Where)以及何种数据(What),即标题内容应满足“3W”要求。

②表中不要罗列太多和过于庞杂的内容,尽可能做到简明扼要。

③要合理安排统计表的结构,表中的行和列各栏,一般应按先局部后整体的原则排列,即先列各个项目,后列总计。当没有必要列出所有项目时,可以先列总计,而后列出其中一部分的项目。

④如果统计表的栏数较多,通常要加以编号,在横行标题和计量单位等栏,用甲、乙、丙等文字标明;纵列标题各栏,用(1)、(2)、(3)等数字编号。

⑤表中数字应该填写整齐,对准位数,同栏数字的单位、小数位要一致。若有相同数字应全部填列,不得写“同上”字样。当不应有数字时用“—”表示。

⑥统计表中必须注明数字资料的计量单位。当全表只有一种计量单位时,可以把它写在表头的右上方。如果表中需要分别注明不同单位时,横行的计量单位可以专设一栏;纵栏的计量单位,要与纵标目写在一起。

⑦必要时统计表应该加注说明或注解。例如,某些指标有特殊的计算口径,某些资料只包括一部分地区,某些数字是由估算来插补的,等等,都要加以说明,此外还要注明统计资料的来源,以便查考。说明或注解一般写在表的下端,作为表外附加。

§2.3.2 统计图

统计图是直观地表达统计数据的形式,它可以将复杂、枯燥的数据用形象生动的图形表现出来,正确地绘制和使用好统计图是统计分析的基础。绘制这些图形,基本上都可以利用 Excel 的图表功能来完成。在 Excel 工作表中,输入数据后点击“图表向导”(或在

"插入菜单"下点击"图表"),选择所需的图表类型,按所选图表对话框中的提示操作,即可得到所需的统计图。

(1)柱形图

柱形图是用宽度相同、高度或长短不同的条形来表示数据多少的图形。柱形图既可以用来表示定性数据的分布,也可以用来进行同类现象在不同空间、不同时间的对比。

柱形图的类别较多,绘制时,各类别可以放在纵轴,称为条形图,也可以放在横轴上,称为柱形图。例如,表 2.1 中的资料绘制成的图 2.8 就是柱形图。

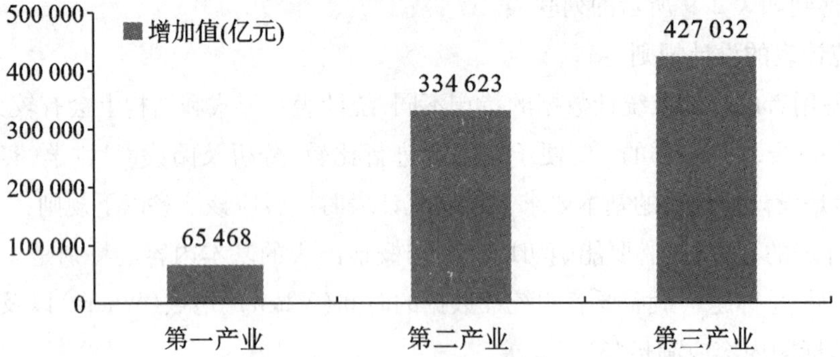

图 2.8　我国 2017 年三次产业增加值

(2)饼图

饼图又称圆形图,整个饼图面积代表所研究数据的整体,每一扇形面积代表总体每个部分所占的百分比,主要用于表示各部分对于总体的比例,对结构性问题研究十分有用。图 2.9 是利用表 2.2 的数据绘制的饼图。

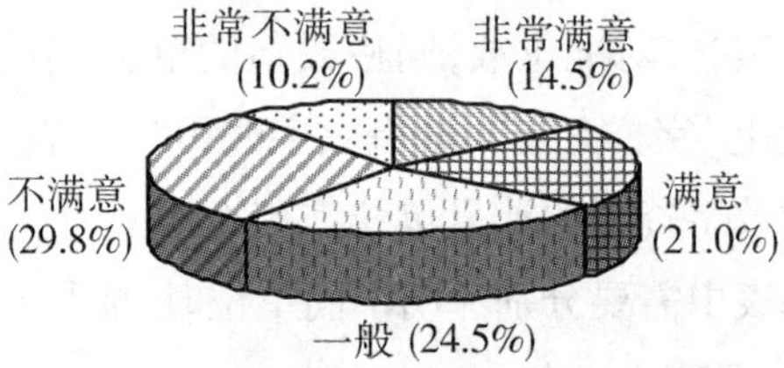

图 2.9　某地区居民对住房的满意度

(3)环形图

环形图与饼图类似,主要用于反映现象的结构,但两者又有区别。环形图中间有一个"空洞",总体中的每一部分数据用环中的一段表示。饼图显示一个总体各组成部分所占的比重,而环形图可以在一个图上显示多个总体的结构,其中每一环是一个总体数据系列,这样有利于我们比较不同总体的结构差异,如图 2.10 所示。

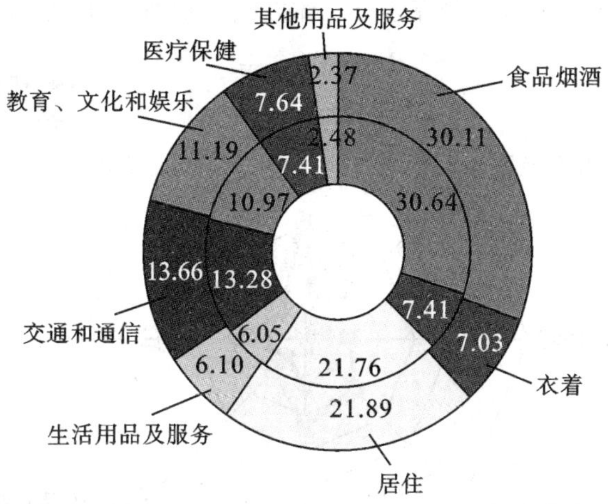

图 2.10　2015、2016 年我国居民人均消费支出构成

(4)线图

线图是在直角坐标上用折线表现数据变化的图形,主要用于显示时间序列数据,反映现象随时间变化的特征。

图 2.11 是根据 2000—2017 年中国货物出口总额与进口总额数据绘制的线图。从图中可以观察到,近十多年来我国货物出口总额与进口总额虽然有波动,但整体来看呈增长趋势。

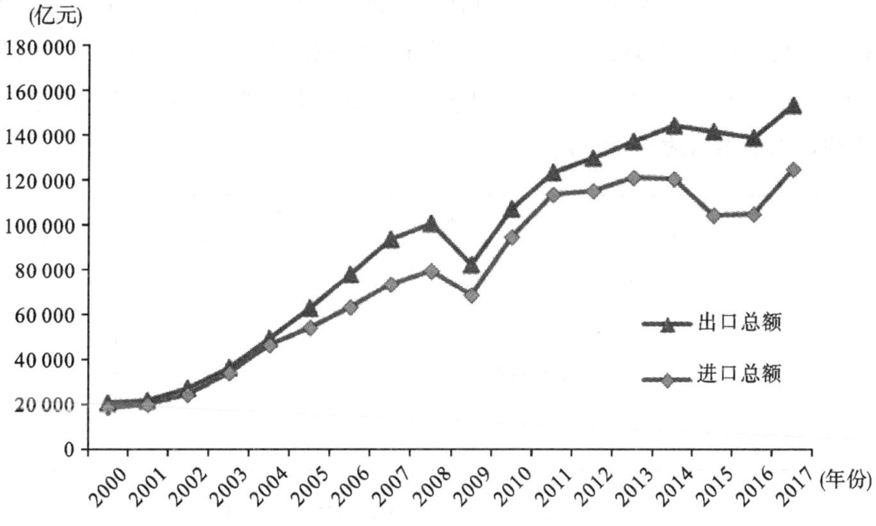

图 2.11　2000—2017 年中国货物出口总额与进口总额

(5)雷达图

雷达图也称为蜘蛛图,是显示多个变量特征的多维图,在显示或对比各变量的数值总和时很有用。假定各变量的取值具有相同的正负号,总的绝对值与图形所围成的区域值

成正比，此时利用雷达图也可以研究多个总体之间的相似程度，如图 2.12 所示。

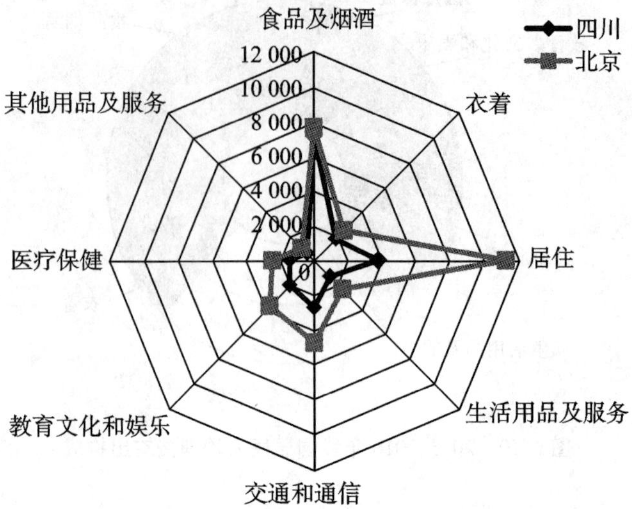

图 2.12　2016 年四川省和北京市居民家庭人均消费支出(单位:元)

(6)茎叶图

直方图展示了总体数据的主要分布特征，但它掩盖了各组内数据的具体差异。为了弥补这一局限，对于未分组的原始数据则可以用茎叶图来观察其分布。茎叶图由“茎”和“叶”两部分构成，其图形是由数字组成的。

绘制茎叶图的关键是设计好树茎。制作茎叶图时，首先把一个数字分成两部分，通常是以该数据的高位数值作为树茎，而且叶上只保留该数值的最后一个数字。如 125 分成“12”与“5”，12 分成 “1”与“2”，前部分是树茎，后部分是树叶。图 2.13 是根据例 2 - 1 某班学生统计学的考试成绩数据制作的茎叶图。

树茎	树叶	数据个数
4	2	1
5	2	1
6	012345556667799	15
7	00123455566666788899	20
8	001234555678899	15
9	0147	4

图 2.13　某班学生统计学考试成绩的茎叶图

图 2.13 中第一条竖线左边的数值称为“茎”，竖线右边的数值称为“叶”。树茎列表示十位，树叶列表示个位，如最上面一排，竖线左边的 4 表示该排所有的数值在四十几的范围内，竖线右边 2，表示 42。其余以此类推。

一张精心设计的统计图形是展示数据的有效工具，可以准确地表达数据所要传递的信息。设计图形时,应绘制得尽可能简洁,以能够清晰地显示数据、合理地表达内容和目的,应避免一切不必要的修饰。图形体现的视觉效果应与数据所体现的事物特征相一致,否则有可能歪曲数据,给人以错误的印象。

本章小结

1. 统计数据是总体或总体单位某一特征的具体表现。统计数据的收集包括原始数据和二手数据的收集,是统计分析的基础。统计数据收集的形式有普查、统计报表、重点调查、抽样调查,数据收集的方法有观察法、报告法和访问法。统计调查工作要制订合理的调查方案。

2. 统计分组是统计整理的核心。统计分组的基本原则是科学性、完备性、互斥性。按品质标志分组的关键是界定各类型组的性质差异;按数量标志分组的关键是正确确定各组的数量界限,显示出数据的分布特征。

3. 把现象按照一定的特征进行分类就会形成分布数列。直方图、折线图或曲线图可以更直观地显示次数分布特征。次数分布主要有钟形分布、U 形分布、J 形分布等类型。

4. 统计表和统计图是显示统计数据的重要形式。统计表按照主词分组情况不同,可分为简单表、简单分组表、复合分组表。列联表是由两个以上变量交叉分类形成的频数分布表。

思考与练习

2-1　什么是统计调查?统计调查的形式有哪些?各有何特点?

2-2　为了了解某地区居民对住房的满意程度,调查人员在居民小区对 400 名居民进行调查。回答分为"满意""比较满意""一般""不满意""很不满意"五类。试问:

(1)这一调查的对象和调查单位是什么?

(2)这一调查是否是随机调查?

(3)调查收集的数据属于什么计量层次?

2-3　柱形图与直方图有何区别?

2-4　什么是分布数列?次数累计的意义是什么?

2-5　为了评价居民对住房的满意程度,随机抽取了 90 个家庭构成的一个样本。满意程度分别表示为:A. 很满意,B. 比较满意,C. 一般,D. 不满意,E. 很不满意。调查结果如下:

E	C	C	A	D	C	B	A	E
D	A	C	C	D	E	C	E	E
A	D	B	C	A	E	D	C	B
B	A	C	E	A	B	D	D	C
C	B	C	D	B	C	C	B	C
D	A	C	C	D	E	C	E	B
B	E	C	A	D	C	B	A	E
B	A	C	E	A	B	D	D	C
A	D	B	C	A	E	D	C	B
C	B	C	D	B	C	C	B	C

要求：

(1)指出上面的数据属于什么计量层次。

(2)制作一张频数分布表。

(3)绘制条形图，反映评价等级的分布。

3

统计指标

统计数据经过加工整理形成数列后，我们对它的分布规律已有了一个直观的了解。然而，要进一步挖掘统计数据，做更深入的分析，仅靠直观了解是远远不够的，还需要寻找一些能充分度量统计数据特征的统计指标，对现象进行分析研究。对统计数据的度量包括：总量水平度量、比较关系度量、集中趋势和离中趋势的度量、分布形态的度量等。

3.1 总量指标和相对指标

§3.1.1 总量指标

(1)总量指标的概念和作用

总量指标是反映社会经济现象总规模、总水平的指标，一般通过将原始数值进行分类汇总后得到的绝对水平，所以也称绝对数。例如，我国国土面积960多万平方千米，2017年国内生产总值827 122亿元、社会消费品零售总额366 262亿元，等等。

统计总量指标最主要是在一定理论的指导下给出一个科学的内涵即概念，在这个内涵下确定其外延即范围。例如，要得到国内生产总值数据，首先要定义什么是国内生产总值，可以从哪些角度计算，然后确定从不同角度的计算范围。

总量指标的大小与总体范围的大小有直接关系，同一时间不同总体范围的同一总量指标的数值相加其和仍然是总量指标。例如，各个行业全年职工的工资总额之和是全国职工的年工资总额，各个地区的年末人口数之和是全国年末人口总数。

总量指标还可以表现为不同空间(国家、地区、企业等)或不同时间总量数据之差。例如，2017年我国货物出口比进口多2.87万亿元(即贸易顺差2.87万亿元)，2017年年末国家外汇储备比2016年年末增加了1 294亿美元。

总量指标在实际经济工作有重要作用：是认识社会经济现象的起点；是实现经济管理、决策和调控的依据；是计算相对数和平均数的基础。

(2)总量指标的计量单位

①实物单位。实物单位是根据事物的自然属性和特点所采用的计量单位，包括自然单位、度量衡单位、标准实物单位和复合单位。

自然单位是离散型数值的计量单位，是人们长期以来习惯使用形成的，如人口数以“人”为单位，汽车以“辆”为单位，大牲畜以“头”为单位，等等。

度量衡单位是连续型数值的计量单位，需要用一定的计量器具或仪表来反映，如粮食产量以“吨”为单位，布匹长度以“米”为单位，容量以“升”为单位，等等。

标准实物单位是将用途相同但规格或含量不同的物品数量按某一标准折算而采用的计量单位，如能源按发热量折合为标准吨，各种粮食以水稻为标准进行折算，等等。

复合单位是两个单位以乘积形式构成的单位，如货物周转量用“吨千米”表示，发电量以“千瓦小时”表示，等等。

按实物单位计量的指标称为实物指标。实物指标给人以明确的使用价值概念，但其综合性能差，不同使用价值的实物量不能汇总。实物单位主要用于反映主要物资的生产和消耗、主要产品的供需，特别是难于估价的土地面积和自然资源数量等。

②价值单位。价值单位是用货币来计量的单位，所以也称为货币单位，如人民币元、美元、欧元等。以价值单位计量的指标称为价值指标或货币指标。

价值指标具有很强的综合性能，可用于表明经济活动的总成果、总规模，进行经济效益的考核和评价等，所以在国民经济中广泛使用价值指标。例如，国内生产总值是综合反映一定时期内常住单位生产并提供给社会最终使用的货物和服务总量的价值指标。又如，由于农产品多种多样，要反映全国农产品总量，也需要应用价值指标。但是价值指标不能直接反映出使用价值和具体内容，且要受价格波动的影响。

(3)总量指标的种类

按反映总体内容不同，总量指标可以分为总体单位总量和总体标志总量。总体单位总量反映总体单位数的多少，通过对总体各单位计数直接得到；总体标志总量是总体单位某一数量标志值之和，需要加总计算得到。例如，了解某地工业生产情况，该地所有工业企业数是总体单位总量；该地工业增加值、固定资产净值、职工人数等是总体标志总量。

按反映的时间状况不同，总量指标可以分为时期指标和时点指标，也分别称为流量和存量。时期指标是反映社会经济现象在一段时间内发生的总量，如国内生产总值、投资总额、出口总额、产品产量等。时点指标是反映社会经济现象在某一时刻的数量状态，如年末人口数、设备台数、月末商品库存量、资金占用量等。

时期指标的数值大小与时间的长短有直接关系，不同时间的同一时期指标数值可以直接相加，加起来反映现象在更长时间内的总量；时点指标的数值大小与时点间的间隔长短没有直接关系，不同点上的指标数值不具有可加性，相加没有实际意义。

流量与存量之间有密切关系。存量是以前流量的积累，而存量的变动(增加或减少)又是流量的一种表现形式。有的流量有对应的存量，如产品产量是流量，其相应的存量是产品存货；有的流量没有对应的存量，如出口量是流量，但是没有对应的存量。但是无论哪种情况，流量与存量都是相互依存、相互制约的，都有如下的平衡关系：

期末存量 = 期初存量 +(本期增加的流量 - 本期减少的流量)

期末资产 = 期初资产 + 本期增加的资产 - 本期减少的资产

期末存款余额 = 期初存款余额 + 本期增加的存款 - 本期减少的存款

***(4)国民经济中的重要总量指标**

①国内生产总值。国内生产总值(Gross Domestic Product，缩写为 GDP)，是按市场价格计算的一个国家所有常住单位①在一定时期内生产活动的最终成果。最终成果指提供给社会最终使用的货物和服务的价值总量，其价值构成包括固定资本消耗的转移价值

---

① 常住单位是在一国经济领土上具有经济利益中心的机构单位。所有不具有常住性的机构单位都是非常住单位。所有与我国常住单位发生经济往来的非常住单位归并在一起称为“国外”。

c'和新创造价值 $v+m$。

国内生产总值有三种计算方法：

生产法：国内生产总值 = 总产出 - 中间投入

收入法：国内生产总值 = 固定资本折旧 + 劳动者报酬 + 生产税净额 + 营业盈余

支出法：国内生产总值 = 最终消费 + 资本形成总额 + 净出口

②国民总收入。国民总收入[①]是一国(或地区)常住单位在一定时期内收入初次分配的最终结果。它等于国内生产总值加上来自国外的要素收入净额。其计算式是：

国民总收入 = 国内生产总值 + 来自国外的要素收入净额

其中：来自国外的要素收入净额 = 来自国外的劳动报酬收入净额 + 来自国外的财产收入净额 + 来自国外的生产税净额

与国内生产总值是一个生产指标不同，国民总收入是一个收入指标。

③国民可支配总收入。国民可支配总收入是一国常住单位与非常住单位之间在初次分配总收入的基础上，通过经常转移的形式对初次分配总收入进行再次分配而获得的总收入。其计算式是：

国民可支配总收入 = 国民总收入 + 来自国外的经常转移收入净额

④总产出。总产出是常住单位在一定时期内生产的全部货物和服务的价值，包括中间投入的转移价值和最终成果的价值。从价值形态来说，社会总产出既包括劳动者新创造的价值，又包括生产货物和服务中的转移价值，即 $c+v+m$，其中 c 是全部转移价值，$c=$ 中间消耗的转移价值 c'' + 固定资本消耗的转移价值 c'，$v+m$ 是新创造价值。

§3.1.2　相对指标

(1)相对指标的意义

相对指标常常称为相对数，是两个有联系的统计数值的比值：

$$相对指标 = \frac{某一统计数值}{另一有联系的统计数值} \tag{3.1}$$

利用相对数分析问题是实际经济工作中最常用的对比分析方法，它可以使一些不能直接对比的现象找到共同的比较基础，是进行经济管理、决策、调控的重要数据。

相对数有两种计量形式：无名数和复名数。无名数是一种抽象化的、无量纲的数，如百分数%、千分数‰、成数、倍数、系数等；复名数是以分子分母的计量单位共同构成计量单位，如人口密度用“人/平方千米”表示，人均国内生产总值用“元/人”表示，等等。在实际工作中经常用百分点、千分点，即两个百分数或千分数之差。

---

① 国民总收入 GNI 原来称为“国民生产总值 GNP”。

(2)相对数的种类及作用

根据研究目的不同和对比的指标不同,可以形成不同类型的相对数,分别反映现象的相对水平、结构和分布、比例关系、发展速度、普遍程度等。

①结构相对数。结构相对数是在统计分组的基础上,总体的部分数值与总体的全部数值的比值,各组结构相对数之和为 100% 。其计算式是:

$$\text{结构相对数}=\frac{\text{总体中的部分数值}}{\text{总体的全部数值}}\times 100\% \tag{3.2}$$

结构相对数可以反映社会经济现象的结构和分布状况等。例如,用第一、二、三产业增加值除以全部国内生产总值,反映国民经济的产业结构;用各个地区的劳动力资源数除以全国劳动力资源数,反映劳动力资源的地区分布;等等。实际经济工作中常用的恩格尔系数、贡献率、城市化程度、中间投入率、增加值率、消费率、投资率、合格率、市场占有率等都是结构相对数。

②比例相对数。比例相对数是在统计分组的基础上,总体的部分数值与总体的另一部分数值的比值。其计算式是:

$$\text{比例相对数}=\frac{\text{总体中某一部分数值}}{\text{总体中另一部分数值}} \tag{3.3}$$

比例相对数可以反映社会经济现象的内部比例关系。例如,男性人口数与女性人口数之比,反映人口的性别比例;轻工业和重工业的产值与农业的产值之比,反映农、轻、重的比例;等等。实际经济工作中常用的消费与投资的比例、师生比等都是比例相对数。

③比较相对数。比较相对数是不同空间同一现象数值对比的比值。其计算式是:

$$\text{比较相对数}=\frac{\text{甲空间某类现象的数值}}{\text{乙空间同类现象的数值}}\times 100\% \tag{3.4}$$

比较相对数可以比较不同国家、不同地区、不同单位等的经济实力、发展水平和工作优劣。例如,中国的人均国内生产总值与印度的人均国内生产总值之比,反映的是两个发展中的人口大国的经济发展水平及人民生活水平的差异。

④强度相对数。强度相对数是性质不同而又有联系的两个指标数值的比值。其计算式是:

$$\text{强度相对数}=\frac{\text{某一现象的数值}}{\text{另一有联系现象的数值}} \tag{3.5}$$

强度相对数可以反映现象的强度、密度、普遍程度和经济效益。例如,人均国内生产总值可以反映国家的经济实力和人民生活水平;人均拥有的商店数、病床数,分别可以反映商业服务程度和医疗保健程度;资金利税率可以反映经济效益;等等。实际经济工作中常用的人口密度、人均重要产品占有量、投资效果系数、外贸依存度、金融相关度、弹性系数等都是强度相对数。

由于强度相对数是性质不同的两个现象的数值的比值,所以有些强度相对数采用复名数表示,如人口密度用"人/平方千米"表示,也有一些强度相对数用百分数或千分数表示,如资金利税率、商品流通费用率用百分数表示,人口出生率用千分数表示等。有些强度相对数含有"均"的字样,但它们不是平均数,与算术平均数是有区别的。

有的强度相对数的分子和分母可以互换,由此有正指标和逆指标之分。正指标的数值越大越好,逆指标的数值越小越好。例如,每万人拥有的商店数是正指标,数值越大表明商业服务程度越高;每个商店服务的人数是逆指标,数值越小表明商业服务程度越高。

⑤计划完成相对数。计划完成相对数是实际完成数与计划任务数或目标规划数的比值,一般用百分数表示,所以也称为计划完成百分数。其计算式是:

$$\text{计划完成相对数}=\frac{\text{实际完成数}}{\text{计划任务数}}\times 100\% \tag{3.6}$$

计划完成相对数可以反映、检查、监督计划任务或目标规划的完成情况。

衡量计划完成的程度应该以全部计划数作为比较的标准,用全部而不是部分实际完成数与之对比。若计划任务数是按提高率或降低率规定的,则计算计划完成程度相对数时分子和分母都应该包含基数(100%或者1),不能直接用提高率或降低率来计算。其计算公式可写为:

$$\text{计划完成相对数}=\frac{100\%\pm\text{实际增减率}}{100\%\pm\text{计划增减率}}\times 100\% \tag{3.7}$$

对于正指标,计划完成相对数大于100%为超额完成了计划。对于逆指标,计划完成相对数低于100%为超额完成计划。计划完成相对数为100%表示刚好完成计划。

在分析长中期规划的完成进度时,分子可以是规划期内某一段时间的实际完成数,分母是全期规划任务数。其计算公式为:

$$\text{规划执行进度}=\frac{\text{截止到某时间的实际完成累计数}}{\text{全期规划数}}\times 100\% \tag{3.8}$$

⑥动态相对数(发展速度)。动态相对数是不同时间、同一空间同一现象的数值的比值,反映现象发展变化的相对程度。其计算公式为:

$$\text{动态相对数}=\frac{\text{报告期水平}}{\text{基期水平}}\times 100\% \tag{3.9}$$

实际工作中的国内生产总值指数、居民消费价格指数等,都是动态相对数。

(3)计算和应用相对数应注意的问题

①正确选择对比基础。选择对比基础必须从现象的性质、特点出发,结合研究问题的目的来确定。基础选择不当,就不能准确反映现象间的数量对比关系,甚至会歪曲现象间的真实联系。

②对比的数据要有可比性。可比性是能否正确反映现象间的数量关系,能否正确运

用计算结果分析问题的重要条件。对比数据的可比性主要是指对比的两个数据的内容、口径、计算方法、范围和条件是否与形成该相对数的要求相适应。

③相对数要与绝对数结合运用。相对指标是一个抽象的比率,不能反映现象之间绝对数量的差异。有些时候较小的相对数隐藏着较大的绝对数,或者相反。如我国 2017 年的人口自然增长率为 5.32‰,这个数与很多国家相比不算高,但是 13 多亿人的基数,增长 5.32‰就是增加 700 多万人,比一些国家的总人口还多。所以为了正确说明问题,达到深入分析研究的目的,进行对比分析时,往往需要既反映相对程度,又反映绝对数量水平。

④多种相对指标结合运用。不同的相对指标是从不同角度来说明问题的。社会经济现象各方面的联系错综复杂,一个现象的变化往往由诸多因素引起,又影响着与之相联系的其他现象的变化。因此,只有将多种相对指标结合运用,进行多方面的比较,才能深入全面地分析问题和认识问题。

3.2 平均指标——统计数据集中趋势的描述

统计数据的集中趋势是指一组数据向某一中心值靠拢的倾向。总体各单位数据客观上存在着差异,统计规律表明,对绝大多数现象而言,较大或较小的统计数据出现的频率比较小,大多数统计数据都集中在中间区域。集中趋势的描述归纳起来有两大类:一类是数值平均数,它是根据全部数值计算得到的代表值;另一类是位置平均数,是根据数据所处位置直接观察或根据与所处位置有关的部分数据计算确定的代表值。

§3.2.1 数值平均数

数值平均数简称平均数,是将总体单位间的数量差异抽象化后得到的反映现象在一定时间、地点、条件下一般水平的代表值。

平均数可以消除因总体范围不同而带来的总量数值差异,使不同规模的总体数值具有可比性;与统计分组结合运用,可以分析现象之间的相互依存关系;平均数还是统计推断的一个重要数据。

(1)算术平均数

算术平均数也称为均值,是反映集中趋势最常用的平均数。因为均值客观上符合许多现象中的个体与总体之间的数量联系;均值削弱了个体数值的差异,从整体的角度揭示了偶然性中的必然性;均值具有唯一性,一组数据只有一个均值;均值有优良的数学性质,是统计推断的重要指标。但是,均值受极端变量值的影响大。算术平均数的基本计算公式是：

$$算术平均数=\frac{总体标志总量}{总体单位总量} \tag{3.10}$$

根据掌握的变量值情况，算术平均数的计算方法分为简单算术平均法和加权算术平均法。

①简单算术平均法。简单算术平均法是在统计数据未分组的情况下，将各个数据直接相加除以数据的个数以计算平均数的方法。这样计算的平均数称为简单算术平均数。若以 $x_1, x_2, \cdots, x_n$ 表示变量值，$\bar{x}$ 表示平均数，则简单算术平均数的计算公式①为：

$$\bar{x}=\frac{\sum_{i=1}^{n} x_i}{n}=\frac{\sum x}{n} \tag{3.11}$$

如某小组 8 个学生的英语考试成绩分别为 80、72、84、88、75、73、90、78，则该小组成绩的均值为：

$$\bar{x}=\frac{80+72+84+88+75+73+90+78}{8}=\frac{640}{8}=80\text{（分）}$$

②加权算术平均法。根据变量数列计算算术平均数，要用加权算术平均法：用次数对变量值加权求平均数的方法。用加权算术平均法计算的平均数称为加权算术平均数。所谓“加权”是指在变量数列中，各个变量值出现的次数不一样，次数出现多的变量值对平均数的影响大一些，次数出现少的变量值对平均数的影响小一些，对各个变量值不能等同看待。计算平均数时，必须以变量值出现的次数与变量值相乘，以权衡其轻重，这就是“加权”。变量值出现的次数或比重称为“权数”。

若用 x_i 表示变量值，f_i 表示变量值 x_i 出现的次数，k 表示组数，则加权算术平均法的计算公式为：

$$\bar{x}=\frac{x_1f_1+x_2f_2+\cdots+x_kf_k}{f_1+f_2+\cdots+f_k}=\frac{\sum xf}{\sum f} \tag{3.12}$$

在社会经济统计中经常用比重权数加权：

$$\bar{x}=x_1\frac{f_1}{\sum f}+x_2\frac{f_2}{\sum f}+\cdots+x_k\frac{f_k}{\sum f}=\sum x\frac{f}{\sum f} \tag{3.13}$$

【例 3－1】某企业某日工人日产量资料如表 3.1 所示。试计算工人日平均产量。

① 去掉公式中的下标意义也很明确，本章以下的公式均省略下标。

表 3.1　　某企业某日工人日产量

日产量(件)	工人人数(人)	比重(%)
10	70	8.75
11	100	12.50
12	380	47.50
13	150	18.75
14	100	12.50
合　计	800	100.00

工人平均日产量 = 工人日总产量/工人总数,所以,工人日平均产量应该这样计算:

$$\bar{x} = \frac{\sum xf}{\sum f} = \frac{10 \times 70 + 11 \times 100 + 12 \times 380 + 13 \times 150 + 14 \times 100}{70 + 100 + 380 + 150 + 100}$$

$$= \frac{9\ 710}{800} = 12.137\ 5(\text{件})$$

或　$$\bar{x} = \sum x \frac{f}{\sum f} = 10 \times 0.087\ 5 + 11 \times 0.125 + 12 \times 0.475 + 13 \times 0.187\ 5 + 14 \times 0.125$$

$$= 12.137\ 5(\text{件})$$

根据组距数列计算算术平均数时,要用各组的组中值作为该组的代表值,这里有一个基本假定:各组内变量值是均匀分布的。但是,实际情况往往并不如此,因此所求得的算术平均数也往往只是其真值的近似值。

【例 3-2】某班学生英语考试成绩如表 3.2 所示,试计算平均成绩。

表 3.2　　某班学生英语考试成绩

成绩(分)	组中值(分) x	学生人数(人) f	比重(%) $f/\sum f$
60 以下	55	2	3.57
60~70	65	15	26.79
70~80	75	20	35.71
80~90	85	15	26.79
90~100	95	4	7.14
合计	-	56	100.00

所求平均成绩为:

$$\bar{x} = \frac{\sum xf}{\sum f} = \frac{55 \times 2 + 65 \times 15 + 75 \times 20 + 85 \times 15 + 95 \times 4}{2 + 15 + 20 + 15 + 4} = \frac{4\ 240}{56} \approx 75.71(\text{分})$$

或 $\bar{x}=\sum x\frac{f}{\sum f}=55\times0.0357+65\times0.2679+75\times0.3571+85\times0.2679+95\times0.0714$

≈75.71(分)

权数起权衡轻重的作用就体现在各组单位数占总体比重的大小上面。哪一组单位数所占比重大,其变量值对算术平均数的影响就大。比重权数更清楚地说明了权数的实质。

③调和平均法。计算算术平均数,有时只掌握了各组变量值(x)和各组变量值之和(xf)的资料,为了符合基本公式,应该首先经过除法运算把分母数据(f)求得,再计算平均数。这样计算平均数的方法称为“调和平均法”,得到的平均数称为“调和平均数”。调和平均数的计算公式为:

$$\bar{x}=\frac{\sum xf}{\sum\frac{1}{x}xf}\tag{3.14}$$

【例3-3】根据表3.3资料栏数据计算工人平均日产量。

表3.3　**某企业某日工人日产量**

日产量(件)x	日总产量(件)xf	工人人数(人)$f=xf/x$
10	700	70
11	1 100	100
12	4 560	380
13	1 950	150
14	1 400	100
合　计	9 710	800

资料栏　　　　计算栏

$$\bar{x}=\frac{700+1\,100+4\,560+1\,950+1\,400}{\frac{700}{10}+\frac{1\,100}{11}+\frac{4\,560}{12}+\frac{1\,950}{13}+\frac{1\,400}{14}}=\frac{9\,710}{800}=12.137\,5(\text{件})$$

计算表明:用调和平均法计算的工人日均产量与用加权算术平均法的一致,只是计算形式不一样。在社会经济现象中,调和平均法往往是加权算术平均法的变形。

如果计算相对数的平均数,则应符合所要求的相对数本身的公式,视掌握资料的情况采用算术平均法或调和平均法。

【例3-4】某工业公司18个工业企业产值计划完成程度分组资料如表3.4所示,试计算18个工业企业产值平均计划完成程度。

表 3.4　　　　　　　　某工业公司 18 个工业企业产值计划完成程度资料

产值计划完成程度（%）	组中值（%）x	企业数（个）	计划产值（万元）f	实际产值（万元）xf
80～90	85	2	800	680
90～100	95	3	2 500	2 375
100～110	105	10	17 200	18 060
110～120	115	3	4 400	5 060
合　计	—	18	24 900	26 175

计划完成相对数（程度）的计算公式是实际完成数与计划任务数之比，因此，平均计划完成程度的计算只能是所有企业的实际完成数与其计划任务数之比，不能把各个企业的计划完成百分数简单平均。

如果已知表 3.4 的产值计划完成程度和计划产值，则应该先把实际产值求出，即：

$$\text{平均产值计划完成程度} = \frac{\text{实际完成产值}}{\text{计划产值}} = \frac{\sum xf}{\sum f} = \frac{26\ 175}{24\ 900} = 105.12\%$$

如果已知表 3.4 的产值计划完成程度和实际产值，则应该先把计划产值求出，即：

$$\text{平均产值计划完成程度} = \frac{\text{实际完成产值}}{\text{计划产值}} = \frac{\sum xf}{\sum \frac{1}{x}xf} = \frac{26\ 175}{24\ 900} = 105.12\%$$

④算术平均数的数学性质。

a. 各个变量值与其算术平均数的离差之和为零，即：

$\bar{x}$ 为简单算术平均数时，$\sum(x-\bar{x})=0$；

$\bar{x}$ 为加权算术平均数时，$\sum(x-\bar{x})f=0$。

证明如下：

$$\sum(x-\bar{x}) = \sum x - n\bar{x} = \sum x - n\frac{\sum x}{n} = 0$$

$$\sum(x-\bar{x})f = \sum xf - \sum \bar{x}f = \sum xf - \bar{x}\sum f = \sum xf - \frac{\sum xf}{\sum f}\sum f = 0$$

这条数学性质说明，平均数实际上是正的离差去抵负的离差，从而把总体各单位变量值的差异抽象掉了，所以它是一般水平值、代表值。

b. 各个变量值与其算术平均数的离差平方之和为最小，即：

$\bar{x}$ 为简单算术平均数时，$\sum(x-\bar{x})^2=\min$；

$\bar{x}$ 为加权算术平均数时，$\sum(x-\bar{x})^2 f=\min$。

证明如下：

设 x_0 是不等于 $\bar{x}$ 的任意数，则 $x_0-\bar{x}=c\neq0$

$$\begin{aligned}\sum(x-x_0)^2 &= \sum[x-(\bar{x}+c)]^2 = \sum[(x-\bar{x})-c]^2 \\ &= \sum(x-\bar{x})^2-2c\sum(x-\bar{x})+nc^2 \\ &= \sum(x-\bar{x})^2+nc^2\end{aligned}$$

$\because c\neq0 \quad \therefore nc^2>0$

故 $\sum(x-x_0)^2>\sum(x-\bar{x})^2$

即 $\sum(x-\bar{x})^2=\min$

类似地可以证明 $\sum(x-\bar{x})^2f=\min$

该数学性质充分反映了平均数是集中趋势最好的代表值的特性，以算术平均数以外的任何数为中心，其离差都大于以平均数为中心的离差。

(2)几何平均数

几何平均数是用若干变量值的连乘积开项数次方计算的一种平均数。很多社会经济现象的平均发展速度都要用几何平均法计算。几何平均数也分为简单几何平均数和加权几何平均数。若以 $x_1,x_2,\cdots,x_n$ 表示变量值，$\bar{x}_G$ 表示几何平均数，则简单几何平均数的计算公式是：

$$\bar{x}_G=\sqrt[n]{x_1\cdot x_2\cdot\cdots\cdot x_n}=\sqrt[n]{\prod x} \tag{3.15}$$

如某流水生产线有前后衔接的五道工序，某日各工序产品的合格率分别为97%、96%、98%、98.5%、99%，整个流水生产线产品的平均合格率为：

$$\bar{x}_G=\sqrt[5]{0.97\times0.96\times0.98\times0.985\times0.99}=\sqrt[5]{0.8899}\approx97.69\%$$

加权几何平均数的计算公式是：

$$\bar{x}_G=\sqrt[f_1+f_2+\cdots+f_n]{x_1^{f_1}.x_2^{f_2}.\cdots x_n^{f_n}}=\sqrt[\sum f]{\prod x^f} \tag{3.16}$$

如某金融机构以复利方式计算利息。近12年来的年利率有4年为3%，2年为5%，2年为8%，3年为10%，1年为15%。则12年的平均年利率为：

$$\bar{x}_G-1=\sqrt[(4+2+2+3+1)]{1.03^4\times1.05^2\times1.08^2\times1.10^3\times1.15}-1=\sqrt[12]{2.2154}-1\approx6.85\%$$

必须指出的是，社会经济统计中计算几何平均数的前提是各个变量值的乘积有经济意义。

§3.2.2 位置平均数

位置平均数是根据变量值在分配数列中所处的位置来确定的平均数。位置平均数不是根据所有的变量值而是根据特殊位置来确定的，因此它不受极端值的影响。

(1)众数

众数是指总体中出现次数最多的变量值。众数能够非常清楚地反映数据分布的集中趋势。在表 3. 1 中，能够生产 12 件产品的工人数最多，所以“12 件”就是众数，第二章表 2. 2 中，对住房的满意程度为“不满意”的户数最多，所以“不满意”就是众数。

一组变量值的算术平均数和中位数总是客观存在的且唯一的，而众数却不一定。因为众数的确定有两个前提：一是总体单位总量必须相当大才有众数。若数据资料很少，虽然可以从中得到一个具有较大频率的数值，但其价值并不大，无“最普遍值”的意义。二是次数分布须具有明显的集中趋势才有众数。若数列中各个数据出现的频率都差不多，则所得到的“众数”缺乏代表性。当变量数列中有两个或几个变量值的次数都比较集中时，就可能有两个或多个众数。众数的示意图如图 3. 1 所示。

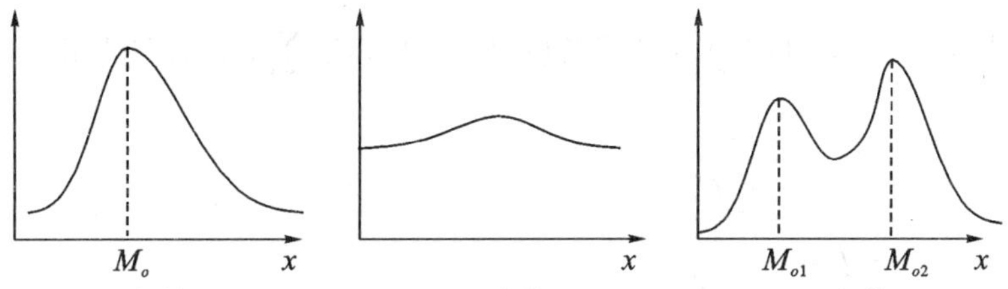

图 3. 1　众数示意图

根据未分组数据或单项式变量数列确定众数时，只需要找到出现次数最多的数据即是众数。对于组距分组数据，众数通常用下面的公式近似计算：

下限公式：$M_o = L + \dfrac{\Delta_1}{\Delta_1 + \Delta_2} \times i$　　(3. 17)

上限公式：$M_o = U - \dfrac{\Delta_2}{\Delta_1 + \Delta_2} \times i$　　(3. 18)

式(3. 17)和式(3. 18)中：M_o 为众数；L 为众数组的下限值；U 为众数组的上限值；Δ_1 为众数组次数与变量值较小的相邻组次数之差；Δ_2 为众数组次数与变量值较大的相邻组次数之差；i 为众数组的组距。

从表 3. 2 的数据可以看出，出现频数最多的是 20，即众数组为 70 ~ 80 分这一组，根据公式得 56 名大学生的英语成绩众数为：

根据下限公式计算：$M_o = 70 + \dfrac{20 - 15}{(20 - 15) + (20 - 15)} \times 10 = 75$(分)

根据上限公式计算：$M_o = 80 - \dfrac{20 - 15}{(20 - 15) + (20 - 15)} \times 10 = 75$(分)

计算表明，若众数组前一组的次数与后一组的次数相等，则众数等于众数组的组中值。

(2)中位数

中位数是将各个变量值按大小顺序进行排列后,处于中间位置的变量值。由于位置居中,所以它把数列中的全部变量值分成个数相等的两部分,一半变量值小于它,一半变量值大于它。

中位数的确定需根据所掌握的资料不同而定。对于未分组资料,当数据项数 n 为奇数时,中位数就是处在第$\frac{n+1}{2}$项位置的变量值。当数据项数 n 为偶数时,中位点在两个变量值之间,中位数是这两个变量值的简单算术平均数。即:

$$M_e = \begin{cases} X_{(\frac{n+1}{2})} & \text{当 } n \text{ 为奇数时} \\ \frac{1}{2}(X_{\frac{n}{2}} + X_{\frac{n}{2}+1}) & \text{当 } n \text{ 为偶数时} \end{cases} \tag{3.19}$$

对于组距式数列,可以用 $\sum f/2$ 代替 $(n+1)/2$,确定 $\sum f/2$ 所在的组,然后根据下列公式计算:

下限公式:$$M_e = L + \frac{\frac{\sum f}{2} - S_{m-1}}{f_m} \times i \tag{3.20}$$

上限公式:$$M_e = U - \frac{\frac{\sum f}{2} - S_{m+1}}{f_m} \times i \tag{3.21}$$

上式中:M_e 为中位数;L 为中位数组的下限值;U 为中位数组的上限值;S_{m-1}为向上累计至中位数所在组前一组的次数;S_{m+1}为向下累计至中位数所在组后一组的次数;f_m 为中位数所在组的次数;i 为中位数所在组的组距。

根据表 3.2 计算中位数的过程如表 3.5 所示。

表 3.5　　学生英语成绩及中位数计算表

成绩(分)	组中值 x	学生人数 f	人数累计	
			向上累计	向下累计
(1)	(2)	(3)	(4)	(5)
60 以下	55	2	2	56
60 ~ 70	65	15	17	54
70 ~ 80	75	20	37	39
80 ~ 90	85	15	52	19
90 ~ 100	95	4	56	4
合　计	—	56	—	—

由于 $\sum f/2 = 28$，可断定中位数落在第三组内。根据下限公式有：

$$M_e = L + \frac{\frac{\sum f}{2} - S_{m-1}}{f_m} \times i = 70 + \frac{28 - 17}{20} \times 10 = 75.50(\text{分})$$

按上限公式有：

$$M_e = U - \frac{\frac{\sum f}{2} - S_{m+1}}{f_m} \times i = 80 - \frac{28 - 19}{20} \times 10 = 75.50(\text{分})$$

众数、中位数和算术平均数都是数列分布集中趋势的代表值。在钟形分布中，众数是分布最高峰对应的变量值，一般中位数比较适中，算术平均数受极端变量值的影响，可能偏大或偏小。在对称钟形分布中三者相等（见图 3.2(a)），即 $\bar{x} = M_e = M_o$；在左偏分布中（见图 3.2(b)）有 $\bar{x} < M_e < M_o$；在右偏分布中（见图 3.2(c)）有 $\bar{x} > M_e > M_o$。

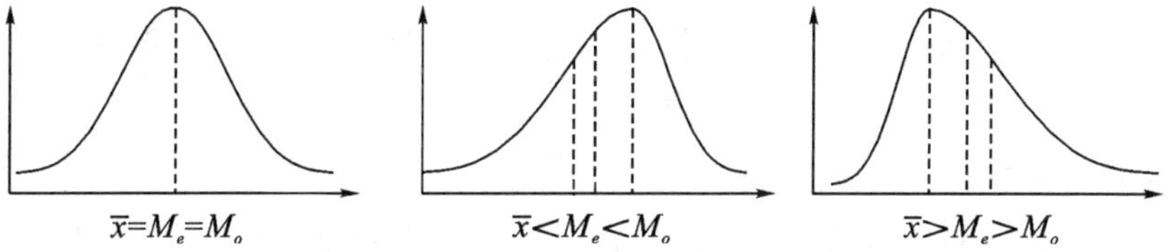

图 3.2　众数、中位数与算术平均数的关系

算术平均数是根据所有数据计算的，中位数和众数是根据分布形状和位置确定的，各有不同的特点。在实际应用中，要视研究目的和数据特征选择应用。一般社会经济现象中应用最多的是算术平均数，它也是进行统计推断的基础；中位数和众数容易理解，在存在极端变量值时，作为代表值更好。

(3) 分位数

中位数是从中间点将全部数据等分为两部分。与中位数类似的还有四分位数、十分位数和百分位数等。分位数 Q_p 的位置可以由式(3.22)确定：

$$Q_p\text{的位置} = (n+1)\frac{p}{M} \quad (M=4;10;100) \tag{3.22}$$

P 是想要得到的那个分位数，n 是数据的项数，M 是多少分位。

如四分位数是通过三个点将全部数据等分为四部分，其中每部分包括 25% 的数据。下四分位数 Q_1 的位置 $= \frac{n+1}{4}$，指处在 25% 位置上的数值，上四分位数 Q_3 的位置 $= \frac{3(n+1)}{4}$，指处在 75% 位置上的数值，很显然，第二个四分位数就是中位数。

当四分位数的位置不在某一个数值上时，可根据四分位数的位置，按比例分摊四分位数位置两侧数据的差值。

9 名学生的英语考试成绩分别为：65、72、73、75、78、80、84、88、90，试计算成绩的四分位数所在的位置和四分位数。

$$Q_1 \text{的位置} = \frac{9+1}{4} = 2.5;\ Q_1 = \frac{72+73}{2} = 72.5(\text{分})$$

$$Q_3 \text{的位置} = \frac{3 \times (9+1)}{4} = 7.5;\ Q_3 = \frac{84+88}{2} = 86(\text{分})$$

Q_1 和 Q_3 之间包括了 50% 的数据，因此，我们可以说有一半的学生英语成绩在 72.5 分至 86 分之间。

§3.2.3 计算和应用平均指标应注意的问题

(1) 计算和应用平均指标的基本原则是现象的同质性

只有在同质总体的基础上计算和应用平均指标，才有真实的社会经济意义。如果根据不同性质总体的数据资料计算平均指标，就会掩盖事物的本质差别，得到的平均数是虚构的平均数，不能真实反映现象的一般水平。

(2) 总平均数与组平均数相结合

平均指标反映了总体各单位某一数量标志值的一般水平，但却掩盖了各组之间的差异。总体各组之间及各组之内的差异往往影响总体的特征和分布规律，各组结构变动也会对总体变动产生影响。为了全面认识总体的特征和分布规律，需要将总平均数与组平均数相结合起来，用组平均数和变量值分布数列补充总平均数。

(3) 平均指标与变异指标相结合

平均指标和变异指标是反映总体分布的两个重要特征值。为了全面描述总体分布的特征，必须将平均指标与变异指标结合使用，用变异指标衡量平均指标的代表性，说明平均指标反映总体一般水平的有效程度，使分析结论更确切、更可靠。

3.3 变异指标——统计数据离中趋势的描述

§3.3.1 变异指标测定的必要性

集中趋势是各变量值向其中心值聚集的程度，在反映统计数据一般水平的同时，掩盖了总体各单位标志值的数量差异。因此，在测定了一个数列的集中趋势后，还需要考察数据远离其中心值的程度即离中趋势，计算变异指标。变异指标是反映统计数据差异程度的综合指标，又称标志变动度。

变异指标是衡量集中趋势代表性的尺度。数据分布越分散，变异指标越大，集中趋势值的代表性越小；数据分布越集中，变异指标越小，集中趋势值的代表性越大。

描述统计数据离散程度的测度值主要有极差、四分位差、平均差、方差和标准差，以及测度相对离散程度的离散系数等。

§3.3.2 极差与四分位差

(1)极差

极差又称为全距，是所研究数据中的最大值 x_{max} 与最小值 x_{min} 之差。极差表示数据的变动范围，若以 R 表示极差，则：

$$R = x_{max} - x_{min} \tag{3.23}$$

对于组距数列，极差也可以近似表示为：

R = 最大值组上限 − 最小值组下限

用极差反映总体分布的离散程度虽然简便，但它只从两端数值考察，忽略了中间数据的变动情况，不能说明整体的差异程度。尤其是存在极端值情况下，使用极差往往会造成不正确的结论。

(2)四分位差

上四分位数与下四分位数之差，称为四分位差，也称为内距或四分间距，用 Q_D 表示。其计算公式为：

$$Q_D = Q_3 - Q_1 \tag{3.24}$$

四分位差反映了中间 50% 数据的离散程度。其数值越小，说明中间的数据越集中；数值越大，说明中间的数据越分散。四分位差不受极值的影响。此外，由于中位数处于数据的中间位置，因此四分位差的大小在一定程度上也说明了中位数对一组数据的代表程度。

根据例 3 −4 的计算结果，英语成绩的四分位差为：

$Q_D = Q_3 - Q_1 = 86 - 72.5 = 13.5$(分)

§3.3.3 平均差

平均差是总体中各个变量值与其算术平均数的离差绝对值的算术平均数，用 $A.D$ 表示。由于考虑了数列中各项标志值变动的影响，因而它能够全面反映所研究总体的平均差异程度。

由于各标志值与其算术平均数的离差之和等于零，所以各项离差的平均数也等于零。在计算平均离差时，为了避免正负离差相互抵消，先取离差的绝对值，再求离差绝对值的平均数。根据所掌握的资料不同，平均差有简单算术平均式和加权算术平均式两种。

如果掌握的是未分组的资料，采用简单算术平均式。其计算公式为：

$$A.D = \frac{\sum |x - \bar{x}|}{n} \tag{3.25}$$

如果掌握的资料是经过加工整理后的分组资料时，就需要采用加权算术平均式。其计算公式为：

$$A.D = \frac{\sum |x - \bar{x}| f}{\sum f} \tag{3.26}$$

根据表3.2资料计算某班学生英语考试成绩平均差的过程如表3.6第(3)栏所示。

表3.6　　某班学生英语考试成绩平均差和方差计算表

成绩(分)	组中值 x	学生人数 f	$\lvert x-\bar{x}\rvert f$	$(x-\bar{x})^2 f$
(甲)	(1)	(2)	(3)	(4)
60以下	55	2	41.42	857.808
60~70	65	15	160.65	1 720.562
70~80	75	20	14.2	10.082
80~90	85	15	139.35	1 294.562
90~100	95	4	77.16	1 488.416
合计	—	56	432.78	5 371.43

$$A.D = \frac{\sum |x - \bar{x}| f}{\sum f} = \frac{432.78}{56} = 7.73(\text{分})$$

计算结果表明，平均说来该班每个学生的成绩与平均成绩相差7.73分。平均差反映了各个数据对其平均数差异的一般水平，较充分地反映了数据之间的离散程度。但它需要取绝对值，给应用带来一定的局限。所以统计实践中，应用方差和标准差比较多。

§3.3.4　标准差和方差

(1)标准差和方差的意义

标准差又称均方根差，是总体中各单位变量值与其算术平均数离差平方的平均数的平方根，总体标准差通常用 σ 表示。标准差在数学处理上采用平方的方法避免正负离差相互抵消，在进一步的计算中具有数学上的优越性。标准差的平方称为方差，总体方差通常用 σ^2 表示。

如果所掌握的资料未经过分组，采用简单平均公式计算标准差和方差；如果所掌握的是分组资料，则须采用加权平均公式计算标准差和方差。

$$\sigma = \sqrt{\frac{\sum (x - \bar{x})^2}{n}} \quad (\text{未分组资料}) \tag{3.27}$$

$$\sigma = \sqrt{\frac{\sum (x - \bar{x})^2 f}{\sum f}} \quad (\text{分组资料}) \tag{3.28}$$

根据表 3.2 资料计算某班学生英语考试成绩方差和标准差的过程如表 3.6 第(4)栏所示。

$$\sigma^2 = \frac{\sum (x-\bar{x})^2 f}{\sum f} = \frac{5\ 371.43}{56} \approx 95.92$$

$$\sigma = \sqrt{\frac{\sum (x-\bar{x})^2 f}{\sum f}} = \sqrt{\frac{5\ 371.43}{56}} \approx 9.79(\text{分})$$

计算结果表明,平均说来该班每个学生的成绩与平均成绩相差 9.79 分。

(2)方差和标准差的数学性质

①若每一个变量值加上一个常数,方差和标准差不变。设 a 为任意常数,$y_i = x_i + a$,则有:

$\sigma_y^2 = \sigma_x^2$; $\sigma^y = \sigma^x$

②若每一个变量值均扩大常数倍,方差和标准差也成比例变化。设 a 为任意常数,$y_i = ax_i$,则有:

$\sigma_y^2 = a^2\sigma_x^2$; $\sigma_y = |a|\sigma_x$

③在分组条件下,总方差可以分解成组内方差的平均数$\overline{\sigma^2}$和组间方差 δ^2 两部分,即:

$\sigma^2 = \overline{\sigma^2} + \delta^2$

组内方差的平均数是各组方差 σ_i^2 的加权平均数:

$$\overline{\sigma^2} = \frac{\sum \sigma_i^2 f_i}{\sum f_i};\quad \sigma_i^2 = \frac{\sum_{j=1}^{f_i} (x_{ij} - x_i)^2}{f_i};\quad \bar{x}_i = \frac{\sum_{j=1}^{f_i} x_{ij}}{f_i}$$

组间方差是各组平均数的方差:

$$\delta^2 = \frac{\sum_{i=1}^{m} (\bar{x}_i - \bar{x})^2 f_i}{\sum_{i=1}^{m} f_i} \qquad (i=1,2,\cdots,m;\ m\ \text{是组数})$$

④同一数列的标准差一般不小于平均差,即:

$\sigma \geqslant A.D$

一般说来,标准差比平均差具有更高的灵敏度。

§3.3.5 离散系数与异众比率

(1)离散系数

上述全距、分位差、平均差和标准差都是反映标志变异的绝对指标或平均指标,与平均数有相同的计量单位。它们在反映变异程度大小时,不仅取决于统计数据的离散程度,还取决于这些统计数据一般水平的高低。当我们比较具有不同水平的数列的变异程度时,一般不能直接用标志变异的绝对和平均指标,而应该用标志变异的相对指标——离散系数,即标志变异的绝对或平均指标与数列集中趋势值的比值。其意义是单位平均数上的差异,离散系数小,标志变异小,平均数的代表性就高,反之则低。在统计分析中常用的离散系数是标准差系数。计算公式为:

$$V_{\sigma} = \frac{\sigma}{\bar{x}} \tag{3.29}$$

如例 3-2 某班学生英语考试的平均成绩是 75.71 分,标准差是 9.79 分;而该班学生平均体重是 58 千克,标准差是 6.3 千克。由于平均成绩和平均体重的均值不等,且计量单位和性质也不同,因此无法对平均成绩和平均体重对各自现象的代表性进行比较,还必须结合其各自的算术平均数进一步计算标准差系数。

成绩的标准差系数:$V_{\sigma} = \frac{\sigma}{\bar{x}} = \frac{9.79}{75.71} \approx 0.129$

体重的标准差系数:$V_{\sigma} = \frac{\sigma}{\bar{x}} = \frac{6.3}{58} \approx 0.109$

计算结果表明:体重的变异程度小于平均成绩的变异程度,平均体重的代表性好于平均成绩。

(2)异众比率

对于定性数据,可以计算“异众比率”,衡量众数的代表性。异众比率是指非众数值的次数之和在总次数中所占的比重,如果用 V_{m_o} 表示异众比率,f_m 和 $\sum f_i$ 分别表示众数所在组的次数和总次数,则异众比率的计算公式为:

$$V_{m_o} = \frac{\sum f_i - f_m}{\sum f_i} = 1 - \frac{f_m}{\sum f_i} \tag{3.30}$$

异众比率越大,说明非众数组的频数占总频数的比重越大,众数的代表性就越差;异众比率越小,说明非众数组的频数占总频数的比重越小,众数的代表性越好。

3.4 数据分布形态的测定

偏态和峰态是数据分布的重要特征,主要用于判断数据的分布是否接近于正态分布。偏态也称为偏度,指变量值围绕其均值的非对称方向和程度。峰态也称为峰度,指数据分布曲线的凸起或平坦程度。测量偏度和峰度需要理解“矩”概念。

§3.4.1 *k* 阶矩

矩又叫作动差，是物理学上用来表示力与力臂对重心关系的术语。统计学上常常用矩来测度数据分布的形态。

若以 a 值为变量 x 的中点，所有变量值与 a 的离差的 k 次方的平均数为变量 x 关于 a 的 k 阶矩，即：

$$\frac{\sum (x-a)^k}{n} \tag{3.31}$$

当 $a=0$，即变量以原点为中心时，称式(3.31)为 k 阶原点矩。不难看出，一阶原点矩即算术平均数，二阶原点矩即变量值平方的平均数。

当 $a=\bar{x}$，即变量以均值为中心时，称式(3.31)为 k 阶中心矩，用 m_k 表示。根据算术平均数的性质和方差的定义可知，一阶中心矩为0，二阶中心矩为方差，即：

$$m_1 = \sum (x-\bar{x})/n = 0$$

$$m_2 = \sum (x-\bar{x})^2/n = \sigma^2$$

§3.4.2 偏态的测定

以对称分布为标准，偏态分布通常分为右向偏态（亦称为正偏）与左向偏态（亦称为负偏）。测定偏态的方法很多，主要有以下三种：

(1)由中心矩测定偏态

中心矩实际上是通过高于平均数的离差（正离差）之和与低于平均数的离差（负离差）之和来度量分布的对称性。当正离差之和与负离差之和相等时，为对称分布；正离差之和与负离差之和不相等时，为偏态分布。一阶中心矩恒等于0，偶数阶中心矩恒为正数，只有奇数阶中心矩才可能出现正离差之和与负离差之和抵消的情况，才能用其测度分布的对称性或非对称性。

在对称分布的条件下，当 k 为奇数时，每一项离差经过 k 次方后，正负离差可以全部相互抵消，故 $m_k=0$。而在非对称分布中，除了 m_1 外，m_k 都不等于0。因而，可以利用这种关系测定频数分布的非对称程度。如上所述，奇数阶中心矩才能用于分布的形态的测度，显然，三阶中心矩最为简单，故常用三阶中心矩 m_3 来测度偏态。

由于中心矩是有计量单位的数，所以利用 m_3 测定偏态的方法，是将三阶中心矩 m_3 除以标准差的三次方 σ^3，所得的系数通常称为偏度或偏度系数，用 *Skew* 表示。其计算公式为：

$$Skew = \frac{m_3}{\sigma^3} = \frac{\sum (x-\bar{x})^3}{\sigma^3 \cdot n} \quad \text{（未分组资料）} \tag{3.32}$$

$$Skew = \frac{m_3}{\sigma^3} = \frac{\sum (x - \bar{x})^3 f}{\sigma^3 \sum f} \quad （分组资料） \tag{3.33}$$

$Skew=0$ 时为对称分布；当 $Skew$ 为正值时，表示正离差值较大，可以判断为右偏分布或正偏分布；当 $Skew$ 为负值时，表示负离差数值较大，可以判断为左偏分布或负偏分布。$Skew$ 的绝对值越大，表示偏斜的程度越大。

(2)由均值与众数(中位数)之间的关系来测定

若分布是对称的，则均值、中位数、众数就是相等的；如果是偏态分布，三者分离。分布越偏，三个数值差距就越大。显然，比较三个集中趋势代表值就成为一种最简单的偏态测度方法。

均值与众数或中位数之差是测度偏态的绝对数，有计量单位，其数值的大小受该组数据变量值水平高低的影响，一般测度偏态时将其与标准差对比：

$$Skew = \frac{\bar{x} - M_o}{\sigma} \tag{3.34}$$

偏态系数 S 实际上是以标准差为单位来测度的均值与众数的离差。因而，其数值的变动范围一般为 $-3 \sim +3$。$Skew=0$ 表示对称分布，$Skew>0$ 表示正(右)偏分布，$Skew<0$ 表示负(左)偏分布，$Skew=+3$ 表示极右偏态，$Skew=-3$ 表示极左偏态。

(3)由三个四分位数之间的关系来测定

根据四分位数的性质可知，第一个四分位数 Q_1 与第二个四分位数 Q_2（即中位数 M_e）之间所包括的数据个数，与第二个四分位数 Q_2 与第三个四分位数 Q_3 之间所包括的数据个数是相同的。若频数分布是对称的，则第一个四分位数与中位数的差距等于第三个四分位数与中位数的差距，即：$M_e - Q_1 = Q_3 - M_e$；当频数分布向右偏斜，则有 $M_e - Q_1 < Q_3 - M_e$；当频数分布向左偏斜，则有 $M_e - Q_1 > Q_3 - M_e$。于是可由式(3.35)计算偏态系数 $Skew$：

$$Skew = \frac{Q_3 + Q_1 - 2M_e}{Q_3 - Q_1} \tag{3.35}$$

根据式(3.35)测定的偏态系数值范围一般为 $(-1, +1)$。

利用四分位数之间的关系测定偏态的方法，忽略了数列两端各四分之一的数据。如果比较关注接近两端的数据，可以采用十分位数或百分位数来测定偏态。比如，也可以基于第 5 个百分位数与第 95 个百分位数与中位数是否距离相等以测度偏态，依此类推。

§3.4.3 峰态的测定

峰态是以正态分布曲线为标准来衡量其尖峭程度的，通常分为正态、尖顶与平顶三种。频数分布曲线较正态分布曲线更为隆起、更瘦更高的，称为尖顶峰度；反之，分布曲线较正态分配曲线更为平坦、更胖更矮的,称为平顶峰度,如图 3.3 所示。

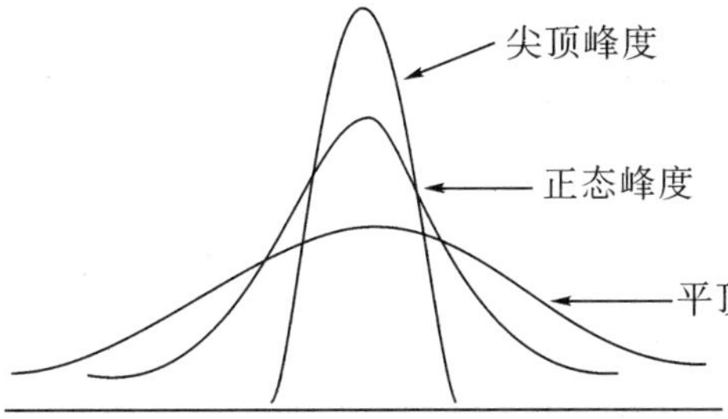

图 3.3　峰度示意图

测定峰态往往以四阶中心矩 m_4 为基础。将四阶中心矩 m_4 除以标准差的四次方 σ^4,所得到的相对数就是峰态的测度值,一般称为峰度系数,简称峰度,用 *Kurt* 表示。其计算公式为:

$$Kurt = \frac{m_4}{\sigma^4} = \frac{\sum (x-\bar{x})^4}{\sigma^4 \cdot n} \quad (未分组资料) \tag{3.36}$$

$$Kurt = \frac{m_4}{\sigma^4} = \frac{\sum (x-\bar{x})^4 f}{\sigma^4 \sum f} \quad (分组资料) \tag{3.37}$$

当 $Kurt = 3$ 时,频数分布曲线为正态曲线;当 $Kurt < 3$ 时,为平顶曲线;当 $Kurt > 3$ 时,为尖顶曲线。如果 *Kurt* 的数值越大于 3,则频数分布曲线的顶端越尖峭。如果 *Kurt* 的数值越小于 3,则频数分布曲线的顶端越平坦,待到 *Kurt* 接近于 1.8 时,频数分布趋向一条水平线,即各组包括相同频数,因而分布形态成为矩形分布;当 *Kurt* 的数值在 1.8 以下时,频数分布曲线是 U 形分布。

根据表 3.2 数据,前已计算得:$\bar{x} = 75.71$ 分,$\sigma = 9.79$ 分,偏度及峰度的计算过程如表 3.7 所示。

表 3.7　　某班学生英语成绩的偏度及峰度计算表

成绩(分)	组中值 x	学生人数(人)f	$(x-\bar{x})^3 f$	$(x-\bar{x})^4 f$
60 以下	55	2	−17 765.208	367 917.454
60 ~ 70	65	15	−18 427.214	197 355.458
70 ~ 80	75	20	−7.158	5.082
80 ~ 90	85	15	12 026.476	111 725.965
90 ~ 100	95	4	28 711.552	553 845.845
合计	—	56	4 538.448	1 230 849.8

$$Skew = \frac{m_3}{\sigma^3} = \frac{\sum (x - \bar{x})^3 f}{\sigma^3 \sum f} = \frac{4\ 538.448}{9.79^3 \times 56} \approx 0.086$$

由计算结果可以看出，偏态系数为正值且数值较小，说明某班学生英语考试成绩的分布为右偏分布，偏斜的程度较小。

$$Kurt = \frac{m_4}{\sigma^4} = \frac{\sum (x - \bar{x})^4 f}{\sigma^4 \sum f} = \frac{1\ 230\ 849.8}{9.79^4 \times 56} \approx 2.393$$

由于 $Kurt = 2.393 < 3$，故该班学生成绩的分布曲线为平顶分布。

3.5 利用 Excel 计算数据分布特征指标

利用 Excel 计算各个描述统计指标可以使用“数据”菜单下面的“数据分析”中的“描述统计”宏。它可以同时计算出描述数据分布的集中趋势、离中趋势和分布形态的各种主要指标。下面利用“描述统计”宏来计算关于学生成绩的例子。

通过“数据”—“数据分析”①—“描述统计”进入“描述统计”菜单。在“输入区域”输入数据所在单元格区域（如本例中的“A1:A56”），指定“输出区域”（如本例中为 C1），选择“汇总统计”和其他选项，如图 3.4 所示，然后按“确定”，即得到描述统计结果，如图 3.5 所示。

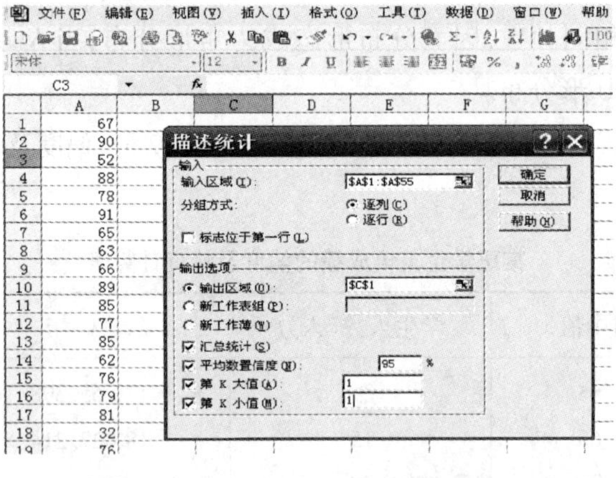

图 3.4 Excel 的描述统计的操作选项

① 如果“数据”中没有“数据分析”，请先在“文件”菜单中选择“选项”，并在“选项”中选择“加载项”，然后选择“Excel 加载项”并点击“转到”，在弹出的对话框中选择“分析工具库”并点击“确定”，“数据分析”宏过程将被加载出来。

A	B	C	D	E
67		列1		
90				
52		平均	75.375	
88		标准误差	1.426	
78		中位数	76	
91		众数	76	
65		标准差	10.67293	
63		方差	113.9114	
66		峰度	0.607165	
89		偏度	-0.46999	
85		区域	55	
77		最小值	42	
85		最大值	97	
62		求和	4221	
76		观测数	56	
79		最大(1)	97	
81		最小(1)	42	
42		置信度(95	2.858228	
76				

图 3.5　Excel 的描述统计结果

在这里 Excel 把数据作为样本进行处理。标准差和方差分别指样本标准差和方差，标准误差是指抽样平均误差①。

若要根据未分组数据计算总体的平均差、标准差和方差，可以利用 Excel 的函数功能来实现，它们的函数名分别为 AVEDEV，STDEVP 和 VARP。根据图 3.4 的数据，可用“ = STDEVP(A1:A56)”即可得到总体标准差为 10.577，用“ = VARP (A1:A56)”即可得到总体方差为 111.877。

3.6　箱线图

* § 3.6.1　箱线图的概念

箱线图(boxplot，也称箱形图、盒式图、盒须图)，是用最小值、第一个四分位数、中位数、第三个四分位数与最大值五个统计量来描述数据分布的一种常用方法。通过盒式图可以粗略地看出数据是否具有对称性、分布的分散程度等信息，特别可以用于对几个现象的比较。

绘制箱线图的步骤是：①计算下四分位数 Q_1，中位数 M_e，上四分位数 Q_3；②在纵轴上设置适当的尺度，以 Q_1 为底、Q_3 为顶绘制一个矩形箱体(也可以在横轴上绘制箱体)；③在矩形箱体内用一条线代表 M_e；④延长箱体上端至最大值、延长箱体下端至最小值做横线，但是，这两条横线与 Q_1 或 Q_3 的距离不大于箱体长度的 1.5 倍。箱线图如图 3.6

① 抽样平均误差及置信度含义，见第 7 章“参数估计”。

所示。在 SPSS 软件、SigmaPlot 软件、R 软件、SPlus 软件、Origin 软件等中，都有绘制箱线图的程序。

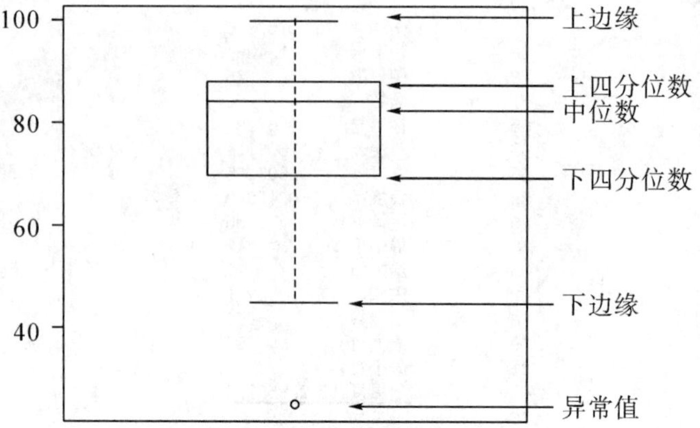

图 3.6　箱线图

§3.6.2　箱线图的意义

箱线图作为描述统计的工具之一，可以直观明了地识别数据中的异常值。一组数据中的异常值是值得关注的，把异常值纳入数据进行计算分析，对结果会带来不良影响；重视异常值的出现，分析其产生的原因，常常成为发现问题进而改进决策的契机。箱线图为我们提供了识别异常值的一个标准：异常值被定义为小于$(Q_1-1.5Q_D)$或大于$(Q_3+1.5Q_D)$的值(其中，$Q_D=Q_3-Q_1$)。

基于正态分布的 3σ 法是以假定数据服从正态分布为前提的，但实际数据往往并不严格服从正态分布。其判断异常值的标准是以计算数据的均值和标准差为基础的，而异常值本身会对它们产生较大影响，以此来判断非正态分布数据中的异常值，显然是不可靠的。箱线图的绘制依靠实际数据，不需要事先假定数据服从特定的分布形式，没有对数据做任何限制性要求，而只是真实、直观地表现数据形状的本来面貌。此外，箱线图判断异常值的标准以四分位数和四分位距为基础，四分位数不易受异常值的影响，因此，箱线图识别异常值的结果比较客观。

同一数轴上，几组数据的箱线图并行排列，几组数据的中位数、尾长(上下边缘线与箱体的距离)、异常值、分布区间等信息一目了然。对于各组数据的四分位距大小，正常值的分布是集中还是分散，我们观察各箱体和尾长短便可明了。而对于每组数据分布的偏态如何，我们通过分析中位线和异常值的位置也可估计出来。箱线图常用于质量管理、人事测评、探索性数据分析等统计分析中。

§3.6.3　利用 Excel 绘制箱线图

利用 Excel 绘制箱线图需要借助于股价图中的“开盘—盘高—盘低—收盘图”，该图形需要将数据按一定的顺序排列:上四分位数、最大值、最小值、中位数、下四分位数的顺序排列,如图 3.7 所示。

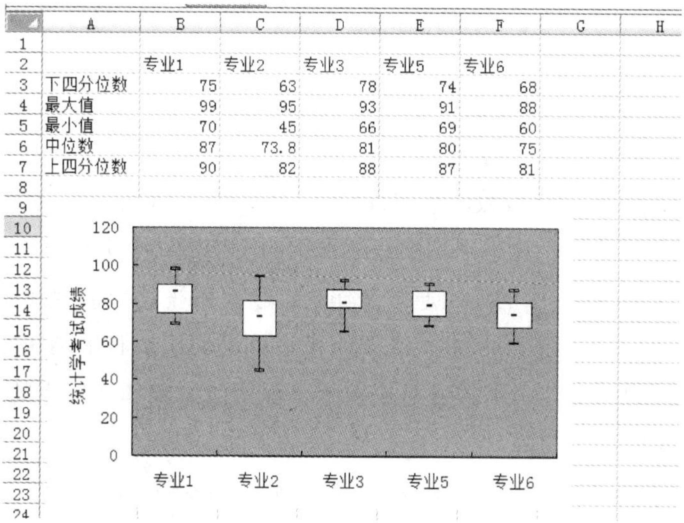

图 3.7 Excel 制作箱线图

绘制箱线图步骤如下:

第一步:选取单元格区域 A3:F6,单击“图表向导” 图标,在弹出的“图表类型”对话框中选中股价图的“开盘—盘高—盘低—收盘图”(第二个子图表类型),按下一步键。

第二步:在图表数据源对话框的“数据区域”中将“系列产生在”选定为“行”,在“系列”中将“分类(*X* 轴)标志”选定为“B2:F8”,按下一步键。

第三步:在“图表选项—标题”对话框的分类(*X*)轴下方填入“专业”,在数值(*Y*)轴下方填入“统计学考试成绩”,在“网格线”对话框中将“数值(*Y*)轴”中“主要网格线”取消,按完成键。

第四步:在绘图区点击右键,选取“数据源”→“系列”→“添加”,在“名称”右侧用鼠标选取单元格 A7,在“值”右侧用鼠标选取单元格区域 B7: F7,按确定键。

第五步:分别在箱的中心位置中位数系列标志上、箱线图的顶部最大值系列标志上、箱线图的底部最小值系列标志上单击右键,选取“数据系列格式”→“图案”,在界面右侧数据标记的样式处选取“ - ”,前景颜色处选黑色,按确定键。

本章小结

1. 总量指标是说明现象总规模和总水平的数值,又称为绝对数。绝对数的计量单位有实物单位和价值量单位。按反映总体内容不同,总量指标可分为总体单位总量和总体标志总量;按反映的时间状况不同,总量指标可分为时期指标和时点指标。

2. 两个有联系的数值的比率称为相对数。大多数相对数都是用无名数表示。根据研究目的和对比基础的不同,有结构相对数、比例相对数、计划完成程度相对数、比较相对数、动态相对数和强度相对数等。

计算和应用相对数一定要注意正确选择对比的标准、两个对比数值具有可比性、要与绝对数结合应用、多种相对数结合运用。

3. 集中趋势的测度主要有数值平均数和位置平均数。数值平均数包括算术平均数、调和平均数和几何平均数。算术平均数是最常用的平均数,调和平均数是变量值的倒数的平均数,在社会经济统计中的应用通常是作为加权算术平均数的变形。几何平均数是一组数值连乘后再开方所得的平均数,主要用于计算平均比率和平均速度。上述几种平均数又有简单式与加权式之分。权数是权衡各个变量值影响作用轻重的数,可以是绝对数,也可以是相对数。

位置平均数主要包括众数和中位数。集中趋势的测度还可以利用分位数。常用的分位数有四分位数、十分位数和百分位数等。算术平均数与众数、中位数和分位数结合运用,可以详细描述数据分布的特征。

4. 离中趋势的测度通过变异指标来表示。变异指标主要包括极差、四分位差、平均差、方差、标准差和变异系数。极差是最大标志值与最小标志值之差。四分位差是上下四分位数之差。方差和标准差是最常用的变异指标。变异系数是变异指标与其算术平均数之比。比较不同性质或不同水平的变量的变异程度时,就须运用变异系数。

5. 偏态是指频数分布曲线的非对称的方向和程度,通过偏态系数来测定。偏态系数可从均值与众数(中位数)之间的关系或三个四分位数之间的关系来测定,但最常用的是动差法。峰态是指频数分布曲线的尖峭程度,测定峰度一般以四阶中心矩 m_4 为基础来计算峰度系数。

6. 箱线图是用最小值、第一个四分位数、中位数、第三个四分位数与最大值五个统计量来描述数据分布的一种常用方法。通过盒式图可以粗略地看出数据是否具有对称性、分布的分散程度等信息。

思考与练习题

3-1　对统计数据的分布特征,应从哪几个方面进行描述?它们之间有什么关系?

3-2　简述各种变异指标的特点。为什么要计算离散系数?

3-3　测定偏态有哪些方法?怎样测度频数分布的峰度?

3-4　某企业生产一种产品需顺次经过四个车间,这四个车间某月的废品率分别为

1.5%、2.0%、2.5%和1%，该企业该月这种产品的平均废品率是多少？

3－5　某商业企业9月份各天的销售额数据如下(单位：万元)：

207	226	247	202	188	260	190	186	215	228
221	242	211	231	251	224	217	230	241	208
222	234	218	253	223	213	272	199	219	245

试计算：

(1)该企业日销售额的均值、中位数和众数。

(2)去掉两个最高销售额和两个最低销售额的切尾均值。

(3)下、上四分位数。

(4)极差和四分位差。

(5)平均差、标准差和方差。

3－6　某调查机构对两个城市居民住房满意程度的状况进行调查，结果如下表所示。

回答类别	调查结果	
	甲城市(人)	乙城市(人)
非常不满意	24	23
不满意	108	72
一般	93	17
满意	45	20
非常满意	30	18

利用位置平均数分析两个城市居民各自对住房的满意程度。

3－7　在某地区抽取的120家企业按利润额进行分组，结果如下：

按利润额分组(万元)	企业数(个)
200～300	19
300～400	30
400～500	42
500～600	18
600以上	11
合计	120

(1)计算120家企业利润额的均值和标准差；

(2)计算分布的偏态系数和峰度系数。

4

时间序列分析

大千世界中，现象总是发展变化的。要想全面认识和了解现象发展变化的本质特征和规律性并预测现象未来的水平，就需要进行时间序列分析。时间序列分析包括指标分析和构成要素分析两大内容。

4.1 时间序列概述

§4.1.1 时间序列的概念

把某种统计指标数值按时间先后顺序排列起来所形成的数列称为时间序列,也称为时间数列、动态数列。任何一个时间序列都具有两个基本要素:一是统计指标数值所属的时间,可以是年度、季度、月份或其他时间,通常用 t 表示(t 的值可以是数据所属的具体时间,也可以只是时间序号);二是统计指标数值,是各个时间上的发展水平,可以用 y 表示,如 y_t 表示时间 t 所对应的观测值,也称为现象在时间 t 上的发展水平。表 4.1 是我国历年的国内生产总值等六个时间序列合成的一个表格。

时间序列可以反映现象的发展变化过程和趋势,是动态分析的依据。在编制时间序列的基础上,可以通过图形或指标来描述现象发展过程,分析现象变化的各种特征和规律性,并通过模型进行预测,展望现象未来的变化态势。

§4.1.2 时间序列的种类

根据指标的表现形式,时间序列可以分为绝对数时间序列、相对数时间序列和平均数时间序列三种。

把反映某一现象的总量指标数值按时间先后顺序排列而形成的序列为绝对数时间序列或总量指标时间序列,反映该现象在各个时间上达到的绝对水平。例如,表 4.1 中的国内生产总值、第三产业增加值和年末人口序列都是绝对数时间序列。按数值所反映时间状态的不同,绝对数时间序列又可分为时期序列和时点序列。表 4.1 中的国内生产总值和第三产业增加值序列是时期序列,而年末人口序列是时点序列。

把反映某一现象的相对数按时间先后顺序排列而成的序列是相对数时间序列;把反映某一现象的平均数按时间先后顺序排列而成的序列是平均数时间序列。例如,表 4.1 中的第三产业增加值比重、人均国内生产总值、人口自然增长率序列是相对数时间序列,城镇居民家庭人均可支配收入序列是平均数时间序列。

绝对数时间序列是最基本的时间序列,相对数时间序列和均值时间序列都是由有关绝对数时间序列派生出来的。

表 4.1　　　　我国若干指标的时间序列

年份	国内生产总值(亿元)		第三产业增加值比重(%)	年末人口(万人)	人均国内生产总值(元)	城镇居民家庭人均可支配收入(元)	人口自然增长率(‰)
		第三产业增加值(亿元)					
1978	3 678.7	905.1	24.6	96 259	385	343.4	12
1980	4 587.6	1 023.4	22.3	98 705	468	477.6	11.87
1985	9 098.9	2 670.7	29.4	105 851	866	739.1	14.26
1990	18 872.9	6 111.4	32.4	114 333	1 663	1 510.2	14.39
1995	61 339.9	20 641.9	33.7	121 121	5 091	4 283	10.55
2000	100 280.1	39 897.9	39.8	126 743	7 942	6 280	7.58
2001	110 863.1	45 700	41.2	127 627	8 717	6 859.6	6.95
2002	121 717.4	51 421.7	42.2	128 453	9 506	7 702.8	6.45
2003	137 422	57 754.4	42.0	129 227	10 666	8 472.2	6.01
2004	161 840.2	66 648.9	41.2	129 988	12 487	9 421.6	5.87
2005	187 318.9	77 427.8	41.3	130 756	14 368	10 493	5.89
2006	219 438.5	91 759.7	41.8	131 448	16 738	11 759.5	5.28
2007	270 232.3	115 810.7	42.9	132 129	20 505	13 785.8	5.17
2008	319 515.5	136 805.8	42.8	132 802	24 121	15 780.8	5.08
2009	349 081.4	154 747.9	44.3	133 450	26 222	17 174.7	4.87
2010	413 030.3	182 038	44.1	134 091	30 876	19 109.4	4.79
2011	489 300.6	216 098.6	44.2	134 735	36 403	21 809.8	4.79
2012	540 367.4	244 821.9	45.3	135 404	40 007	24 564.7	4.95
2013	595 244.4	277 959.3	46.7	136 072	43 852	26 467	4.92
2014	643 974	308 058.6	47.8	136 782	47 203	28 843.9	5.21
2015	689 052.1	346 149.7	50.2	137 462	50 251	31 194.8	4.96
2016	744 127.2	384 220.5	51.6	138 271	53 980	33 616.2	5.86

资料来源:中华人民共和国国家统计局. 中国统计年鉴 2017[M]. 北京:中国统计出版社,2017.

§4.1.3　时间序列的编制原则

保证时间序列中各项指标数值的可比性,是编制时间序列的基本原则。可比性具体含义如下:

(1)统计数值所属时间可比

这要求各项指标数值所属时间具有可比性。对时期数据序列而言,由于序列中各项指标数值的大小与所属时间的长短有直接关系,因此各项指标数值所属时期的长短应该一致,否则不便于对比分析。对于时点数据序列,虽然两相邻时点的时间间隔长短与时点数值大小没有明显的关系,但为了更好地反映现象的发展变化状况,两相邻时点的时间间隔长短也最好相等。时间的可比性是编制时间序列的一般原则,但也不能太绝对。为了特定的研究目的或由于事物的特殊背景,有时我们也可以将不同时期长短或不同时间间隔的数值进行对比。例如,将最近某一年的在校大学生人数与改革开放前若干年、“六五”及“七五”期间等的在校大学生人数的总和编制成时间序列,以反映改革开放后高教事业的发展;将我国六次人口普查(1953 年 7 月 1 日零点、1964 年 7 月 1 日零点、1982 年 7 月 1 日零点、1990 年 7 月 1 日零点、2000 年 11 月 1 日零点和 2010 年 11 月 1 日零点)的有关资料组成间隔不等的时点序列进行对比,也是有意义的。

(2)统计数值反映的总体范围可比

这是就现象所属空间范围而言的,如行政区划范围、行业所属范围、分组范围、经营范围等。当时间序列中某些数值总体范围不一致时,必须进行调整使其一致,否则前后期数值不能直接对比。

(3)统计数值的计算口径可比

这里所谓的计算口径,既指计算方法的可比性,也指价格和计量单位的一致性。例如,对于劳动生产率指标,在同一序列中,要么都是全员劳动生产率,要么都是生产工人劳动生产率;要么都是按总产出计算,要么都是按国内生产总值计算;要么都按某种实物量计算,要么都按可比价格的价值量计算。显然,前后期计算口径不一致的数值是不能直接对比的。

(4)统计数值的经济内容可比

计算口径不一致的数值,其经济内容也必然不一致。对于名称相同而经济内涵不一致的指标,尤其要注意这一点。各时间上的指标数值经济内涵必须一致,否则也不具备可比性。

4.2 时间序列的水平分析

§4.2.1 发展水平

发展水平是现象在不同时间上所达到的规模或水平的数量反映,也就是时间序列中的每一项指标数值。

按发展水平在时间序列分析中所处的位置,可将发展水平分为期初水平、期末水平。期初水平是时间序列中第一项数值,常用 y_0 或 y_1 表示;期末水平是时间序列中最后一项数值,常用 y_n 表示。

按发展水平在时间序列分析中的作用,可将发展水平分为报告期水平、基期水平。报告期水平是需要分析研究的那个时间上的发展水平,基期水平作为比较基础时期的发展水平。

在描述发展水平时，常用“到”“为”等文字。如表 4.1 所示，我们可以说国内生产总值由 2015 年的 689 052.1 亿元增加到（为）2016 年的 744 127.2 亿元。

§4.2.2 平均发展水平

平均发展水平是不同时间上发展水平的平均数。统计上习惯把这种不同时间上数据的平均数称为序时平均数。它将现象在不同时间上的数量差异抽象掉，反映现象在一段时间发展的一般水平。

（1）时期序列的平均发展水平

时期序列中各项数据相加等于现象在一段时期内的总量，所以计算时期序列的平均发展水平，采用的是简单算术平均法，即将各期数据之和除以时期项数。若以 $\bar{y}$ 代表平均发展水平，则其计算公式为：

$$\bar{y} = \frac{y_1 + y_2 + \ldots + y_n}{n} = \frac{\sum_{t=1}^{n} y_t}{n} \quad (t = 1,2,\cdots,n) \tag{4.1}$$

【例 4－1】根据表 4.1 的数据，计算我国 2001—2016 年国内生产总值的年平均水平。

由式（4.1）得：

$$\bar{y} = \frac{1}{16}\sum_{t=1}^{16} y_t = \frac{1}{16}(110\,863.1 + 121\,717.4 + \cdots + 689\,052.1 + 744\,127.2)$$

$$= \frac{5\,992\,525.3}{16} = 374\,532.8(\text{亿元})$$

计算表明：2001—2016 年我国平均每年的国内生产总值为 374 532.8 亿元。

（2）时点序列的平均发展水平

①连续时点序列的平均发展水平。

时点是一个瞬间概念，严格说不存在“连续”之说。但由于时点数据通常间隔较长一段时间才进行一次统计，对于每天都能进行计量获得数据（如银行每天的存、贷款余额），在统计上就已经是很详尽的时点数据了。因而也就把这种连续的按逐日排列的时点序列称为连续时点序列。其平均发展水平的计算采用公式（4.1）所示的简单算术平均方法。

②不连续时点序列的平均发展水平。

统计实践中，很多现象并不需要逐日地连续对其时点数量进行计量，而是间隔一段时间如几天、一个月、一个季度、一年等才进行一次统计。这样的时点数据排列形成的序列，称为不连续时点序列。

对于不连续时点序列，若要计算整个考察期的平均发展水平，需要假定现象的数量在相邻两时点间是均匀变动的、上期期末数即为本期期初数，反之亦然。然后计算出相邻两个时点之间现象水平的代表值，再以时点间隔长度为权数，将这些代表值进行加权算术平均。若分别以 $f_1, f_2, \cdots, f_{n-1}$ 代表各个时点间隔长度，则整个考察期内平均发展水平的计算公式可写为：

$$\bar{y}=\frac{\frac{y_1+y_2}{2}f_1+\frac{y_2+y_3}{2}f_2+\cdots+\frac{y_{n-1}+y_n}{2}f_{n-1}}{\sum_{t=1}^{n-1}f_t} \tag{4.2}$$

【例4-2】某地区报告年对生猪饲养情况进行调查，得到生猪存栏数量的几个时点数据如表4.2所示，试计算该地区全年的生猪平均存栏数量。

表4.2 某地区报告年生猪存栏数量

时 间	1月1日	1月31日	5月1日	7月31日	11月1日	12月31日
存栏数(万头)	47	24	41	34	56	45

由式(4.2)得：

$$\bar{y}=\frac{\frac{47+24}{2}\times1+\frac{24+41}{2}\times3+\frac{41+34}{2}\times3+\frac{34+56}{2}\times3+\frac{56+45}{2}\times2}{1+3+3+3+2}=40.125(\text{万头})$$

计算结果表明，该地区报告年的生猪平均存栏数量为40.125万头。

当各时点间隔相等，即$f_1=f_2=\cdots=f_{n-1}$时，公式(4.2)可简化为：

$$\bar{y}=\frac{\frac{y_1}{2}+y_2+\cdots+y_{n-1}+\frac{y_n}{2}}{n-1} \tag{4.3}$$

式(4.3)就是由间隔相等的时点序列计算平均发展水平的方法，称之为“首末折半法”。

【例4-3】根据表4.1中各年年末人口数，计算2001—2016年的平均人口数。

表4.1中给出了各年年末人口数，2000年年末人数即为2001年的年初人数。由式(4.3)可得这16年的平均人口数为：

$$\begin{aligned}\bar{y}&=\frac{1}{16}\left(\frac{126\ 743}{2}+127\ 627+\cdots+137\ 462+\frac{138\ 271}{2}\right)\\&=\frac{2\ 122\ 933}{16}=132\ 683.3(\text{万人})\end{aligned}$$

即2 001—2016年我国平均人口数为132 683.3万人。

由不连续时点序列计算平均发展水平时，应注意计算公式是有假定条件的。在实际中，现象在相邻时点间的数量变动并不总是均匀的，所以计算结果通常只是近似值。一般，间隔越短，相邻两时点数值的简单算术平均数就越能较好地代表相应时段内的平均水平，整个考察期内平均发展水平的计算结果就越准确。例如，由一年中各月底数计算的全年平均数，就比只用年初和年末两项数据计算的结果更符合实际。

(3)相对数和平均数[①]时间序列的平均发展水平

相对数与平均数有一个共同点,那就是它们归根结底都是由两个有关的总量指标数值相比而得到的。设各期的相对数或平均数为 z_t,它是 y_t 和 x_t 两个总量指标派生的。由于各个 z_t 的对比基数 x_t 不尽相同,所以计算平均发展水平 $\bar{z}$ 时,不能将各期 z_t 进行简单算术平均。正确的计算方法是:先对形成该相对数或平均数序列的绝对数序列 $\{y_t\}$ 和 $\{x_t\}$,分别计算其平均发展水平 $\bar{y}$ 和 $\bar{x}$,再由这两个平均发展水平之比得到所求的平均发展水平 $\bar{z}$,即计算公式为:

$$\bar{z} = \frac{\bar{y}}{\bar{x}} \tag{4.4}$$

【例 4-4】根据表 4.1 的数据,试计算 2001—2016 年中国人均国内生产总值的平均发展水平。

各年人均国内生产总值的平均发展水平应该等于各年国内生产总值的平均发展水平除以人口数的平均发展水平。根据例 4-1 和例 4-3 的计算结果,2001—2016 年平均人口数为 132 683.3 万人,年平均国内生产总值为 374 532.8 亿元,故这 16 年间的人均国内生产总值的年平均水平为:

$$\bar{z} = \frac{\bar{y}}{\bar{x}} = \frac{374\ 532.8}{132\ 683.3} = 2.822\ 76(\text{万元/人})$$
$$= 28\ 227.6(\text{元/人})$$

不难证明,式(4.4)实质上等同于对各期相对数或平均数进行加权算术平均,其权数为各期的对比基数。比如,例 4-4 的计算结果等同于对各年的人均国内生产总值进行加权算术平均,权数为各年的平均人口数。

§4.2.3 增减量

增减量是报告期水平与和基期水平之差,反映现象在一定时期内增长变化的绝对数量。由于基期的选择不同,增减量可分为逐期增减量和累计增减量。

逐期增减量是报告期水平 $y_t(t=1,2,\cdots,n)$ 与前一期水平 y_{t-1} 之差,反映现象逐期增减变化的绝对数量(见表 4.3 第(2)行)。

① 指算术平均数。

表 4.3　　某地 2012—2017 年的贸易总额资料

指标＼年份	2012	2013	2014	2015	2016	2017
1. 贸易总额(亿元)(1)	800	1 080	912	1 100	1 300	1 450
2. 逐期增减量(亿元)(2)	—	280	-168	188	200	150
3. 累计增减量(亿元)(3)	—	280	112	300	500	650
4. 环比发展速度(%)(4)	—	135.0	84.4	120.6	118.2	111.5
5. 定基发展速度(%)(5)	100	135.0	114.0	137.5	162.5	181.3
6. 环比增长速度(%)(6)	—	35.0	-15.6	20.6	18.2	11.5
7. 定基增长速度(%)(7)	—	35.0	14.0	37.5	62.5	81.3
8. 增长 1% 的绝对量(亿元)(8)	—	8.0	-10.8	9.12	11.0	13.0

累计增减量是报告期水平 $y_t(t=1,2,\cdots,n)$ 与某一固定基期水平（通常为期初水平 y_0）之差，反映现象从期初到报告期这段时期内的总增减量（见表 4.3 第(3)行）。

增减量为负，则表示现象减少或下降的数量。例如，在表 4.3 中，某地贸易总额 2013 年比 2012 年增加了 280 亿元，而 2014 年比 2013 年减少了 168 亿元。

逐期增减量与累计增减量之间存在一定的数量关系：逐期增减量之和等于相应的累计增减量；两个相邻时期的累计增减量之差等于相应时期的逐期增减量。即：

$$\sum_{i=1}^{t}(y_i - y_{i-1}) = y_t - y_0 \tag{4.5}$$

$$(y_t - y_0) - (y_{t-1} - y_0) = y_t - y_{t-1} \quad (t=1,2,\cdots,n)$$

由于月度数据和季度数据往往会受到季节因素的影响，为了消除季节变动的影响，可以计算报告期水平与上年同期水平之差，这种增减量称为同比增减量或年距增减量。其计算公式为：

同比增减量 = 报告年某期水平 - 上年同期水平　　(4.6)

§4.2.4　平均增减量

平均增减量是观察期内各个逐期增减量的平均，反映现象在一段时期内平均每期的增减数量。计算平均增减量，是将各个逐期增减量相加后除以其项数。由于各个逐期增减量之和等于累计增减量，故也可直接以累计增减量除以时间序列项数再减 1 而求得。

$$平均增减量 = \frac{逐期增减量之和}{逐期增减量个数} = \frac{累计增减量}{时间序列项数 - 1} \tag{4.7}$$

4.3 时间序列的速度分析

§4.3.1 发展速度

发展速度是报告期水平与基期水平之比，反映报告期水平发展为（相当于）基期水平的百分之多少或多少倍。

$$发展速度=\frac{报告期水平}{基期水平} \tag{4.8}$$

由于基期的选择不同，发展速度分为环比发展速度和定基发展速度。

环比发展速度是报告期水平与前一期水平之比（见表4.3第(4)行）：

$$环比发展速度=\frac{报告期水平}{前一期水平}=\frac{y_t}{y_{t-1}} \quad (t=1,2,\cdots,n) \tag{4.9}$$

定基发展速度也称发展总速度，是报告期水平与固定基期水平（通常为期初水平）之比（见表4.3第(5)行）：

$$定基发展速度=\frac{报告期水平}{固定基期水平}=\frac{y_t}{y_0} \quad (t=1,2,\cdots,n) \tag{4.10}$$

环比发展速度与定基发展速度的关系是：环比发展速度的连乘积等于相应的定基发展速度；相邻两个定基发展速度之商，等于相应时期的环比发展速度。即：

$$\frac{y_1}{y_0}\times\frac{y_2}{y_1}\times\cdots\times\frac{y_t}{y_{t-1}}=\frac{y_t}{y_0} \tag{4.11}$$

$$\frac{y_t}{y_0}\div\frac{y_{t-1}}{y_0}=\frac{y_t}{y_{t-1}}$$

为了消除季节变动的影响，也可以计算同比发展速度（也称年距发展速度）。其计算公式为：

$$同比发展速度=\frac{报告年某期水平}{上年同期水平} \tag{4.12}$$

§4.3.2 增减速度

增减速度也称增减率，是报告期增减量与基期水平之比，反映报告期水平比基期水平增减了百分之多少或多少倍。

$$增减速度=\frac{增减量}{基期水平}=\frac{报告期水平-基期水平}{基期水平}=发展速度-1 \tag{4.13}$$

根据基期的选择不同，增减速度也分为环比增减速度和定基增减速度（见表4.3第(6)行和第(7)行）。

$$环比增减速度 = \frac{逐期增减量}{前一期水平} = 环比发展速度 - 1 \tag{4.14}$$

$$定基增减速度 = \frac{累计增减量}{固定基期水平} = 定基发展速度 - 1 \tag{4.15}$$

需要特别注意的是,虽然环比增减速度和定基增减速度分别是环比发展速度和定基发展速度的派生指标,但是环比增减速度的连乘积并不等于相应时期的定基增减速度;两相邻定基增减速度之商也不等于相应时期的环比增减速度。若要以环比增减速度求定基增减速度,必须将各环比增减速度分别加 1 变成环比发展速度,连乘得定基发展速度再减 1 而求得。同理,若以两相邻定基增减速度推算相应时期的环比增减速度,也应将两定基增减速度分别加 1 变成定基发展速度,两者相除得环比发展速度再减 1 而求得。

为了消除季节变动的影响,也可以计算同比增长速度(也称年距增长速度):

$$同比增长速度 = \frac{同比增长量}{上年同期水平} = 同比发展速度 - 1 \tag{4.16}$$

当增长速度大于 0 时,表示报告期水平比基期增长或提高的程度;当增长速度小于 0 时,表示报告期水平比基期减少或降低的程度。例如,在表 4.3 中,某地贸易总额 2013 年比 2012 年增长了 35%,而 2014 年比 2013 年下降了 15.6%。

§4.3.3 平均发展速度和平均增减速度

各期的发展变化总是有快有慢,因此经常还要计算某一发展阶段的平均速度来进行比较和分析。平均速度包括平均发展速度和平均增减速度。平均发展速度是环比发展速度的平均数,说明现象在某个发展阶段上的逐期发展变化程度的一般水平。平均增长速度表示环比增长速度的一般水平,说明现象在某个发展阶段上平均逐期相对增减程度,但不能直接将各个环比增减速度加以平均,应根据它与平均发展速度之间的内在联系来计算。计算公式为:

$$平均增减速度 = 平均发展速度 - 1 \tag{4.17}$$

平均增减速度与平均发展速度之间相差一个基数。平均发展速度大于 1,则平均增长速度为正值,表明现象在考察期内是逐期递增的,此时的平均增长速度也称为平均递增率。平均发展速度小于 1,则平均增长速度为负值,表明现象在考察期内是逐期递减的,此时的平均增长速度也称为平均递减率。

平均发展速度所要平均的环比发展速度是一种动态相对数,因此它不能采用计算平均发展水平的方法。平均发展速度的计算通常采用几何平均法,也可采用方程式法。

(1)计算平均发展速度的几何平均法

由于现象发展的总速度不等于各期环比发展速度的总和,而是等于各期环比发展速度的连乘积,因此,对这些环比发展速度求平均数不能采用算术平均法而应采用几何平均法。

若以 x_i 代表各期环比发展速度，n 代表环比发展速度的项数，$\bar{x}_G$ 代表几何平均法计算的平均发展速度，则其计算公式为：

$$\bar{x}_G = \sqrt[n]{x_1 \times x_2 \times \cdots \times x_n} = \sqrt[n]{\prod_{i=1}^{n} x_i} \tag{4.18}$$

由于环比发展速度的连乘积等于定基发展速度即总速度（用 R 表示），而总速度又等于期末水平 y_n 与期初水平 y_0 之比，所以式（4.18）可变换为下面两种形式：

$$\bar{x}_G = \sqrt[n]{R} \tag{4.19}$$

$$\bar{x}_G = \sqrt[n]{\frac{y_n}{y_0}} \tag{4.20}$$

显然，式（4.18）至式（4.20）这三个计算公式实质上是一回事。实际应用中可根据所掌握的数据选择较为简便的公式来计算。

【例4-5】根据表4.3的数据，计算某地2012—2017年的平均发展速度和平均增长速度。

分别可采用公式（4.18）至公式（4.20）计算出平均发展速度为：

$$\bar{x}_G = \sqrt[5]{1.35 \times 0.844 \times 1.206 \times 1.182 \times 1.115} \approx 112.6\%$$

或：$\bar{x}_G = \sqrt[5]{1.813} \approx 112.6\%$

或：$\bar{x}_G = \sqrt[5]{\dfrac{1\ 450}{800}} \approx 112.6\%$

平均增长速度 $= 112.6\% - 100\% = 12.6\%$

【例4-6】党的十七大提出了实现人均国内生产总值2020年比2000年翻两番的新经济发展战略目标。2000年中国人均国内生产总值为7 942元，年平均增长速度至少为多少才能达此目标？考虑人口增长因素，2020年国内生产总值应为多少？

翻两番是一个总发展速度的概念，表示某个经济总量从基期开始，经过一段时间后，达到基期的 2^2 倍。

$y_0 = 7\ 942$，$y_n = (7\ 942 \times 2) \times 2 = 7\ 942 \times 2^2$，$n = 20$

$$\bar{x} - 1 = \sqrt[20]{\frac{7\ 942 \times 2^2}{7\ 942}} - 1 = \sqrt[20]{2^2} - 1 \approx 7.18\%$$

计算表明，要实现人均国内生产总值2020年比2000年翻两番的目标，年平均增长速度不能低于7.18%。

人均国内生产总值翻两番要求按2000年价格计算的人均国内生产总值达到31 768元。按照国家统计局预测的人口数14.60亿人计算，2020年按2000年价格计算的国内生产总值至少应达到 463 812.8 亿元[①]。这样一来，国内生产总值总量就不止翻了两番，而是翻了 2.21 番了，计算过程如下：

$$M = \frac{\lg 463\ 812.8 - \lg 100\ 280.1}{\lg 2} = \frac{5.666\ 3 - 5.001\ 2}{0.301\ 0} \approx 2.21$$

用几何平均法计算的平均发展速度，名义上它是各期环比速度的平均，因而要受各期水平高低的影响，但由公式(4.20)不难看出，它实际上只取决于期初和期末的发展水平。因此，几何平均法计算平均发展速度的特点是着眼于考察期末水平，所以也称为“水平法”。在基期确定的情况下，不论中间变化过程如何，平均速度的快慢就只取决于期末水平的高低了。用几何平均法计算的平均发展速度还具有一个特性，即用它作为各期环比发展速度的代表值去推算最末一期的水平，则推算结果与实际水平相等。

利用几何平均法求平均发展速度的原理，还可进行年度增长率与月度或季度增长率之间的换算。由于一年有 4 个季度、12 个月，设季度增长率为 z_s，月度增长率为 z_m，则它们与年度增长率 z_y 之间的关系可表示为：

$$z_y = (1 + z_x)^4 - 1 = (1 + z_m)^{12} - 1 \tag{4.21}$$

(2)计算平均发展速度的方程式法

在一个时间序列中，各期实际水平之总和(不包括固定基期水平)为：

$$y_1 + y_2 + y_3 + \cdots y_n = \sum_{i=1}^{n} y_i$$

将各期水平 y_t 用期初水平与各期环比发展速度 x_t 的乘积来表示，则有：

$$y_0x_1 + y_0x_1x_2 + y_0x_1x_2x_3 + \cdots + y_0x_1x_2x_3\cdots x_n = \sum_{i=1}^{n} y_i$$

若以平均发展速度 $\bar{x}_F$ 作为各期环比发展速度的代表值，用它来推算各期水平，并希望它能使所推算的各期水平总和与实际水平总和相等，则有：

$$y_0(\bar{x}_F) + y_0(\bar{x}_F)^2 + y_0(\bar{x}_F)^3 + \cdots + y_0(\bar{x}_F)^n = \sum_{i=1}^{n} y_i$$

即：

$$(\bar{x}_F) + (\bar{x}_F)^2 + (\bar{x}_F)^3 + \cdots + (\bar{x}_F)^n = \frac{\sum_{i=1}^{n} y_i}{y_0} \tag{4.22}$$

式(4.22)是只含有一个未知数 $\bar{x}_F$ 的高次方程。根据已知的时间序列各项数据，解此方程，其正根就是所求的平均发展速度。这种计算平均发展速度的方法称为方程式法。由式(4.22)可见，方程式法计算的平均发展速度取决于考察期内各期实际水平的累计总和，所以计算平均发展速度的方程式法又称为“累计法”。

---

① 2020 年按当年价计算的国内生产总值还应该乘上 2020 年相对于 2000 年的价格指数。

选择几何平均法还是方程式法计算平均发展速度,应视现象的特点而定。如果侧重考察最末一年所达到的水平,并按水平法制定规划(如国内生产总值、社会商品零售额、平均工资、人口总数等),宜采用几何平均法计算平均发展速度;如果侧重考察全期水平的总和,并按累计法制定规划(如基本建设投资额、职工培训总人数、新增固定资产数额、垦荒造林等),宜采用方程式法计算平均发展速度。

§4.3.4 时间序列指标分析应注意的问题

水平分析与速度分析都是利用一系列指标来对现象进行动态分析,但两种分析各有不同的侧重点,分析结果的表现形式也各不相同。在实际应用中,为了全面认识现象的变化特征,往往需要将这两个方面的分析结合运用,取长补短。具体地说,应注意以下几个问题:

(1)正确选择基期

各种速度指标和增长水平指标都是在一定基期水平上计算的。进行这些计算和分析时,要先根据研究目的,正确选择基期。例如,分析我国经济体制改革以来的变化,可以将1978年作为基期,分析进入21世纪后我国的经济发展情况,也可以将2000年作为基期。基期的选择一般要避开异常时期。如果基期水平因为异常因素的影响而过高或过低,相应的速度分析和水平分析都会失去分析意义或给人以错误的结论。

(2)将总平均速度与分段平均速度及环比速度结合分析

总平均速度能概括反映现象在较长一段时期内的平均变化程度,然而现象在各个较短的发展阶段上的变化又各有特殊性。因此,在分析总平均速度时,有必要结合各个特定历史时期的分段平均速度来深入分析。这个原理也适合分析平均发展水平和平均增长量。

(3)将速度与水平结合起来分析

一般而言,基期水平低,容易产生高速度;基期水平高,速度就相对低。因此,高速度可能掩盖低水平,而低速度又可能隐藏高水平。为了对现象的动态做出正确分析,既要考虑速度的快慢,也要考虑实际水平的高低,把相对速度与绝对水平结合起来进行分析。为此,通常可计算增长1%的绝对量来补充说明增长速度。增长1%的绝对量等于增长的绝对量除以增长的百分比,也即等于基期水平的1/100(见表4.3第(8)行)。若计算环比增长速度,其计算公式可写为:

$$\text{增长1\%的绝对量}=\frac{y_t-y_{t-1}}{\left(\frac{y_t-y_{t-1}}{y_{t-1}}\right)\times 100}=\frac{y_{t-1}}{100}\quad(t=1,2,\cdots,n)\tag{4.23}$$

4.4 时间序列构成因素分析

§4.4.1 时间序列的构成因素和组合形式

现象随着时间推移而呈现的发展变化状况,是受多种因素共同影响的结果。一般将时间序列的众多影响因素归结为长期趋势、季节变动、循环变动和不规则变动。

(1)长期趋势

长期趋势指现象在相当长一段时间内沿某一方向持续发展变化的一种态势或规律性。它是时间序列中最基本的构成因素,是受某些长期性、起决定性作用的基本因素影响的结果。按变化方向不同来分,长期趋势有上升趋势、下降趋势和水平趋势三类。按变化的形态来分,长期趋势可分为线性趋势和非线性趋势两类。

(2)季节变动

季节变动本来是指现象在一年内所呈现的较有规律的周期性起伏波动。但是目前一般把任何小于一年(如一季、一月、一周或一日等)的有规律的周期性起伏波动也称为季节变动或准季节变动。引起季节变动的原因既可能是自然条件如一年四季的更替,也可能是法规制度和风俗习惯等,如节假日。季节变动在许多现象的发展变化中都存在。例如,农产品的生产、销售和储存通常都有淡季和旺季之分,以一年为一个周期;超市的营业额和顾客人数的变动常常以七天为一个周期,每个周末是高峰期。

(3)循环变动

循环变动指在若干年中呈现涨落相间、峰谷交替的周期性波动。循环变动与长期趋势都是需要长期观察才能显现的规律性。不同的是,长期趋势基本上是沿着单一方向的持续变动,而循环变动是具有涨落循环特征的波动,通常围绕长期趋势上下起伏。循环变动与季节变动都是属于周期性波动,但两者也有区别。循环变动的周期至少在一年以上,而且周期长短不像季节变动的周期那样固定,波动形态和波幅等规律性也都不是很规则,引起循环变动的原因通常也不像季节变动的原因那么直观明显。因此,对循环变动的识别和分析往往比较困难。

(4)不规则变动

不规则变动是没有规律可循的变动。它是从时间序列分离了长期趋势、季节变动和循环变动之后剩余的因素,又称为剩余变动。不规则变动可细分为随机扰动和异常变动两种类型。随机扰动是短暂的、不可预期的和不可重复出现的众多因素综合作用的结果,其中每个因素的影响很小,从较长观察时间内的总和或平均来看,这种变动在一定程度上可以相互抵消。异常变动则是指一些具有偶然性、突发性的重大事件如战争、社会动乱和重大自然灾害等引起的变动,其单个因素的影响较大,不可能相互抵消,在时间序列分析中往往需要对这种变动进行特殊处理。后面所讲的不规则变动一般仅指随机扰动。

虽然时间序列的影响因素可以分解为以上四种因素,但在一个具体的时间序列中这四种因素并不一定要齐全。一般说来,在任何一个时间序列中,长期趋势和不规则变动总是存在的,而季节变动和循环变动则不一定存在。例如,年度数据形成的时间序列就不包括季节变动,因为在年度数据中这种季节性的起伏波动相互抵消了;有些现象在长期发展过程中本身不存在周期在一年以上的周期性起伏,因而也就没有循环变动。

对时间序列进行因素分解的目的,是要分别测定和分析每种类型的构成因素对时间序列变动的影响作用,揭示现象发展变化的规律性,并在此基础上进行预测。要进行这些分析和预测,就必须先明确时间序列与各种构成因素之间的关系。按照四种构成因素相互作用的方式不同,可以将上述关系设定为不同的合成模型,实际中最常用的是乘法模型:

$$Y_t = T_t \times S_t \times C_t \times I_t \qquad (4.24)$$

式(4.24)中,Y 表示时间序列中的指标数值,T 表示长期趋势值,S 表示季节变动值,C 表示循环变动值,I 表示不规则变动值,下标 t 表示时间($t=1,2,\cdots,n$)①。

乘法模型假定四种因素的影响作用大小是有联系的(引起它们变动的原因仍然是相互独立的),只有长期趋势值与时间序列 Y 的计量单位和表现形式相同,其余各种因素的数值均表现为以长期趋势值为基准的一种相对变化幅度。在乘法模型中,各个时间上的季节变动和循环变动数值在100%上下波动,在它们各自的一个周期范围内,其平均值为100%;不规则变动值也是在100%上下波动,但只有从长时间来看其平均值才趋于100%。在乘法模型中,对各因素的分离则采用除法。例如,要从时间序列中剔除季节变动的影响,则用(Y_t/S_t)。

上述包含四类影响因素的模式是时间序列的完备模式。事实上,这四类因素并不是对每一个时间序列所代表的现象都同时施加其影响,或者说,并不是每一种现象都同时受到这四类因素的影响,反映在时间序列的构成上,即不是每一个时间序列都同时由这四类因素所构成。这就形成了时间序列的不同组合形式:

趋势模式:$Y = T \times I$

趋势季节模式:$Y = T \times S \times I$

趋势季节循环模式:$Y = T \times S \times C \times I$

第一,循环变动的周期往往不固定,规律性不很明显,通常很难识别和分解。第二,它需要相当长时间的观察数据才能得出一定的规律性,在实际应用中获得所需数据也是一个困难。

不规则变动就是没有规律可循的,它不可能像其他因素那样可以直接进行测定,因此只能从时间序列中逐一将长期趋势、季节变动和循环变动分离出去,之后剩余的因素统统归结为不规则变动,又称为剩余变动或残余变动。

循环变动和不规则变动需要运用专门的统计方法进行研究,本教材只介绍长期趋势和季节变动的测定和分析。

---

① 不带下标也不会引起歧义,以下省去下标。

§4.4.2 时间序列的长期趋势测定

长期趋势是时间序列中最基本的构成因素。对长期趋势进行测定，是时间序列分析中最主要的一项任务。测定长期趋势最常用的方法有移动平均法、指数平滑法和趋势方程拟合法。

(1)移动平均法

移动平均法是采用逐项递进的办法，将原时间序列中的若干项数据进行平均，通过平均来消除或减弱时间序列中的不规则变动和其他变动，从而呈现现象发展变化的长期趋势。若平均的数据项数为 k，就称为 k 项移动平均。

【例 4-7】根据表 4.4 的某大学用电量分别计算 5 项移动平均数和 12 项移动平均数来反映用电量的长期趋势。

采用 5 项移动平均法，则第一年 1—5 月用电量的平均值为 731 200 千瓦，2—6 月用电量的平均值为 787 920 千瓦，以此类推（每个平均值放在所平均的 5 项数据的中间一期，代表该期的趋势值，见表 4.4 第(2)列）。

采用 12 项移动平均法，则第一年 1—12 月用电量的平均值为 818 200 千瓦，第一年 2 月至第二年 1 月用电量的平均值为 824 833 千瓦，以此类推。Excel 所计算的移动平均值直接将每个平均值放在所平均时间的最末一期，如表 4.4 第(4)列所示。但对于有上升或下降趋势的时间序列，移动平均值代表的趋势值应该属于所平均时间的中间一期。移动平均的项数为偶数时，还必须对所求得的移动平均值序列再做一次 2 项移动平均。所以，将上述两个 12 项移动平均值再平均，可得到代表第一年 7 月趋势值的 12 项移动平均值为 821 517，以此类推（见表 4.4 第(3)列）。

表 4.4　　某大学用电量及移动平均和指数平滑值

年份	月份	用电量（千瓦）	5 项移动平均	12 项移动平均	Excel 12 项移动平均	指数平滑值（$\alpha=0.1$）	指数平滑值（$\alpha=0.3$）	指数平滑值（$\alpha=0.7$）
（甲）	（乙）	(1)	(2)	(3)	(4)	(5)	(6)	(7)
第一年	1 月	826 400						
	2 月	573 600				826 400	826 400	826 400
	3 月	444 400	731 200			801 120	750 560	649 440
	4 月	988 000	787 920			765 448	658 712	505 912
	5 月	823 600	894 000			787 703	757 498	843 374
	6 月	1 110 000	919 760			791 293	777 329	829 532
	7 月	1 104 000	849 440	821 517		823 164	877 130	1 025 860
	8 月	573 200	831 120	831 567		851 247	945 191	1 080 558
	9 月	636 400	809 840	834 450		823 443	833 594	725 407
	10 月	732 000	789 680	825 367		804 738	774 436	663 102
	11 月	1 003 600	856 240	822 350		797 464	761 705	711 331
	12 月	1 003 200	876 000	826 700	818 200	818 078	834 273	915 919
第二年	1 月	906 000	800 000	824 850	824 833	836 590	884 951	977 016

表4.4(续)

年份	月份	用电量（千瓦）	5项移动平均	12项移动平均	Excel 12项移动平均	指数平滑值（α=0.1）	指数平滑值（α=0.3）	指数平滑值（α=0.7）
（甲）	（乙）	（1）	（2）	（3）	（4）	（5）	（6）	（7）
	2月	735 200	771 760	826 117	838 300	843 531	891 266	927 305
	3月	352 000	746 480	831 183	830 600	832 698	844 446	792 831
	4月	862 400	797 520	833 950	820 133	784 628	696 712	484 249
	5月	876 800	852 160	839 483	824 567	792 405	746 419	748 955
	6月	1 161 200	921 600	838 717	828 833	800 845	785 533	838 446
	7月	1 008 400	875 520	835 483	820 867	836 880	898 233	1 064 374
	8月	699 200	860 720	833 067	831 367	854 032	931 283	1 025 192
	9月	632 000	841 600	830 783	831 000	838 549	861 658	796 998
	10月	802 800	824 480	829 917	836 900	817 894	792 761	681 499
	11月	1 065 600	866 400	834 233	842 067	816 385	795 773	766 410
	12月	922 800	874 880	836 100	835 367	841 306	876 721	975 843
第三年	1月	908 800	785 920	837 967	835 600	849 456	890 545	938 713
	2月	674 400	739 920	835 617	830 533	855 390	896 021	917 774
	3月	358 000	756 800	824 317	831 033	837 291	829 535	747 412
	4月	835 600	790 160	825 950	828 800	789 362	688 074	474 824
	5月	1 007 200	883 040	826 850	839 667	793 986	732 332	727 367
	6月	1 075 600	913 920	820 433	832 533	815 307	814 792	923 250
	7月	1 138 800	856 320	814 267	843 400	841 336	893 035	1 029 895
	8月	512 400	840 160	800 583	827 833	871 083	966 764	1 106 129
	9月	547 600	817 760	796 483	820 800	835 215	830 455	690 519
	10月	926 400	764 160	802 050	831 100	806 453	745 599	590 476
	11月	963 600	824 240	796 867	822 600	818 448	799 839	825 623
	12月	870 800	803 120	783 000	818 267	832 963	848 967	922 207
第四年	1月	812 800	716 240	768 893	810 267	836 747	855 517	886 222
	2月	442 000	690 560	767 883	790 900	834 352	842 702	834 827
	3月	492 000	693 040	771 367	802 067	795 117	722 491	559 848
	4月	835 200	703 840	768 600	802 033	764 805	653 344	512 354
	5月	883 200	817 680	767 833	791 700	771 845	707 901	738 346
	6月	866 800	842 000	768 183	774 300	782 980	760 491	839 744
	7月	1 011 200	780 960	768 655	763 667	791 362	792 383	858 683
	8月	613 600	779 840		772 100	813 346	858 028	965 445
	9月	530 000	805 280		770 633	793 371	784 700	719 153
	10月	877 600	772 800		766 567	767 034	708 290	586 746
	11月	994 000	819 306		769 100	778 091	759 083	790 344
	12月	848 800			767 267	799 682	829 558	932 903
第五年	1月	846 128			770 044	804 594	835 331	874 031

从表4.4及图4.1中我们可以看出，通过移动平均，原序列的上下波动被削弱了（统计上也称为平滑或修匀），且平均的项数越大，波动被削弱的幅度越大。12项移动平均值消除了原序列中的季节变动，其长期趋势很清楚地表现出来——该大学用电量基本呈水平略有下降的趋势。

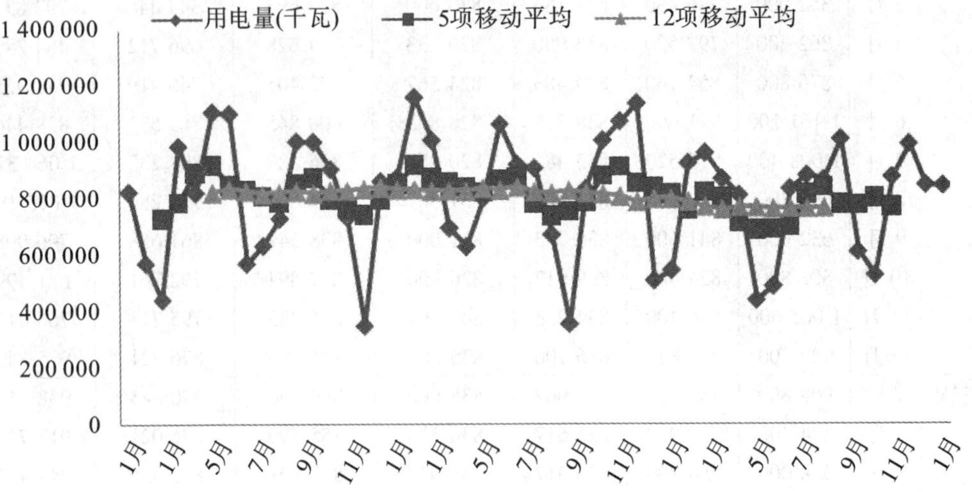

图4.1 用电量与移动平均值比较图

该例说明，移动平均的方法确实能够消除序列中的不规则变动；当平均项数与季节周期长度一致时，移动平均还能消除季节变动。至于移动平均是否能消除循环变动，这取决于移动平均的项数是否能与序列中的循环周期长度一致。循环波动的周期长度远不如季节周期长度那么有规律，在一时间序列中，各循环周期的长度是各不相同的。因而，固定平均项数的移动平均也就很难将序列中的循环波动完全消除。

移动平均法测定长期趋势，简便、灵活，有着较为广泛的应用。例如，在证券及期货的价格走势分析中，移动平均法一直是最常用的基本分析方法之一。应用移动平均法，须注意以下几点：

①移动平均法对原时间序列具有修匀或平滑的作用，使得原序列的起伏波动被削弱了，而且平均的时距项数 k 越大，移动平均的修匀作用越强。由表4.4或图4.1中的两种移动平均值序列可见，12项移动平均值序列中的逐期增长量更稳定，不规则变动被削弱的程度更大，趋势线更加平滑。

②当序列包含周期性变动时，移动平均的项数 k 应与周期长度一致。这样才能在消除不规则变动的同时，也消除周期性波动，使移动平均值序列只反映长期趋势。因此，季度数据通常采用4期移动平均，月度数据通常采用12期移动平均。由于季节变动的周期比较固定，移动平均对季节变动的消除一般都有很好的效果。而循环变动的周期不太固定，所以固定项数的移动平均也就难以有效消除时间序列中的循环波动。

③移动平均值代表的是所平均数据的中间位置上的趋势值。因此当平均项数 k 为奇数时,只需一次移动平均即可得到各期的趋势值;当 k 为偶数时,则需对移动平均的结果进行中心化处理,即再做一次两项移动平均,这样才能使移动平均值正对某一时期,使各期趋势值与实际值相对应。这种方法也称为中心化移动平均法。

④移动平均值序列的项数比原序列减少,当平均项数 k 为奇数时,新序列首尾各减少 $(k-1)/2$ 项;k 为偶数时,首尾各减少 $k/2$ 项。所以移动平均会使原序列首尾的数据缺少对应的趋势值,k 越大,缺失的信息就越多。所以移动平均的项数不宜过大。

⑤简单移动平均法测定线性趋势具有较好的效果。当现象呈非线性趋势时,简单移动平均法得到的趋势值很容易出现较大的误差。加权移动平均在一定程度上可弥补这一不足。确定权数的方法是灵活多样的,可视具体情况来选择,但通常都要遵循"近大远小"的原则,即认为近期数据比远期数据对趋势值的影响更大,应给近期数据赋予较大权数,而给远期数据赋予较小权数。在测定各期的趋势值时,采用中心化移动平均法,其权数一般呈"中间大、两端小"的对称结构。例如,5 期移动平均中 5 个观测值的权数可分别为 1,2,3,2,1,或者也可以是 1,3,5,3,1,等等。

⑥移动平均预测是直接用移动平均值作为下一期的预测值。与用于测定趋势的移动平均法所不同的是,首先,每个 k 期移动平均值不是代表观测值中间一期的趋势值,而是第 $k+1$ 期的趋势预测值。其次,移动平均值的位置也不再是居中放置,而是置于第 k 期(所平均数据末尾一期)或直接置于第 $k+1$ 期(预测期)。证券价格走势中各种均线(移动平均值曲线)、Excel 的"移动平均"都是把每次平均结果放在末尾一期,如表 4.4 第(4)列所示。最后,加权移动平均法用于预测时,为了突出近期数据对预测值的影响,按"近大远小"的原则确定权数。具体地说,就是离预测期较远的数据给以较小的权数,而离预测期较近的数据给以较大的权数。

移动平均预测只具有推测未来一期趋势值的预测功能,而且只适用于呈水平趋势的时间序列。如果现象的发展变化具有明显的上升(或下降)趋势,则移动平均预测的结果就会产生偏低(或偏高)的滞后偏差,即预测值的变化滞后于实际趋势值的变化。移动平均的项数 k 越大,滞后偏差就越大。

利用 Excel 计算移动平均序列的方法是:点击"数据"菜单下的"数据分析",选择"移动平均",在随即弹出的对话框中指定数据所在区域、间隔(即移动平均的项数)和输出区域的起点单元格后点击"确定"即可显示输出结果。将移动平均值放在计算期的末尾一期,若选择图表输出,还可以同时得到原数列实际值与移动平均值的折线图。图 4.2 是利用对表 4.4 中的用电量计算的 12 项移动平均的对话框和图表输出结果。

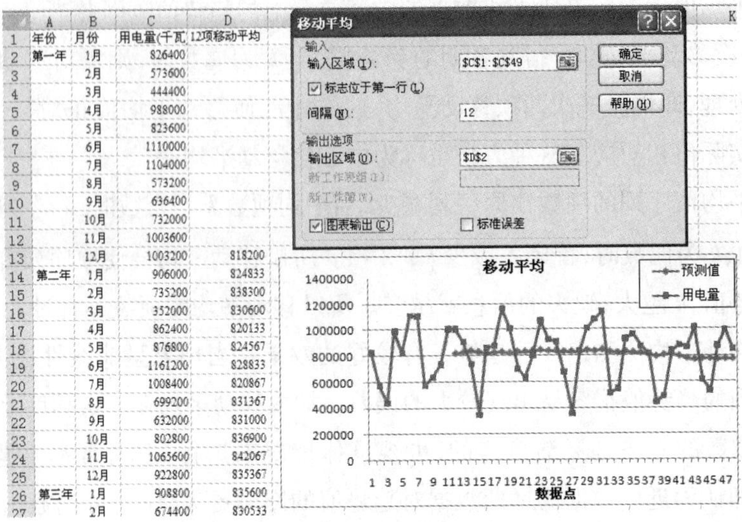

图 4.2　Excel 中移动平均的对话框和输出结果

(2)指数平滑法

指数平滑法是在加权移动平均法基础上改进而来的一种被广泛使用的统计分析方法。它通过计算一系列指数平滑值来消除不规则变动,以反映时间序列的长期趋势。①指数平滑法既是对时间序列进行修匀的一种方法,也可以直接用于预测,还可以用于估计预测模型的参数。

用 E_t 表示第 t 期的指数平滑值,其计算公式为:

$$E_t = \alpha y_t + (1-\alpha)E_{t-1} \tag{4.25}$$

式(4.25)中 E_t 和 E_{t-1} 分别表示第 t 期和第 $t-1$ 期的指数平滑值,y_t 为第 t 期的观测值,α 为平滑系数,$0<\alpha<1$。显然,指数平滑具有递推性质,各期平滑值是在上期平滑值的基础上递推而得的。将式(4.25)展开,可得:

$$\begin{aligned} E_t &= \alpha y_t + \alpha(1-\alpha)y_{t-1} + \alpha(1-\alpha)^2 y_{t-2} + \alpha(1-\alpha)^3 y_{t-3} + \cdots + \alpha(1-\alpha)^{t-1} y_1 \\ &\quad + (1-\alpha)^t E_0 \\ &= \alpha \sum_{i=1}^{t} (1-\alpha)^{t-i} y_i + (1-\alpha)^t E_0 \end{aligned} \tag{4.26}$$

式 (4.26)中,E_0 称为初始值,数列项数较多时,初始值对平滑值的影响不大,通常将时间序列的最初水平作为初始值 E_0。由于 α 是介于 0 与 1 之间的数,当 $t\to\infty$ 时,最后一项系数 $(1-\alpha)^t$ 趋近于零,其余各项的系数构成一个无穷递减等比数列,该数列总和为 $\frac{\alpha}{1-(1-\alpha)}=1$。可见,指数平滑值 E_t 实质上是以前各期观测值的加权算术平均数,各期

① 指数平滑有一次指数平滑、二次指数平滑和多次指数平滑之分。本教材只介绍一次指数平滑法。

观测值的系数就是其比重权数。由于权数呈指数形式递减,因而称为指数平滑法。

用指数平滑法来修匀时间序列,具有很多优点。它按“近大远小”原则给各期观测值赋予了不同的权数,既充分利用了以前各期观测值的信息,又突出了近期数据的影响,能够及时跟踪反映现象的最新变化。它采用递推公式,更便于连续计算,因为实际计算时不必保留以前的全部信息,只需上期的平滑值和最新的观测值两项数据即可。其权数确定也较为简便,只需确定最新一期数据的权数,其他各项观测值的权数可自动生成。

应用指数平滑法的关键是平滑系数 α 的选择。α 越大,近期数据的权数就越大,权数递减的速度就越快,对现象变化的跟踪反应越敏捷,但修匀作用就越弱。反之,α 越小,对数据的跟踪反应越迟缓,而修匀作用越强。因此,α 的选取一般可从以下几个方面来考虑:

①如果认为时间序列中随机波动成分较大,为了尽可能消除随机波动的影响,可选择较小的 α;反之,若认为随机波动成分较小,为了及时跟踪现象的变化,突出最新数据的信息,可选择较大的 α。

②如果现象趋势的变化很平缓,可选择较小的 α;如果现象趋势的变化比较剧烈,如呈阶梯式特征,应选择较大的 α。

③通过大小不同的 α 值进行试算,使得预测误差最小的 α 值就是最合适的平滑系数。

当时间序列呈水平趋势或没有明显波动规律时,可以用一次指数平滑进行短期预测,即直接将第 t 期的指数平滑值 E_t 作为第 $t+1$ 期的预测值 $\hat{y}_{t+1}$,即一次指数平滑预测的模型为:

$$\hat{y}_{t+1} = E_t = \alpha y_t + (1-\alpha)E_{t-1} \tag{4.27}$$

由于同样有 $\hat{y}_t = E_{t-1}$,所以上式又可改写为:$\hat{y}_{t+1} = \hat{y}_t + \alpha(y_t - \hat{y}_t)$。由此式可知:第 $t+1$ 期的预测值等于上期预测值加用 α 调整后的上期预测误差。这个公式体现了一次指数平滑预测的基本思想:如果第 t 期的预测没有误差,则第 t 期预测值仍然是第 $t+1$ 期的预测值;如果有预测误差,则认为这种误差不外乎包括两部分:一部分是随机波动所引起的误差,预测时应尽可能剔除;另一部分是由于 t 期的现象与以前比较确实有了实质性变化而造成的误差,对此需及时跟踪反应,这就要求根据预测误差调整预测值。α 值实质上就体现了预测者对预测误差中实质性变化所占比重的一种估计。

指数平滑值的计算可利用 Excel 的“数据分析”宏。方法是:进入 Excel 工作簿的“数据分析”→“指数平滑”→根据对话框提示输入原始数据区域、阻尼系数(注:这里的阻尼系数指 $1-\alpha$)、输出区域等即可(见表 4.4(5)、(6)、(7)列)。但指数平滑值的位置是按 $t-1$ 期的平滑值作为 t 期趋势估计值处理的。

(3)趋势方程拟合法

趋势方程拟合法,是通过拟合以时间 t 为解释变量、所考察指标为被解释变量的回归方程来测定现象的长期趋势。此回归方程也称为趋势方程。

客观现象的实际变化是复杂多样的,有的呈现直线趋势,有的呈现曲线趋势,有的呈现混合形式[①]。对这些趋势形态各异的各种序列,要准确判断其发展变化的趋势规律,选择准确的函数形式确非易事,实际操作中有几种做法可供参考:

①定性分析。定性分析即根据经济理论、经济常识和现象的客观性质判断该现象在一般情况下遵循什么规律发展,从定性角度选择拟合的曲线。如人口增长、耐用消费品销售量等通常选择 S 曲线进行拟合。

②图形分析。绘制观测值散点图或时间序列折线图。这些图形常能很直观地表现出序列的趋势类型,配合定性分析,一般能对拟合曲线做出选择。这是最常用的有效方法。

③数据特征分析。如果时间序列的逐期增长量(一次差)大致相同,可配合线性方程;推而广之,时间序列的 k 次差大致相同,可配合 k 次曲线;当现象的逐期发展速度或增长速度大体相同时,可配合指数方程。

④分段拟合。对混合趋势形式的序列,可采取分段拟合的方法,分别考察各阶段的趋势变化。但若要对未来的趋势发展做出预测,只能根据最后一阶段的趋势方程进行外推预测。

线性趋势方程如下:

$$\hat{y}_t = a + bt \tag{4.28}$$

式(4.28)中:$\hat{y}_t$为时间序列 y_t[②] 的趋势值;t 为时间(通常取 $t=1,2,\cdots,n$);a 为趋势线的截距,表示 $t=0$ 时的趋势值,即既定时间序列长期趋势的初始值。b 为趋势线的斜率,表示当时间 t 每变动一个单位,趋势值的平均变动量。

估计线性趋势方程中参数 a、b 的方法通常采用最小平方法,也称为最小二乘法。趋势方程拟合法的主要任务就是要建立能够近似反映真实时间序列趋势的方程。我们总是希望趋势估计值 $\hat{y}$ 尽可能地接近时间序列的实际观测值 y,即所有的离差 $y-\hat{y}$ 越小越好。可是,由于 $y-\hat{y}$ 可正可负,简单的代数和会相互抵消,因此为了便于处理,通常采用 $y-\hat{y}$ 的平方和作为衡量所有 $y-\hat{y}$ 总差异的尺度。所谓最小二乘法就是根据这一思路,通过使离差平方和为最小来估计趋势方程系数的一种方法。设:

$$Q = \sum (y-\hat{y})^2 = \sum (y-a-bt)^2 = \min$$

---

① 本教材只介绍线性趋势方程拟合法。

② 省掉下标 t 不会引起歧义,以下均不标注下标。

很明显,离差平方和 Q 的大小依赖于 a 和 b 的取值。根据微积分中求极小值的原理,可知 Q 存在极小值,欲使 Q 达到最小,Q 对 a 和 b 的偏导数必须等于零。将 Q 对 a 和 b 求偏导并令其等于零,可得:

$$\begin{cases} \dfrac{\partial Q}{\partial a} = -2\sum(y-a-bt) = 0 \\ \dfrac{\partial Q}{\partial b} = -2\sum t(y-a-bt) = 0 \end{cases}$$

整理后有:

$$\begin{cases} \sum y = na + b\sum t \\ \sum ty = a\sum t + b\sum t^2 \end{cases} \tag{4.29}$$

方程组(4.29)称为正规方程组或标准方程组,式中的 n 是时间序列项数。求解这一方程组可得:

$$\begin{cases} b = \dfrac{n\sum ty - \sum t\sum y}{n\sum t^2 - (\sum t)^2} \\ a = \dfrac{\sum y}{n} - b\dfrac{\sum t}{n} = \bar{y} - b\bar{t} \end{cases} \tag{4.30}$$

【例 4-8】根据表 4.1 我国 2000—2016 年年末总人口数据,建立趋势方程。

根据我国 2000—2016 年年末总人口所做的趋势图大致呈一条直线,因此可拟合线性趋势方程,如图 4.3。

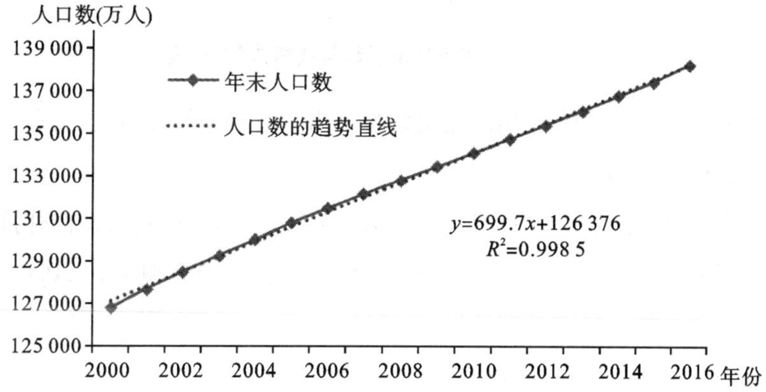

图 4.3　我国 2000—2016 年年末总人口数及其趋势线

分别将年份 2000,2001,…,2016 用时间序号 $t=1,2,\cdots,17$ 来代表。求直线趋势方程有如下几种方式:

其一,利用公式(4.30)计算直线趋势方程中 a,b 的估计值。

其二,利用 Excel 数据分析中的"回归",回归输出结果中的"Coefficients"下可得到截距项(Intercept)a 的估计值和 X 的系数即 b 的估计值。

以上两种方式的具体计算过程和 Excel "回归"的操作方法可详见 §9.3.1 的有关内容(将时间序号 t 视作自变量 X 即可),这里不再赘述。

其三,在时序图中,用鼠标在折线上任一处点击右键,在弹出的菜单中选择"添加趋势线",之后在"设置趋势线格式"的对话框中,在"趋势线选项"下可选择趋势线类型(本例选择线性)、设置趋势线名称,勾选"显示公式"(即显示趋势方程,X 即时间变量 t)、"显示 R 平方值",还可以点击左侧的选项卡设置趋势线的颜色、线型等,如图 4.4 所示。

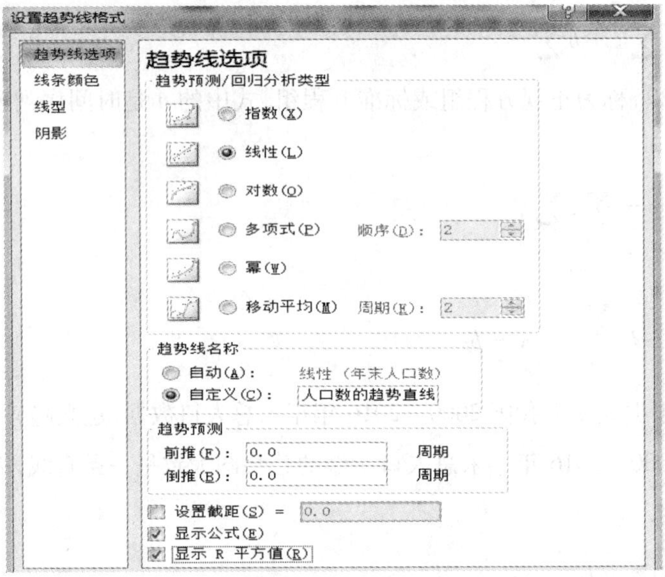

图 4.4 Excel 中的"设置趋势线格式"对话框

根据图 4.4 中"添加趋势线"后的输出结果可得,本例所求线性趋势方程为:

$$\hat{y}_t = 126\ 376 + 699.7\,t$$

趋势方程不仅可以测定出时间序列中各期的趋势值,而且还具有延伸外推的功能,可以根据趋势方程进行预测。例如,根据上述线性趋势方程,可预测我国 2020 年年末总人口数为:

$$\hat{y}_{21} = 126\ 376 + 699.7 \times 21 = 141\ 069.7(\text{万人})$$

根据线性趋势方程进行预测是假定现象始终按照一定增长量变化,一般不宜做长期预测。

§4.4.3 时间序列的季节变动测定

测定季节变动的意义主要在于掌握现象的季节变动规律,为决策和预测提供重要依据,此外也是为了从原时间序列中剔除季节变动的影响,以便更好地分析其他因素。

在时间序列的乘法模型中,季节变动的测定和分离都是通过季节指数来实现的。测定季节变动的方法很多,按是否消除长期趋势的影响来划分,可分为两大类:一是不考虑长期趋势的影响,直接根据原时间序列去测定季节变动,常用方法是同期平均法;二是先剔除长期趋势,然后根据趋势剔除后的序列来测定季节变动。

测定季节变动一般至少要有三个以上季节周期的数据。例如,月份数据就要有不少于三年即36个月的数据。如果季节变动的规律性不是很稳定,则所需要的数据还应更多一些为好。测定季节变动的基本原理和方法也适用于周期小于一年的各种准季节变动。

(1)测定季节变动的同期平均法

同期平均法适合呈水平趋势的时间序列。其一般步骤是:

第一,计算同期平均数 $\bar{y}_i$($i=1,2,\cdots,L$;L 为一年所包含的时序数据项数),其目的是消除不规则变动的影响。

第二,计算全部数据的总平均数 $\bar{y}$,用以代表整个时间序列的水平趋势值。

第三,计算季节指数 S_i,它等于同期平均数与总平均数的比率,即:

$$S_i=\frac{\bar{y}_i}{\bar{y}}\times 100\% \tag{4.31}$$

同期平均法计算的季节指数实质是:各季节水平相对于总平均水平的相对变化程度。当季节指数 S_i 大于100%,表示所研究现象在第 i 期处于旺季;反之,当季节指数 S_i 小于100%,表示第 i 期是个淡季。

季节指数应满足一个平衡关系:在一个完整的季节周期中,季节指数的总和等于季节周期的时间项数,或季节指数的均值等于1,即:

$$\sum_{i=1}^{L}S_i=L \quad 或 \quad \bar{S}=\frac{1}{L}\sum_{i}^{L}S_i=100\% \tag{4.32}$$

若计算结果不满足式(4.32),就需要对其进行调整即归一化处理。这种调整实质上就是将误差平均分摊到各期季节指数中去。调整方法是用各项季节指数除以全部季节指数的均值,或者说,将所求的各项季节指数都乘以一个调整系数,即可得到最终所求的季节指数。此调整系数的公式为:

$$季节指数的调整系数=\frac{1}{\bar{S}}=L\div\sum_{i=1}^{L}S_i \tag{4.33}$$

【例4-9】根据表4.4某大学用电量计算季节指数。

4 时间序列分析

为了计算方便，一般要先将各年同一季节的数据对齐排列，如表4.5所示。

表4.5　　某大学用电量及季节指数计算表

	第一年	第二年	第三年	第四年	同月平均 $\bar{y}_i$	季节指数 $\bar{y}_i/\bar{y}$
1月	826 400	906 000	908 800	812 800	863 500	1.066 3
2月	573 600	735 200	674 400	442 000	606 300	0.748 7
3月	444 400	352 000	358 000	492 000	411 600	0.508 3
4月	988 000	862 400	835 600	835 200	880 300	1.087 1
5月	823 600	876 800	1 007 200	883 200	897 700	1.108 6
6月	1 110 000	1 161 200	1 075 600	866 800	1 053 400	1.300 9
7月	1 104 000	1 008 400	1 138 800	1 011 200	1 065 600	1.315 9
8月	573 200	699 200	512 400	613 600	599 600	0.740 5
9月	636 400	632 000	547 600	530 000	586 500	0.724 3
10月	732 000	802 800	926 400	877 600	834 700	1.030 8
11月	1 003 600	1 065 600	963 600	994 000	1 006 700	1.243 2
12月	1 003 200	922 800	870 800	848 800	911 400	1.125 5
平　均					809 775	1.000 0

根据各月的季节指数可以绘制出季节指数图（见图4.5）。从表4.5和图4.5可以看出，某大学用电量的旺季是夏季和冬季，其中用电量最多的季节是7月，比全年高出31.59%；用电量最少的季节是3月，仅为全年的50.83%。

由于同期平均法计算的季节指数实是相对于平均水平的变化程度，所以，欲对现象的未来发展做出预测，只需要以一个水平趋势值乘以相应的季节比率即可。公式为：

$$\hat{y}_{t+i} = \hat{a} \times \hat{S}_i \quad (i=1,2,\cdots,L) \tag{4.34}$$

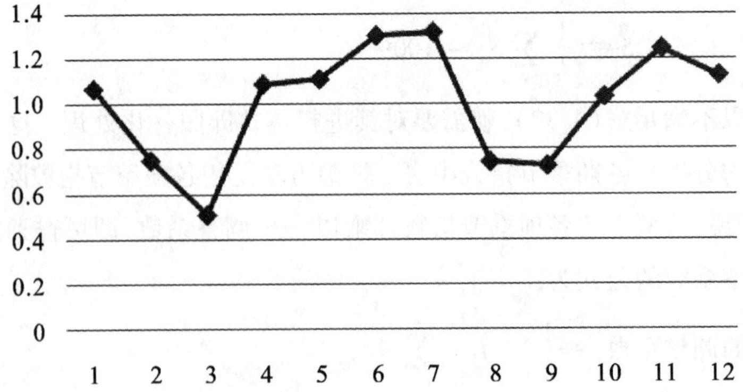

图4.5　某大学用电量季节指数图

若时间序列呈现明显的上升或下降趋势，同期平均法计算的季节指数就不够准确了。例如，当存在上升趋势时，即使完全没有季节变动，按同期平均法计算，年末季节指数也会大于年初季节指数。所以，按同期平均法计算，当现象呈现明显上升趋势时，总会高估年末季节指数，相应地低估年初季节指数；相反，若现象呈现明显的下降趋势，则会高估年初季节指数，相应地低估年末季节指数。为了避免这种局限性，测定季节变动时就应先剔除长期趋势。

(2)测定季节变动的趋势剔除法

该法适合于"趋势季节模式" $Y=T\cdot S\cdot I$。趋势剔除法的步骤是：首先测定出时间序列各期的趋势值，然后从原序列中消除趋势成分，最后再通过平均的方法消除不规则变动，从而测定出季节变动程度。

长期趋势的测定可用移动平均法，也可用趋势方程拟合法，还可以先采用移动平均法修匀时间序列，再采用趋势方程拟合法。但在计算季节指数的过程中，测定长期趋势最简便、最常用的方法是移动平均法。这是因为在长期趋势、季节变动和不规则变动三种因素共存时，若用趋势方程拟合法直接对原序列计算趋势值，会因为季节变动的影响而使趋势值不准确。而移动平均法可以同时消除不规则变动和季节变动的影响，只反映出长期趋势。

移动平均趋势剔除法计算季节指数的具体方法和步骤如下：

①计算移动平均值(M)。对原序列计算平均项数等于季节周期 L 的中心化移动平均值。通过这样的移动平均可消除原序列中的季节变动 S 和不规则变动 I。若序列不包含循环变动即 $Y=T\cdot S\cdot I$，则所求移动平均值就作为长期趋势值，即 $M=T$。(若时间序列也包含循环变动即 $Y=T\cdot S\cdot C\cdot I$，则所求移动平均值包含着趋势和循环变动，即 $M=T\cdot C$，可称之为趋势—循环值)。

②剔除原序列中的趋势成分。用原数列各项数据 Y 除以对应的移动平均值(M)，得到消除了长期趋势的序列，亦即得到只含季节变动和不规则变动的比率序列：

$$\frac{Y}{M}=\frac{T\cdot S\cdot I}{T}=S\cdot I$$

③消除不规则变动 I。将各年同期(同月或同季)的比率($S\cdot I$)进行简单算术平均，可消除不规则变动 I，从而可得到季节指数 S。

④调整季节指数。若经由上述过程所得的季节指数不满足式(4.32)，需要根据式(4.33)计算调整系数对所求季节指数进行归一化处理。

【例4-10】根据我国2013年1月至2017年12月流通中现金 M_0(见表4.6第(1)栏)数据计算季节指数。

表 4.6　我国 2013 年 1 月至 2017 年 12 月流通中现金及趋势剔除计算表

年月	M_0（亿元）(1)	12 项移动平均值（亿元）(2)	剔除长期趋势的 M_0 (3)=(1)/(2)	年月	M_0（亿元）(1)	12 项移动平均值（亿元）(2)	剔除长期趋势的 M_0 (3)=(1)/(2)
2013.01	62 449.63			2015.07	59 010.71	61 968.58	0.952 3
2013.02	60 313.65			2015.08	59 061.79	62 219.05	0.949 3
2013.03	55 460.52			2015.09	61 022.97	62 186.83	0.981 3
2013.04	55 607.15			2015.10	59 900.48	62 450.67	0.959 2
2013.05	54 431.39			2015.11	60 328.24	62 756.31	0.961 3
2013.06	54 063.91			2015.12	63 216.58	63 086.29	1.002 1
2013.07	54 412.78	57 148.99	0.952 1	2016.01	72 526.51	63 439.62	1.143 2
2013.08	54 925.35	57 817.58	0.950 0	2016.02	69 421.50	63 800.38	1.088 1
2013.09	56 492.53	58 020.75	0.973 7	2016.03	64 651.21	64 151.98	1.007 8
2013.10	55 595.72	58 265.63	0.954 2	2016.04	64 403.17	64 500.32	0.998 5
2013.11	56 441.27	58 541.80	0.964 1	2016.05	62 780.71	64 870.73	0.967 8
2013.12	58 574.44	58 812.92	0.995 9	2016.06	62 818.89	65 273.33	0.962 4
2014.01	76 488.60	59 055.46	1.295 2	2016.07	63 276.01	66 071.64	0.957 7
2014.02	62 320.95	59 305.71	1.050 8	2016.08	63 454.70	66 754.07	0.950 6
2014.03	58 329.30	59 531.74	0.979 8	2016.09	65 068.62	67 014.90	0.971 0
2014.04	58 615.54	59 717.09	0.981 6	2016.10	64 214.93	67 345.87	0.953 5
2014.05	58 051.11	59 887.64	0.969 3	2016.11	64 903.50	67 701.79	0.958 7
2014.06	56 951.05	60 041.07	0.948 5	2016.12	68 303.87	68 064.76	1.003 5
2014.07	57 346.50	59 550.94	0.963 0	2017.01	86 598.61	68 398.58	1.266 1
2014.08	57 997.61	59 431.24	0.975 9	2017.02	71 727.69	68 729.80	1.043 6
2014.09	58 844.99	60 022.73	0.980 4	2017.03	68 605.05	69 095.48	0.992 9
2014.10	57 691.64	60 263.46	0.957 3	2017.04	68 392.60	69 457.80	0.984 7
2014.11	58 438.53	60 396.03	0.967 6	2017.05	67 333.21	69 780.11	0.964 9
2014.12	60 259.53	60 507.62	0.995 9	2017.06	66 977.68	70 032.67	0.956 4
2015.01	63 040.51	60 645.84	1.039 5	2017.07	67 129.04		
2015.02	72 896.19	60 759.52	1.199 7	2017.08	67 550.99		
2015.03	61 949.81	60 894.61	1.017 3	2017.09	69 748.54		
2015.04	60 772.46	61 077.40	0.995 0	2017.10	68 230.69		
2015.05	59 075.97	61 248.17	0.964 5	2017.11	68 623.16		
2015.06	58 604.26	61 450.12	0.953 7	2017.12	70 645.60		

资料来源：中国人民银行网站，http://www.pbc.gov.cn/diaochatongjisi/116219/116319/index.html.

由图 4.5 可见，我国 M_0 从 2013 年 1 月至 2017 年 12 月的变动，既有季节变动，又存在长期趋势，因此计算季节指数应该剔除长期趋势。剔除长期趋势的过程如表 4.6 第

(2)栏和第(3)栏所示。

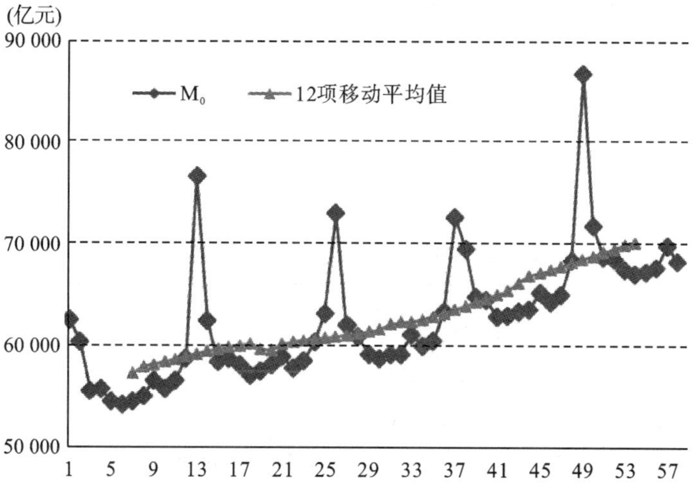

图 4.5　2013 年 1 月至 2017 年 12 月我国 M_0 的趋势图

根据表 4.6 中第(3)栏数据计算季节指数的过程如表 4.7 所示。

表 4.7　　我国 M_0 的季节指数计算表

月份	2013 年	2014 年	2015 年	2016 年	2017 年	合计	同月平均	季节指数
1		1.295 2	1.039 5	1.143 2	1.266 1	4.744 0	1.186 0	1.185 4
2		1.050 8	1.199 7	1.088 1	1.043 6	4.382 2	1.095 6	1.095 0
3		0.979 8	1.017 3	1.007 8	0.992 9	3.997 8	0.999 5	0.998 9
4		0.981 6	0.995 0	0.998 5	0.984 7	3.959 8	0.990 0	0.989 4
5		0.969 3	0.964 5	0.967 8	0.964 9	3.866 5	0.966 6	0.966 1
6		0.948 5	0.953 7	0.962 4	0.956 4	3.821 0	0.955 3	0.954 7
7	0.952 1	0.963 0	0.952 3	0.957 7		3.825 1	0.957 7	0.957 2
8	0.950 0	0.975 9	0.949 3	0.950 6		3.825 8	0.958 6	0.958 1
9	0.973 7	0.980 4	0.981 3	0.971 0		3.906 4	0.977 6	0.977 0
10	0.954 2	0.957 3	0.959 2	0.953 5		3.824 2	0.956 7	0.956 2
11	0.964 1	0.967 6	0.961 3	0.958 7		3.851 7	0.962 5	0.962 0
12	0.995 9	0.995 9	1.002 1	1.003 5		3.997 4	1.000 5	1.000 0

计算表明,我国流通中现金 M_0 的旺季是 1 月,其次是 2 月和 3 月;淡季是 6 月,其次是 10 月。

趋势剔除法计算的季节指数,实质上是相对于长期趋势的变化程度,所以,欲对现象的未来发展做出预测,需首先预测出长期趋势值,再乘以相应的季节指数,预测公式为:

$$\hat{y}_t = \hat{T}_t \times \hat{S}_{对应季节} \tag{4.35}$$

(3)季节影响的调整

所谓季节影响的调整,指根据季节指数从原时间序列中剔除季节变动的影响,以更清晰地显示其他因素的变动特征。

如欲反映我国 2013 年 1 月至 2017 年 12 月流通中现金 M_0 的长期趋势,可以利用表 4.7 的季节指数去除表 4.6 中 M_0 的实际值,从而得到剔除季节影响后的 M_0 的时间序列(见表 4.8)。

表 4.8　剔除了季节影响的流通中现金时间序列

年月	M_0(亿元)	季节指数	剔除季节影响的 M_0(亿元)	年月	M_0(亿元)	季节指数	剔除季节影响的 M_0(亿元)
(甲)	(1)	(2)	(3)=(1)/(2)	(甲)	(1)	(2)	(3)=(1)/(2)
2013.01	62 449.63	1.185 4	52 664.56	2015.07	59 010.71	0.957 2	61 597.82
2013.02	60 313.65	1.095 0	55 065.87	2015.08	59 061.79	0.958 1	61 767.19
2013.03	55 460.52	0.998 9	55 499.37	2015.09	61 022.97	0.977 0	62 491.52
2013.04	55 607.15	0.989 4	56 185.86	2015.10	59 900.48	0.956 2	62 663.96
2013.05	54 431.39	0.966 1	56 323.87	2015.11	60 328.24	0.962 0	62 659.16
2013.06	54 063.91	0.954 7	56 623.28	2015.12	63 216.58	1.000 0	63 267.19
2013.07	54 412.78	0.957 2	56 798.31	2016.01	72 526.51	1.185 4	61 162.51
2013.08	54 925.35	0.958 1	57 441.28	2016.02	69 421.50	1.095 0	63 381.27
2013.09	56 492.53	0.977 0	57 852.05	2016.03	64 651.21	0.998 9	64 696.50
2013.10	55 595.72	0.956 2	58 160.60	2016.04	64 403.17	0.989 4	65 073.43
2013.11	56 441.27	0.962 0	58 622.01	2016.05	62 780.71	0.966 1	64 963.48
2013.12	58 574.44	1.000 0	58 621.34	2016.06	62 818.89	0.954 7	65 792.72
2014.01	76 488.60	1.185 4	64 503.79	2016.07	63 276.01	0.957 2	66 050.11
2014.02	62 320.95	1.095 0	56 898.52	2016.08	63 454.70	0.958 1	66 361.33
2014.03	58 329.30	0.998 9	58 370.16	2016.09	65 068.62	0.977 0	66 634.53
2014.04	58 615.54	0.989 4	59 225.56	2016.10	64 214.93	0.956 2	67 177.46
2014.05	58 051.11	0.966 1	60 069.44	2016.11	64 903.50	0.962 0	67 411.20
2014.06	56 951.05	0.954 7	59 647.10	2016.12	68 303.87	1.000 0	68 358.56
2014.07	57 346.50	0.957 2	59 860.65	2017.01	86 598.61	1.185 4	73 029.69
2014.08	57 997.61	0.958 1	60 654.27	2017.02	71 727.69	1.095 0	65 486.80
2014.09	58 844.99	0.977 0	60 261.13	2017.03	68 605.05	0.998 9	68 653.11
2014.10	57 691.64	0.956 2	60 353.22	2017.04	68 392.60	0.989 4	69 104.38
2014.11	58 438.53	0.962 0	60 696.44	2017.05	67 333.21	0.966 1	69 674.27
2014.12	60 259.53	1.000 0	60 307.78	2017.06	66 977.68	0.954 7	70 148.39
2015.01	63 040.51	1.185 4	53 162.85	2017.07	67 129.04	0.957 2	70 072.07
2015.02	72 896.19	1.095 0	66 553.63	2017.08	67 550.99	0.958 1	70 645.25

表4.8(续)

年月	M_0（亿元）	季节指数	剔除季节影响的 M_0（亿元）	年月	M_0（亿元）	季节指数	剔除季节影响的 M_0（亿元）
（甲）	（1）	（2）	（3）=（1）/（2）	（甲）	（1）	（2）	（3）=（1）/（2）
2015.03	61 949.81	0.998 9	61 993.21	2017.09	69 748.54	0.977 0	71 427.08
2015.04	60 772.46	0.989 4	61 404.93	2017.10	68 230.69	0.956 2	71 378.48
2015.05	59 075.97	0.966 1	61 129.94	2017.11	68 623.16	0.962 0	71 333.85
2015.06	58 604.26	0.954 7	61 378.57	2017.12	70 645.60	1.000 0	70 645.60

本章小结

1. 时间序列是把同一现象在不同时间的观察数据按时间先后顺序排列起来所形成的数列，它是动态分析的基础。时间序列的分析有指标分析和构成因素分析两类。时间序列的影响因素可归结为长期趋势、季节变动、循环变动和不规则变动等四种，常以乘法模型为基础来进行时间序列的分解和组合。

2. 水平分析指标主要有平均发展水平、增减量和平均增减量。不同类型的时间序列计算平均发展水平的方法有所不同。增减量有逐期增减量和累计增减量之分。累计增减量等于相应逐期增减量之和。平均增减量是观察期内各个逐期增减量的平均数。速度分析指标有发展速度、增减速度、平均发展速度和平均增减速度。定基发展速度也即发展总速度，它等于相应时期内各环比发展速度的连乘积。增减速度等于发展速度减 1。平均发展速度是环比发展速度的平均数，其计算方法通常采用几何平均法。平均增减速度等于平均发展速度减 1。

3. 长期趋势的分析方法主要有平滑法（移动平均、指数平滑法）和方程拟合法。移动平均是选择一定的项数逐项递移，对原序列计算一系列移动平均数以揭示现象长期趋势的方法。移动平均的主要特点是：对序列具有平滑修匀作用，能消除序列中的季节周期（平均项数与季节周期长度必须一致）。指数平滑法是通过计算一系列指数平滑值来消除序列中的不规则变动，揭示现象基本趋势的方法。指数平滑法能充分利用所有数据信息，并对近期数据赋予更大权数。方程拟合法是利用某种数学方程对原序列中的趋势进行拟合，揭示其长期趋势的一种方法；线性趋势方程中参数的估计通常采用最小二乘法。

4. 季节比率的测定方法：原资料平均法和趋势剔除法。原资料平均法适用于水平趋势的季节序列；趋势剔除法适用于有明显上升（下降）趋势的季节序列 。季节比率的实质是季节变动所引起的趋势值增加或减少的一种相对程度；当没有季节因素影响时，季节比率为 1 或 100% 。序列的季节调整即以原始数据除以对应季节的季节比率，目的是从时间序列中去掉季节影响，便于分析。

5. 利用Excel的函数或公式功能可以很方便地计算时间序列分析中的各项指标,利用分析工具库中的“移动平均”“指数平滑”“回归”或图表中的添加趋势线功能,可以测定时间序列的长期趋势。

思考题与练习题

4-1 由时点序列计算平均发展水平需要什么假定?

4-2 为什么计算相对数或平均数时间序列的平均发展水平时,不能将各项相对数或平均数简单平均去计算?

4-3 时间序列有哪些速度分析指标?它们之间的关系是什么?

4-4 计算平均发展速度的几何平均法为什么又称为水平法?

4-5 为什么要将速度分析与水平分析相结合?

4-6 测定长期趋势的移动平均法和趋势方程拟合法各有什么特点?

4-7 测定季节变动的“原资料平均法”和“趋势剔除法”的基本步骤和原理是什么?

4-8 某公司报告年固定资产净值的有关数据如下表:

	1月1日	3月1日	5月31日	10月1日	12月31日
固定资产净值(万元)	530	520	640	670	580

试计算公司报告年固定资产总额的平均水平。

4-9 某商业企业某年第一季度的销售额、库存额及流通费用额资料如下:

	1月	2月	3月	4月
销售额(万元)	2 880	2 170	2 340	2 380
月初库存额(万元)	1 980	1 310	1 510	1 560
流通费用额(万元)	230	195	202	210

试计算第一季度的月平均商品流转次数和商品流通费用率(提示:商品流转次数=销售额÷平均库存额;商品流通费用率=流通费用额÷销售额)。

4-10 已知某地区居民储蓄存款余额资料如下表所示:

年份	2013	2014	2015	2016	2017
年末储蓄存款余额(万元)	400	440	450	504	512

要求根据上表数据计算:

(1)储蓄存款余额的年平均水平、年平均增长量和年平均增长率;

(2)根据所求的平均增长速度,预测2020年年末的储蓄存款余额是多少。

4-11 某企业产品销售量历年的增长速度如下:

	第1年	第2年	第3年	第4年	第5年	第6年
环比增长速度(%)	7		6.6			7
定基增长速度(%)		15		30		39

试求六年间年平均增长速度,并指出增长最快的是哪一年。

4-12 某服装厂2017年服装生产量为100万件。试求:

(1)预计从2018年起,生产量每年递增10%,到2020年该厂服装生产量可达到多少?

(2)若希望2025年生产量在2017年基础上翻一番,则从2018年起每年应以多快的速度增长才能达到预定目标?平均每月递增的速度又该是多少?

4-13 有五年各月的人身意外伤害保险费如下表(单位:百万元):

年＼月	1	2	3	4	5	6	7	8	9	10	11	12
第一年	282	256	750	535	470	845	302	395	1 376	1 473	673	727
第二年	310	486	740	544	449	786	407	419	1 232	892	607	611
第三年	375	254	910	666	567	847	498	464	1 333	807	614	536
第四年	408	403	1 014	736	700	1 304	528	626	1 457	895	886	1 000
第五年	501	669	1 211	995	881	1 368	718	810	1 690	1 124	957	782

要求:

(1)分别用同期平均法和移动平均趋势剔除法计算季节指数。

(2)比较说明两种方法计算结果的差别及其原因。

(3)用所求季节指数调整原时间序列,对调整后的时间序列用最小二乘法拟合线性趋势方程。

(4)根据所求季节指数和趋势方程,预测第六年各月及全年的保险费。

5

统计指数与综合评价

国家统计局定期公布一些常用的价格指数,以此作为反映我国经济活动的晴雨表。例如,居民消费价格指数、商品零售价格指数、工业生产者价格指数、70个大中城市商品住宅销售价格指数等。其中,运用最广泛的是居民消费价格指数,它常常用于通货膨胀的测度。国家统计局公布的数据显示,2018年4月份,全国居民消费价格同比上涨1.8%。其中,城市上涨1.8%,农村上涨1.7%;食品价格上涨0.7%,非食品价格上涨2.1%;消费品价格上涨1.3%,服务价格上涨2.6%。

什么是指数?价格指数与价格涨跌百分比是什么关系?指数应如何计算?指数还有什么作用?对这些问题的解答正是本章的主要内容。本章将重点介绍指数的编制原理、应用及几种常用的价格指数,此外也简要介绍对现象进行多指标综合评价的基本原理和常用方法。

5.1 统计指数的概念、作用和分类

§5.1.1 统计指数的概念

指数起源于18世纪中叶欧洲资本主义快速发展时期。此后两百多年,指数应用和指数理论不断发展,逐步扩展到社会经济领域的各个方面。指数是社会经济统计中历史最悠久、应用最广泛、与社会经济生活关系最密切的一种统计指标和分析方法。随着指数理论的不断发展,对指数的理解也在不断深化和更新。一般对指数有广义和狭义两种理解。

广义的指数是指一切说明社会经济现象数量变动或差异程度的相对数,英国百科全书的定义是:“指数是用来测定一个变量对于一个特定变量值大小的相对数。”如第三章中讲的相对数都可以称为指数。

狭义的指数是指综合反映复杂现象总体数量变动或差异程度的特殊相对数。所谓复杂现象总体是指那些由许多度量单位不同、性质各异的个体组成、数量上不能直接加总的现象总体。例如,居民在一定时期所消费的食品、日用品、服务等项目,其数量不能直接相加;这些食品、日用品、服务项目等的价格虽然都以“元”计量,但也不能直接相加。因此,居民消费总量和居民消费价格是复杂现象总体。要反映居民消费数量和价格的变动,就必须想办法使不能相加的现象变成能够相加的、能够对比的现象,这样得到的特殊相对数就是狭义的指数。从指数理论和方法上看,所研究的主要是狭义的指数,因此,若没有特别说明,指数均指狭义的指数。

指数具有综合性和平均性的特点。

所谓综合性,指狭义指数是综合反映多个个体构成的复杂现象总体的变动。综合性说明指数是一种特殊的相对数,它是由一组变量或项目综合对比形成的。如居民消费价格指数不是反映一种消费品或是一种服务的价格的变动,而是综合反映居民所有生活消费项目价格的总变动。

所谓平均性,指狭义指数反映的总变动本质上是一种平均变动,是总体水平的一个代表性数值。由于各个个体的变动是参差不齐的,指数反映的这种总变动实际上是将个体差异抽象,反映总体中各个个体变动的一般程度。例如,2018年4月我国居民消费价格同比指数为101.8%,表示与2017年同期相比,平均说来我国居民各项生活消费价格上升了1.8%,但有的项目价格的上升幅度高于1.8%,如服务价格上涨了2.6%;而有的项目价格的上升幅度却低于1.8%,如食品价格只上涨了0.7%。

§5.1.2 统计指数的作用

(1)综合反映复杂现象总体变动的方向和程度

统计研究社会经济现象的变动时,往往要说明由许多个体组成的总体的综合变动,如全部产品产量的总变动、全部商品价格的总变动。而这些复杂现象总体是不能直接对比的,必须根据狭义指数的原理,将不能相加的现象变成能够相加的现象再对比,从而综合反映复杂现象总体变动的方向和程度。

(2)利用指数体系对现象总额或总平均数变动进行因素分析

许多社会经济现象的总额或总平均数变动受若干因素变动的影响,例如,产品总成本的变动受产量和单位产品成本变动的共同影响;商品销售额的变动受商品销售量和价格变动的共同影响;总平均工资受各类别职工人数或比重和各类别职工平均工资变动的共同影响。通过指数体系可以对现象的总变动进行因素分析,揭示各个影响因素的变动方向和变动程度以及对现象总额或总平均数变动的影响方向和影响程度。

§5.1.3 统计指数的分类

(1)按反映现象的范围划分——个体指数和总指数

个体指数是反映单个事物变动的相对数,即广义的指数。如某种产品的产量指数,某种商品销售量指数,某种产品出厂价格指数,某种商品销售价格指数,等等。事实上,前述的发展速度就是一种个体指数,总额指数也可归为个体指数。

总指数是反映由多个个体构成、个体数量上不能直接加总的复杂现象总体综合变动的相对数,即狭义的指数。如多种产品的产量指数,多种商品的销售量指数,多种产品的出厂价格指数,多种商品的价格指数,等等。

在总体分组的情形下,常常还需要编制介于个体指数与总指数之间的组(类)指数,反映总体中某一组(类)现象的变动。其计算方法与总指数相同,只是计算范围不同而已。当由个体指数计算类指数时,类指数实质上是总指数;当由类指数计算总指数时,将类指数视为个体指数。

(2)按反映现象的特征划分——数量指标指数和质量指标指数

在统计指数理论中,把所要反映其数量变动的那个指标称为指数化指标。数量指标指数即指数化指标是数量指标,说明现象总规模、总水平的变动,如产品产量指数、商品销售量指数。质量指标指数即指数化指标是质量指标,说明现象对比关系、质量水平的变动,如价格指数、单位产品成本指数、劳动生产率指数等。

(3)按反映现象的对比基础划分——静态指数和动态指数

动态指数是用于说明现象在不同时间上对比的相对数,反映现象在时间上的变化过程和程度。常见的居民消费价格指数、零售价格指数、工业生产指数、股票价格指数等,都属于动态指数。动态指数按采用的对比基期的不同,又分为环比指数和定基指数。在一个动态指数数列中,若各期指数都以上期为对比基期,称为环比指数;若各期指数都以某一固定时期为对比基期,则称为定基指数。

静态指数是指数理论应用的扩展,包括空间对比指数和计划完成指数。空间指数是将同一时间不同空间(如不同国家、地区、部门或企业等)的同类现象水平进行对比,反映现象在空间上的差异程度。计划完成指数是将某种现象的实际水平与计划水平进行对比,反映计划的执行情况或完成与未完成的程度,如产品成本计划完成情况指数。

5.2 总指数的计算

总指数的基本计算方法有综合法和平均法两种,习惯上分别把按这两种方法计算的总指数称为综合法指数和平均法指数。

§5.2.1 综合法指数

(1)综合法指数的原理

综合法指数是总指数的基本计算方法,是通过两个时期的综合总量对比计算的总指数。其主要特点是先综合后对比。依据该特点编制综合法指数的基本程序为:首先加总个别现象的指数化指标,然后通过综合对比得到总指数。

如前所述,构成复杂现象总体的多个个体由于其使用价值不同、度量单位不同,不能直接加总,统计上称为不同度量。因此,要综合反映复杂现象总体的变动,就必须首先解决不同度量的问题,为此,我们需要引入一个媒介因素,使不同度量、不能加总的现象转化为同度量、可以加总的现象。这种媒介因素在统计指数理论中被称为同度量因素。

对于具体研究的现象,以什么因素为同度量因素,要视现象之间的客观经济联系来决定。很多社会经济现象之间的联系,都可以用一种经济方程式来表示,比如:

销售总额 = $\sum$(销售量 × 价格)

总成本 = $\sum$(产量 × 单位成本)

工业总产出 = $\sum$(工业产品产量 × 出厂价格)

这些经济方程式等号右边的两个现象都是复杂现象总体,就指标的性质而言,其中一个是数量指标,如销售量、产品产量等;另一个是质量指标,如价格、单位成本。它们是影响等号左边价值总量的因素。由于两者的乘积是价值量,而价值量是同度量的。因此,在计算指数时,经济方程式中的数量指标和质量指标互为同度量因素。

引入同度量因素以后,解决了复杂现象总体不能直接加总的问题,但价值总量的变动中不仅包含了所研究现象(指数化指标)的变动,也包含了同度量因素的变动。因此,在引进同度量因素的同时,还必须将同度量因素的时期固定下来,使所得的指数只反映指数化指标的变动。

归纳起来,综合法指数的基本编制原理是:第一,引入同度量因素,解决复杂现象总体的指数化指标不能直接加总的问题;第二,固定同度量因素,使综合总量的对比只反映指数化指标的变动。

(2)综合法指数的计算

本教材用 q 表示数量指标、p 表示质量指标、下标 1 表示报告期、下标 0 表示基期、I 表示个体指数、$\bar{I}$ 表示总指数。

【例 5-1】根据表 5.1(1)至(4)栏数据,计算销售量总指数和价格总指数。

表 5.1　　三种产品销售资料

产品名称	计量单位	销售量		价格(万元)		销售额(万元)			
		基期 q_0	报告期 q_1	基期 p_0	报告期 p_1	基期 q_0p_0	报告期 q_1p_1	假定 q_1p_0	假定 q_0p_1
(甲)	(乙)	(1)	(2)	(3)	(4)	(5)	(6)	(7)	(8)
A	件	1 200	1 000	2.0	2.3	2 400	2 300	2 000	2 760
B	台	1 000	1 200	0.8	0.9	800	1 080	960	900
C	吨	76	100	1.5	1.62	114	162	150	123.12
合计	—	—	—		—	3 314	3 542	3 110	3 783.12

资料栏　　　　计算栏

数量指标个体指数为 $I_q = q_1/q_0$。根据表 5.1 资料,三种产品的销售量个体指数分别为:1 000/1 200 × 100% ≈ 83.33%,1 200/1 000 × 100% = 120%,100/76 × 100% ≈ 131.58%。这表示报告期与基期相比三种产品的销售量分别减少 16.67%、增长 20% 及 31.58%。

我们的目的是要综合反映这三种产品销售量的总变动,因此需要计算销售量总指数。由于这些产品各有不同的使用价值和度量单位,而销售量这一实物量指标是不能直接加总的,因此需要引入价格为同度量因素,用销售量乘以价格,使不能加总的销售量转化为可以加总的销售额。同时,价格还起到权数的作用,因为价格直接影响销售额,价格高的产品其销售量乘以价格所得销售额相对较大,对销售量总指数的影响也较大,而价格低的产品其销售量乘以价格所得销售额相对较小,对销售量总指数的影响也较小。由此可见,同度量因素不仅具有同度量的作用,还具有权数的作用。因此,同度量因素也称为权数。

质量指标个体指数为 $I_p = p_1/p_0$。在表 5.1 中三种产品的价格个体指数分别为:2.3/2.0 ×100% =115%,0.9/0.8 ×100% =112.5%,1.62/1.5 ×100% =108%。这表示

报告期与基期相比三种产品的价格分别上升了15%、12.5%、8%。

要反映不同产品价格的总变动,要以各种产品的销售量为同度量因素,用价格乘以销售量,使不能加总的价格转化为可以加总的销售额。这里的销售量,既起到了同度量的作用,又起到了权数的作用。销售量高的产品其价格乘以销售量所得的销售额相对较大,对价格总指数的影响也较大;销售量低的产品其价格乘以销售量所得的销售额相对较小,对价格总指数的影响也较小。

在引进同度量因素的同时,还必须将同度量因素的时期固定下来。同度量因素固定的时期如何选择,是国内外统计理论界长期讨论的一个重要问题。

①把同度量因素固定在基期——拉氏指数。

1864年,德国经济学家埃蒂恩·拉斯贝尔斯(Etienne Laspeyres,1834—1913)提出,计算指数时把同度量因素固定在基期,称为拉斯贝尔斯指数,简称拉氏指数。将同度量因素固定在基期,所计算出的指数不包含同度量因素的变化,只单纯反映指数化指标的变化。拉氏数量指标指数和拉氏质量指标指数计算公式分别为:

拉氏数量指标指数:$$\bar{I}_q = \frac{\sum q_1p_0}{\sum q_0p_0} \tag{5.1}$$

拉氏质量指标指数:$$\bar{I}_p = \frac{\sum q_0p_1}{\sum q_0p_0} \tag{5.2}$$

根据表5.1(1)至(4)栏数据可以求得如表5.1(5)至(8)栏所示的产品销售额数据。拉氏数量指标指数如下:

$$\bar{I}_q = \frac{\sum q_1p_0}{\sum q_0p_0} \times 100\% = \frac{3\ 110}{3\ 314} \times 100\% \approx 93.84\%$$

计算结果的含义是:报告期三种产品的销售量总的来说(或平均来说)比基期下降6.16%。上述公式实质上是两个销售总额之比,分母$\sum q_0p_0$为基期实际销售总额,分子$\sum q_1p_0$为报告期销售的产品数量按基期价格计算的销售总额,即价格不变时报告期的销售总额。但是,分子与分母的差异是由于销售量变动而引起的,所以,上述计算结果还表示三种产品销售量平均下降6.16%,使销售总额也相应下降6.16%。

由于销售量下降而使销售总额减少的绝对额为:

$$\sum q_1p_0 - \sum q_0p_0 = 3\ 110 - 3\ 314 = -204\text{(万元)}$$

根据表5.1的资料,拉氏质量指标指数如下:

$$\bar{I}_p = \frac{\sum q_0p_1}{\sum q_0p_0} \times 100\% = \frac{3\ 783.12}{3\ 314} \times 100\% \approx 114.16\%$$

计算结果的含义是:报告期三种产品的价格总的(平均)来说比基期上涨14.16%,而价格上涨 14. 16%使销售总额增加 14. 16%。

由于价格上涨而增加的销售总额为：

$$\sum q_0p_1 - \sum q_0p_0 = 3\ 783.12 - 3\ 314 = 469.12(\text{万元})$$

②把同度量因素固定在报告期——帕氏指数。

1874 年，另一位德国经济学家哈曼·帕歇（Hermann Paasche，1851—1925）提出应该把同度量因素固定在报告期。该指数被称为帕歇氏指数，简称帕氏指数。帕氏指数的计算公式分别为：

$$\text{帕氏数量指标指数：}\bar{I}_q = \frac{\sum q_1p_1}{\sum q_0p_1} \tag{5.3}$$

$$\text{帕氏质量指标指数：}\bar{I}_p = \frac{\sum q_1p_1}{\sum q_1p_0} \tag{5.4}$$

将表 5. 1 的数据代入帕氏数量指标指数公式得：

$$\bar{I}_q = \frac{\sum q_1p_1}{\sum q_0p_1} \times 100\% = \frac{3\ 542}{3\ 783.12} \times 100\% \approx 93.63\%$$

销售量下降引起销售额减少的绝对额为：

$$\sum q_1p_1 - \sum q_0p_1 = 3\ 542 - 3\ 783.12 = -241.12(\text{万元})$$

将表 5. 1 的数据代入帕氏质量指标指数公式得：

$$\bar{I}_p = \frac{\sum q_1p_1}{\sum q_1p_0} = \frac{3\ 542}{3\ 110} \approx 113.89\%$$

由于物价上涨而增加的销售总额为：

$$\sum q_1p_1 - \sum q_1p_0 = 3\ 542 - 3\ 110 = 432(\text{万元})$$

一般说来，拉氏指数大于帕氏指数，即有：

$$\frac{\sum q_0p_1}{\sum q_0p_0} > \frac{\sum q_1p_1}{\sum q_1p_0} \qquad \frac{\sum q_1p_0}{\sum q_0p_0} > \frac{\sum q_1p_1}{\sum q_0p_1} \tag{5.5}$$

因为消费者面对相对价格的变化时，他们会用相对便宜的货物和服务替代那些相对昂贵的货物和服务，因此，用报告期销售量作为权数，价格上涨率比较高的商品其权重比基期有所下降，价格上涨率比较低的商品其权重比基期有所上升。由于指数所涉及的绝大多数情况价比与量比成负相关关系，从而拉氏指数往往大于帕氏指数，这种现象被称为“帕歇效应”。

拉氏指数和帕氏指数与总额指数有以下关系：

$$\frac{\sum q_1p_0}{\sum q_0p_0} \times \frac{\sum q_1p_1}{\sum q_1p_0} = \frac{\sum q_1p_1}{\sum q_0p_0} \tag{5.6}$$

$$\frac{\sum q_1p_1}{\sum q_0p_1} \times \frac{\sum q_0p_1}{\sum q_0p_0} = \frac{\sum q_1p_1}{\sum q_0p_0} \tag{5.7}$$

为了指数体系的成立和进行因素分析，在计算数量指标指数时，通常将同度量因素固定在基期，即用拉氏公式；计算质量指标指数时，通常将同度量因素固定在报告期，即用帕氏公式。本章以下的分析均按这种方法计算数量指标指数和质量指标指数。

③把同度量因素固定在某一特定时期——固定权数指数。

计算产品数量指数时，为了便于各个时期指数的相互对比，还可用可比价格或某一特定时期的价格 p_n 作为同度量因素，即：

$$\bar{I}_q = \frac{\sum q_1p_n}{\sum q_0p_n} \tag{5.8}$$

不变价格也称为固定价格，是用某一时期同类产品的平均价格作为固定价格来计算各个时期的产品价值，目的是消除各时期价格变动的影响，反映数量的变化。

§5.2.2 平均法指数

(1)平均法指数的原理

平均法指数是通过对个体指数加权平均求总指数的方法。

计算平均法指数要解决的主要问题是：采用哪种平均方法？权数如何确定？常用的平均方法主要包括算术平均法和调和平均法；权数的确定既要考虑经济意义，又要考虑获取资料的可行性，所以产生出基期总额（q_0p_0）、报告期总额（q_1p_1）和比重权数（w）等权数形式。

(2)平均法指数的计算

按指数化指标的性质和平均方法不同，平均法指数分为加权算术平均法指数和加权调和平均法指数。

①加权算术平均法指数。

加权算术平均法指数是采用算术平均形式对个体指数进行加权平均计算而得的。为了使分子、分母有明确的经济意义，权数应为基期总额。公式为：

$$\bar{I}_q = \frac{\sum \frac{q_1}{q_0} q_0p_0}{\sum q_0p_0} \tag{5.9}$$

$$\bar{I}_p = \frac{\sum \frac{p_1}{p_0} q_0p_0}{\sum q_0p_0} \tag{5.10}$$

【例 5-2】根据表 5.2 的有关资料，用加权算术平均法计算销售量及价格总指数。

表 5.2　　产品个体指数及销售额统计表

商品名称	计量单位	销售量个体指数 $I_q = q_1/q_0$	价格个体指数 $I_p = p_1/p_0$	销售额(万元)	
				基期 q_0p_0	报告期 q_1p_1
甲	件	0.833	1.15	2 400	2 300
乙	支	1.200	1.125	800	1 080
丙	台	1.316	1.08	114	162
合计	—	—	—	3 314	3 542

销售量总指数为：

$$\bar{I}_q = \frac{\sum \frac{q_1}{q_0} q_0 p_0}{\sum q_0 p_0} \times 100\% = \frac{0.833 \times 2\,400 + 1.2 \times 800 + 1.316 \times 114}{2\,400 + 800 + 114} \times 100\%$$

$$= \frac{3\,109.224}{3\,314} \times 100\% \approx 93.82\%$$

销售量变动对销售总额的影响绝对额为：

$$\sum \frac{q_1}{q_0} q_0 p_0 - \sum q_0 p_0 = 3\,109.224 - 3\,314 = -204.776(\text{万元})$$

价格总指数为：

$$\bar{I}_p = \frac{\sum \frac{p_1}{p_0} q_0 p_0}{\sum q_0 p_0} \times 100\% = \frac{1.15 \times 2\,400 + 1.125 \times 800 + 1.08 \times 114}{2\,400 + 800 + 114} \times 100\%$$

$$= \frac{3\,783.12}{3\,314} \times 100\% \approx 114.16\%$$

价格变动对销售总额的影响绝对额为：

$$\sum \frac{p_1}{p_0} q_0 p_0 - \sum q_0 p_0 = 3\,783.12 - 3\,314 = 469.12(\text{万元})$$

上述计算结果与前述拉氏指数结果完全相同。从计算公式(5.9)和(5.10)不难看出，在同一资料情况下，以基期总额 p_0q_0 为权数的加权算术平均法指数与拉氏综合法指数是一致的。两者只是计算形式不同，经济意义和计算结果完全相同。

加权算术平均法指数不仅可以用绝对数(总额)加权，也可以用比重加权。所谓比重权数的平均法指数是指采用比重对个体指数加权平均求总指数的方法，往往采用算术平均法。其基本形式为：

$$\bar{I} = \frac{\sum Iw}{\sum w} \tag{5.11}$$

其中，I 为个体指数：$I_p = p_1/p_0$；$I_q = q_1/q_0$。

采用比重权数的平均法指数，不仅可以避免每次编制指数收集权数资料的困难，而且也便于前后不同时期的对比，但无法根据分子与分母之差反映指数所引起的总额变化的绝对差额。

②加权调和平均法指数。

加权调和平均法指数是采用调和平均形式对个体指数进行加权平均计算总指数的方法。为了使分子、分母有明确的经济意义，权数应为报告期总额。公式为：

$$\bar{I}_q = \frac{\sum q_1 p_1}{\sum \frac{1}{\frac{q_1}{q_0}} q_1 p_1} \tag{5.12}$$

$$\bar{I}_p = \frac{\sum q_1 p_1}{\sum \frac{1}{\frac{p_1}{p_0}} q_1 p_1} \tag{5.13}$$

根据表 5.2 资料，用加权调和平均法计算的销售量总指数和价格总指数如下：

销售量总指数及销售量变动对销售总额的影响绝对额分别为：

$$\bar{I}_q = \frac{\sum q_1 p_1}{\sum \frac{1}{\frac{q_1}{q_0}} q_1 p_1} \times 100\% = \frac{2\,300 + 1\,080 + 162}{\frac{2\,300}{0.833} + \frac{1\,080}{1.20} + \frac{162}{1.316}} \times 100\% = \frac{3\,542}{3\,783.12} \times 100\%$$

$$\approx 93.63\%$$

$$\sum q_1 p_1 - \sum \frac{1}{\frac{q_1}{q_0}} q_1 p_1 = 3\,542 - 3\,783.12 = -241.12(\text{万元})$$

价格总指数及价格变动对销售总额的影响绝对额为：

$$\bar{I}_p = \frac{\sum q_1 p_1}{\sum \frac{1}{\frac{p_1}{p_0}} q_1 p_1} \times 100\% = \frac{2\,300 + 1\,080 + 162}{\frac{2\,300}{1.15} + \frac{1\,080}{1.125} + \frac{162}{1.08}} \times 100\% = \frac{3\,542}{3\,110} \times 100\% \approx 113.89\%$$

$$\sum q_1 p_1 - \sum \frac{1}{\frac{p_1}{p_0}} q_1 p_1 = 3\,542 - 3\,110 = 432(\text{万元})$$

可见，其计算结果与前面用综合法帕氏指数计算的结果完全相同。从计算公式(5.12)和公式(5.13)不难看出，就同一资料，以报告期总额 $q_1 p_1$ 为权数的加权调和平均法指数与帕氏综合法指数是一致的。两者只是计算形式不同，经济意义和计算结果完全相同。

§5.2.3 几种常用的价格指数

(1)居民消费价格指数(CPI)

居民消费价格指数,是反映居民家庭一般所购买的消费商品和服务价格水平变动情况的宏观经济指标。它是度量一组代表性消费商品及服务项目的价格水平随时间而变动的相对数,是各国政府都非常重视并且一直在编制的一种经济指数。居民消费价格指数同人们生活密切相关,同时,在整个国民经济价格体系中也具有重要的地位。它是进行经济分析和决策、价格总水平监测和调控及国民经济核算的重要指标,通常影响着政府关于财政、货币、消费、工资、社会保障等政策的制定,是研究人民生活水平、监测社会稳定性、进行宏观经济分析和调控的重要依据。其具体作用和应用主要体现在以下三个方面:

①测定通货膨胀。通货膨胀的严重程度用通货膨胀率来反映,说明一定时期内商品价格持续上升的幅度。通货膨胀一般用居民消费价格指数来测定。

②反映货币购买力的变动程度。货币购买力是指单位货币所能购买的消费品和服务的数量。价格上升意味着货币贬值,货币购买力下降;反之,价格下降意味着货币升值,货币购买力上升。货币购买力指数通常就是用居民消费价格指数的倒数来计算的。

③将价值量指标的名义值减缩为实际值,以消除价格变化的影响。如用名义工资除以居民消费价格指数,得到实际工资。类似地,可测定居民实际可支配收入水平和实际消费水平等。

我国居民消费价格指数采用固定加权算术平均指数方法编制。其主要编制过程和特点是:首先,把居民消费分为食品烟酒、衣着、居住、生活用品及服务、交通和通信、教育文化和娱乐、医疗保健、其他用品和服务等八大类。在这八大类中选择了 262 个基本分类。每个基本分类下设置一定数量的代表规格,作为经常性调查项目,各地每月调查 600 ~ 700 种规格产品价格。其次,根据城乡居民家庭生活支出构成确定权数,例如,食品大类的权数为食品类支出额占全部支出额的比重,粮食中类的权数为粮食支出在食品大类支出额所占的比重。最后,按从低到高的顺序,采用比重加权算术平均公式,依次编制各小类、中类的消费价格指数和消费价格总指数。

为了使居民消费价格指数调查所涉及的商品和服务更具有代表性,更及时准确地反映居民消费结构的新变化和物价的实际变动,居民消费价格指数需要进行基期轮换。按照统计制度要求,我国居民消费价格指数每五年进行一次基期轮换,2016 年 1 月开始使用 2015 年作为新一轮的对比基期,前三轮基期分别为 2000 年、2005 年和 2010 年。国家统计局目前公布的物价指数主要是以上年同月为基期的同比指数和本年一月至报告期的累计指数两种。该指数每月编制并公布,具有较强的及时性。为了满足各个层面分析的需要,不仅编制全国的,也编制分地区的、分城乡的居民消费价格指数。

(2)工业品出厂价格指数(PPI)

工业品出厂价格指数是反映一定时期内全部工业产品出厂价格总水平的变动趋势和程度的相对数,包括工业企业售给本企业以外所有单位的各种产品和直接售给居民用于生活消费的产品。该指数可以观察出厂价格变动对工业总产值及增加值的影响。

(3)工业生产者购进价格指数

工业生产者购进价格指数是反映工业企业为了组织生产,而从物资交易市场和能源、原材料生产企业购买原材料、燃料和动力产品时,所支付的价格的变动趋势和程度的统计指标,是扣除工业企业物质消耗成本中的价格变动影响的重要依据。目前,我国编制的工业生产者购进价格指数所调查的产品包括燃料动力、黑色金属、有色金属、化工、建材等九大类。

(4)农产品生产价格指数

农产品生产价格指数是反映一定时期内,农产品生产者出售农产品价格水平变动趋势及幅度的相对数。该指数可以客观反映全国农产品生产价格水平和结构变动情况,满足农业与国民经济核算需要。其中某代表品生产价格指数是通过对全部有出售该产品行为的调查单位的个体指数进行几何平均求得的,类价格指数是通过对其所属的类(或代表品)的价格指数进行加权平均求得的。季度累计价格指数的计算方法与分季指数的计算方法相同。该指数包括 4 个大类、15 个中类、30 个小类、180 种代表产品。

(5)固定资产投资价格指数

固定资产投资价格指数是反映一定时期内固定资产投资品及取费项目的价格变动趋势和程度的相对数。固定资产投资额是由建筑安装工程投资完成额、设备工器具购置投资完成额和其他费用投资完成额三部分组成的。编制固定资产投资价格指数应首先分别编制上述三部分投资的价格指数,然后采用加权算术平均法求出固定资产投资价格总指数。

该指数可以准确地反映固定资产投资中涉及的各类投资品和取费项目价格变动趋势和变动幅度,消除按现价计算的固定资产投资指标中的价格变动因素,真实地反映固定资产投资的规模、速度、结构和效益,为国家科学地制定、检查固定资产投资计划并提高宏观调控水平,为完善国民经济核算体系提供科学的、可靠的依据。

(6)房地产价格指数

房地产价格指数是反映一定时期内房地产价格变动趋势和程度的相对数,包括房屋销售价格指数、房屋租赁价格指数、土地交易价格指数和物业管理价格指数。这四套指数的计算方法相似,均采用由下到上逐级汇总的方法。

(7)股票价格指数

股票价格指数是根据精心选择的那些具有代表性和敏感性强的样本股票某时点平均市场价格计算的动态相对数,用以反映某一股市股票价格总的变动趋势。在成熟市场经济中，股价指数不仅是投资者决策的重要依据，也是国民经济的晴雨表。目前，世界各国的主要证券交易所都有自己的股票价格指数。股价指数的计算方法很多，一般采用综合指数形式，以发行量（或流通量）为权数，权数可以固定在基期（拉氏公式），也可以固定在报告期（帕氏公式），但大多数股价指数采用帕氏公式。

5.3 指数体系与因素分析

§5.3.1 指数体系的概念与作用

（1）指数体系的概念

指数体系是若干个有联系的指数形成的整体。社会经济现象之间总是相互联系的，每一现象的变动都受到其他因素的影响和制约。这些因素之间的联系往往可以通过指标之间的经济关系式反映出来，例如：商品销售额 = 销售量 × 销售价格。现象之间的这种联系反映在指数关系上就形成指数体系，例如：商品销售额指数 = 销售量指数 × 销售价格指数。指数体系包括相对数和绝对数两种形式：

$$\frac{\sum q_1p_1}{\sum q_0p_0} = \frac{\sum q_1p_0}{\sum q_0p_0} \times \frac{\sum q_1p_1}{\sum q_1p_0} \tag{5.14}$$

$$\sum q_1p_1 - \sum q_0p_0 = \left(\sum q_1p_0 - \sum q_0p_0\right) + \left(\sum q_1p_1 - \sum q_1p_0\right) \tag{5.15}$$

（2）指数体系的作用

①利用指数体系，可进行指数之间的相互推算。即根据有关现象的变动程度来推算另一现象的变动程度。如同样多的货币报告期所能购买的商品数量相当于基期的95%，则可推算是因为价格上升了5.26%：

$$价格指数 = \frac{购买额指数}{购买量指数} = \frac{100\%}{95\%} \approx 105.26\%$$

②利用指数体系进行因素分析。由于某种现象的变动是受多个影响因素变动共同作用的结果，利用指数体系，就可以分别测定各个影响因素对所研究现象的影响。在用于多因素分析时，习惯上又称为连锁关系替代法。这种方法不仅适用于分析现象总量的变动，也适用于分析分组情况下总平均数的变动。

§5.3.2 因素分析

所谓因素分析是利用指数体系从相对数和绝对数两方面分析现象的总变动受各个因素变动影响的情况。根据现象之间的客观联系确定指数体系，是因素分析的前提。

因素分析按分析对象的数量特征分为总量指标因素分析和平均指标因素分析；按影

响因素的多少,分为两因素分析和多因素分析。

因素分析的步骤是:首先计算现象总变动指数和绝对差额;其次分别计算影响其变动的数量指标指数及绝对差额和质量指标指数及绝对差额;最后分析影响因素的变动对现象总变动影响的程度。

(1)现象总量变动的两因素分析

对由两因素构成的现象总量,进行因素分析的步骤是:首先计算所研究现象变动的相对程度及绝对差额;其次分别计算两个影响因素指数及由此引起的所研究现象变动的绝对差额;最后列出三者之间的数量联系关系并进行文字的综合说明。

【例 5-3】根据表 5.2 资料,对该三种产品销售总额的变动及其原因进行分析。

销售额指数及绝对增减额:

$$I_{qp} = \frac{\sum q_1p_1}{\sum q_0p_0} \times 100\% = \frac{3\ 542}{3\ 314} \times 100\% \approx 106.88\%$$

$$\sum q_1p_1 - \sum q_0p_0 = 3\ 542 - 3\ 314 = 228(\text{万元})$$

销售量总指数及由于销售量变动引起的销售额绝对增减额:

$$\bar{I}_q = \frac{\sum q_1p_0}{\sum q_0p_0} \times 100\% = \frac{3\ 110}{3\ 314} \times 100\% \approx 93.84\%$$

$$\sum q_1p_0 - \sum q_0p_0 = 3\ 110 - 3\ 314 = -204(\text{万元})$$

价格总指数及由于价格变动引起销售额的绝对增减额:

$$\bar{I}_p = \frac{\sum q_1p_1}{\sum q_1p_0} \times 100\% = \frac{3\ 542}{3\ 110} \times 100\% \approx 113.89\%$$

$$\sum q_1p_1 - \sum q_1p_0 = 3\ 542 - 3\ 110 = 432(\text{万元})$$

计算结果表明,这三种产品销售额报告期比基期增长了 6.88%,增加 228 万元。这是由于三种产品的销售量平均下降了 6.16%,使销售额下降 6.16%,减少 204 万元;由于三种产品的价格平均上升了 13.89%,使销售额相应上升了 13.89%,增加 432 万元,这是两者共同影响的结果。三者之间的关系为:

106.88% = 93.84% × 113.89%

228(万元) = -204(万元) + 432(万元)

(2)现象总量变动的多因素分析

多因素分析就是将所研究现象分解为三个或三个以上的影响因素,分别测定各影响因素的变动程度及其影响作用。多因素分析原理和方法与两因素分析是一致的,但在分析过程中要注意两点:

第一,各因素的排列顺序应以它们之间的相互联系为依据,使两两相乘有经济意义,以便确定同度量因素所属的时期。

例如：利润额 = 销售量 × 单位商品销售价格 × 销售利润率

= 销售额 × 销售利润率

或 = 销售量 × 单位商品销售利润额

第二，测定其中某个因素的作用时，要使其余所有的因素固定下来。也就是说，计算各影响因素指数时，作为同度量因素的指标不是一个，而是两个或两个以上。在全部的影响因素中，数量指标和质量指标的区分是两两相对而言的，一般在计算质量指标指数时，把作为同度量因素的数量指标固定在报告期，在计算数量指标指数时，把作为同度量因素的质量指标固定在基期。

总量变动的因素分析方法也常常称为“连锁替代法”，其做法是从基期开始，依次将各因素的基期数替代为报告期数，并将替代后的总量与替代前的总量相比，即得各因素的总指数。其过程可以表示如下：

$$\sum a_0b_0c_0 \xrightarrow{a\text{变化}} \sum a_1b_0c_0 \xrightarrow{b\text{变化}} \sum a_1b_1c_0 \xrightarrow{c\text{变化}} \sum a_1b_1c_1$$

$$\bar{I}_a = \frac{\sum a_1b_0c_0}{\sum a_0b_0c_0} \quad \bar{I}_b = \frac{\sum a_1b_1c_0}{\sum a_1b_0c_0} \quad \bar{I}_c = \frac{\sum a_1b_1c_1}{\sum a_1b_1c_0}$$

【例 5 -4】以表 5.3（1）至（6）栏数据，对某企业销售利润总额的变动进行因素分析。

表 5.3　　某企业销售量、价格和利润率资料

产品名称	计量单位	销售量		价格（万元）		利润率（%）		利润额（万元）			
		q_0	q_1	p_0	p_1	m_0	m_1	$q_0p_0m_0$	$q_1p_1m_1$	$q_1p_0m_0$	$q_1p_1m_0$
（甲）	（乙）	（1）	（2）	（3）	（4）	（5）	（6）	（7）	（8）	（9）	（10）
A	辆	150	160	3.5	3.2	11	13	57.75	66.56	61.60	56.32
B	台	250	250	1.8	1.76	20	19	90.00	83.60	90.00	88.00
C	件	5 000	5 500	0.029	0.031	7	8	10.15	13.64	11.17	11.94
合计	—	—	—	—	—	—	—	157.90	163.80	162.77	156.26

资料栏（1）—（6）　　计算栏（7）—（10）

根据表 5.3（7）至（10）栏数据可以计算分析利润总额的变动及其原因。

利润总额指数及绝对增减额：

$$I_{qpm} = \frac{\sum q_1p_1m_1}{\sum q_0p_0m_0} \times 100\% = \frac{163.8}{157.9} \times 100\% \approx 103.7\%$$

$$\sum q_1p_1m_1 - \sum q_0p_0m_0 = 163.8 - 157.9 = 5.9\text{（万元）}$$

销售量总指数及销售量变动引起的利润绝对增减额：

$$\bar{I}_q = \frac{\sum q_1 p_0 m_0}{\sum q_0 p_0 m_0} \times 100\% = \frac{162.77}{157.9} \times 100\% \approx 103.08\%$$

$$\sum q_1 p_0 m_0 - \sum q_0 p_0 m_0 = 162.77 - 157.9 = 4.87(\text{万元})$$

价格总指数及价格变动引起的利润绝对增减额：

$$\bar{I}_p = \frac{\sum q_1 p_1 m_0}{\sum q_1 p_0 m_0} \times 100\% = \frac{156.26}{162.77} \times 100\% \approx 96.0\%$$

$$\sum q_1 p_1 m_0 - \sum q_1 p_0 m_0 = 156.26 - 162.77 = -6.51(\text{万元})$$

销售利润率总指数及销售利润率变动引起的利润绝对增减额：

$$\bar{I}_m = \frac{\sum q_1 p_1 m_1}{\sum q_1 p_1 m_0} \times 100\% = \frac{163.8}{156.26} \times 100\% \approx 104.8\%$$

$$\sum q_1 p_1 m_1 - \sum q_1 p_1 m_0 = 163.8 - 156.26 = 7.54(\text{万元})$$

四者之间的体系关系及分析说明：

$$\frac{\sum q_1 p_1 m_1}{\sum q_0 p_0 m_0} = \frac{\sum q_1 p_0 m_0}{\sum q_0 p_0 m_0} \times \frac{\sum q_1 p_1 m_0}{\sum q_1 p_0 m_0} \times \frac{\sum q_1 p_1 m_1}{\sum q_1 p_1 m_0} \tag{5.16}$$

即：103.7% = 103.08% × 96% × 104.8%

$$\sum q_1 p_1 m_1 - \sum q_0 p_0 m_0 = \left(\sum q_1 p_0 m_0 - \sum q_0 p_0 m_0\right) + \left(\sum q_1 p_1 m_0 - \sum q_1 p_0 m_0\right) + \left(\sum q_1 p_1 m_1 - \sum q_1 p_1 m_0\right) \tag{5.17}$$

即：5.9 万元 = 4.87 万元 − 6.51 万元 + 7.54 万元

以上计算表明，该企业报告期与基期相比销售利润总额增长了 3.7%，增加销售利润额 5.9 万元，这是由于三种产品的销售量增长使销售利润总额增长 3.08%，增加 4.87 万元；销售价格平均下降 4%，使销售利润额减少 6.51 万元；销售利润率平均上升 4.8%，使销售利润额增加 7.54 万元。这是三个因素共同作用的结果。从中可知该企业销售利润总额的增加，主要在于企业改善了经营管理，提高了销售利润率。

(3)总平均数变动的因素分析

在实际问题的分析中，常常需要对总体平均水平的变动进行对比分析，即编制总平均数指数。如编制平均工资指数、劳动生产率指数、平均价格指数等。

在分组条件下，总平均数的变动受两个因素的影响：一个是各组平均数变动的影响，另一个是总体结构变动的影响。例如，某单位职工平均工资的变动，既受各类职工工资水平（组平均工资）变动的影响，也受各类职工人数占职工总数比重变化的影响。如果我们分别将这两个因素中的一个视为数量指标、一个视为质量指标，则可以根据前述现象总量变动的因素分析原理，利用指数体系分析总平均数的变动及其各个因素的影响。

反映总平均数变动的指数称为总平均数指数,反映组平均数变动的指数称为组平均数指数或固定构成指数,反映总体结构变动的指数称为结构影响指数。以上三个指数所形成如下的指数体系:

总平均数指数 = 组平均数指数(固定构成指数) × 结构影响指数

$$\frac{\dfrac{\sum x_1 f_1}{\sum f_1}}{\dfrac{\sum x_0 f_0}{\sum f_0}} = \frac{\dfrac{\sum x_1 f_1}{\sum f_1}}{\dfrac{\sum x_0 f_1}{\sum f_1}} \times \frac{\dfrac{\sum x_0 f_1}{\sum f_1}}{\dfrac{\sum x_0 f_0}{\sum f_0}} \tag{5.18}$$

其绝对数体系关系是:

$$\frac{\sum x_1 f_1}{\sum f_1} - \frac{\sum x_0 f_0}{\sum f_0} = \left(\frac{\sum x_1 f_1}{\sum f_1} - \frac{\sum x_0 f_1}{\sum f_1}\right) + \left(\frac{\sum x_0 f_1}{\sum f_1} - \frac{\sum x_0 f_0}{\sum f_0}\right) \tag{5.19}$$

【例 5 -5】根据表 5.4 资料,分析某公司某季度劳动生产率的变动及其原因。

表 5.4　　某公司下属三个企业的某季度职工人数和劳动生产率资料

	职工人数（人）		季度劳动生产率（万元/人）		总产出（万元）		
	f_0	f_1	x_0	x_1	x_0f_0	x_1f_1	x_0f_1
一企业	500	600	3.0	3.1	1 500	1 860	1 800
二企业	420	440	4.0	4.3	1 680	1 892	1 760
三企业	300	240	8.0	8.4	2 400	2 016	1 920
合　计	1 220	1 280	4.573 8	4.506 3	5 580	5 768	5 480

总平均数指数及总平均劳动生产率增减绝对额:

$$\frac{\dfrac{\sum x_1 f_1}{\sum f_1}}{\dfrac{\sum x_0 f_0}{\sum f_0}} \times 100\% = \frac{\dfrac{5\ 768}{1\ 280}}{\dfrac{5\ 580}{1\ 220}} \times 100\% = \frac{4.506\ 3}{4.573\ 8} \times 100\% \approx 98.52\%$$

$$\frac{\sum x_1 f_1}{\sum f_1} - \frac{\sum x_0 f_0}{\sum f_0} = 4.506\ 3 - 4.573\ 8 = -0.067\ 5(\text{万元})$$

组平均数指数及其对总平均劳动生产率影响为:

$$\frac{\dfrac{\sum x_1 f_1}{\sum f_1}}{\dfrac{\sum x_0 f_1}{\sum f_1}} \times 100\% = \frac{\dfrac{5\ 768}{1\ 280}}{\dfrac{5\ 480}{1\ 280}} \times 100\% = \frac{4.506\ 3}{4.281\ 3} \times 100\% \approx 105.26\%$$

$$\frac{\sum x_1 f_1}{\sum f_1}-\frac{\sum x_0 f_1}{\sum f_1}=4.5063-4.2813=0.2250(\text{万元})$$

各企业职工人数结构变动及其对总平均劳动生产率的影响为：

$$\frac{\dfrac{\sum x_0 f_1}{\sum f_1}}{\dfrac{\sum x_0 f_0}{\sum f_0}}\times 100\%=\frac{\dfrac{5\,480}{1\,280}}{\dfrac{5\,580}{1\,220}}\times 100\%=\frac{4.2813}{4.5738}\times 100\%\approx 93.60\%$$

$$\frac{\sum x_0 f_1}{\sum f_1}-\frac{\sum x_0 f_0}{\sum f_0}=4.2813-4.5738=-0.2925(\text{万元})$$

三者的指数体系关系为：

98.52% =105.26% ×93.60%

-0.067 5(万元)=0.225 0(万元)-0.292 5(万元)

计算结果表明:该公司报告季度职工总平均劳动生产率比基期下降了1.48%,平均每个职工的产出较基期减少了0.067 5万元。其中由于各企业职工季度劳动生产率平均上升5.26%,使公司季度总平均劳动生产率上升了5.26%,每个职工的产出平均增加了0.225 0万元;由于各企业季度职工人数比重发生变动,使公司季度总平均劳动生产率下降6.40%,每个职工的产出平均减少0.292 5万元。这两个影响因素中,组平均数指数真实反映了各企业实际劳动生产率水平的变动程度。

5.4 综合评价

§5.4.1 综合评价的意义

综合评价是多指标综合评价的简称,指在建立评价指标体系的基础上,利用一定的方法,对各个指标作预处理,构建综合评价模型,求得综合评价值,据以对现象总体进行比较、分类和排序的一种统计分析方法。

综合评价主要是根据所研究的社会、经济、自然、科技等领域的同类事物在横向(同一时间)或同一事物在纵向(不同时间)上的表现,对其进行分类、比较和排序。社会、经济、自然、科技等现象总体总是由多因素构成的,要正确认识总体的状况,就要从不同的侧面和角度对其数量进行反映和分析,这就会形成由多个指标构成的指标体系。但是各个指标在不同时间或不同空间的数值大小各不相同,可能会出现相互矛盾、异向变化等复杂情况。为达到对总体的全面认识,就必须把反映被评价事物的多个指标的信息综合起来,得到一个综合指标,从而进行横向或纵向对比。多指标综合评价的基本作用在于对被评价对象在不同时间或空间的整体性分类、比较和排序。

综合评价广泛应用于综合国力、经济效益、社会进步、生活质量等领域,除了常规的计分法、指数法等外,也广泛采用模糊数学、多元统计、多目标决策等方法。

综合评价也有一定的局限性,主要表现在:①将若干个指标数值综合成一个数值,损失了原有指标带来的大量信息,使结果变得比较抽象。②主观性很强。一方面,选择什么指标、选择多少指标无一不体现研究者对社会经济状况的主观认识;另一方面,对社会经济现象进行综合评价时,多数是根据指标的重要性主观赋权,哪个指标更重要,不同的人,站在不同的角度、不同的地区,认识是不相同的,没有普遍认同的标准。③评价的结果不具有唯一性,选择不同的方法,可能有不同的结果,即使采用同样的方法,由于各指标的赋权不同,也有可能使评价的结果不同。

§5.4.2 综合评价的一般步骤

对不同空间和不同时间的社会经济现象进行整体性比较和排序,是政府、部门、行业等的决策者和管理者非常重视的问题,因此,在经济活动实践中,不断地提出新的综合评价方法。各种方法各有特点,但是基本步骤大致相同。其一般步骤是:

(1)明确综合评价的目的

任何经济活动分析都是针对一定的目的进行的,综合评价也不例外。只有目的明确,才能围绕这一目的进行影响因素分析,从而确定选择什么指标,采用什么方法。综合评价可以是对总体的全面评价,如对各个地区发展状况的评价,也可以是对某一专题的评价,如对各个地区宏观经济效益的评价。

(2)选择评价指标体系

社会经济现象总体受诸多因素的影响,单个评价指标,只能反映现象总体的某一方面或某一侧面的状况,为达到对总体的全面认识,就必须建立能反映总体各个方面的多指标组成的体系。指标的选择最重要的原则是目的性、可比性、低相关性和可操作性。

目的性是指所设计的评价指标及整个评价指标体系,必须紧紧围绕综合评价目的层层展开,使最后的评价结论明确反映评价意图。

可比性是指所选择的指标应该是评价对象普遍具有的特征,以保证评价指标体系对每个评价单位是可比的。一般不要选择一些具有明显倾向性的或特色性的指标。

低相关性是指避免过多相关性高的指标同时入选。有些指标的相关性比较高,如国内生产总值、国内生产总值增长速度、人均国内生产总值、人均国内生产总值增长速度。选择评价指标时,应尽可能多地包括相关程度比较低的指标,避免过多相关性高的指标同时入选,因为如果指标之间相关程度过高,实际上就等于加大了这类指标的权重。

可操作性是指一个综合评价指标体系要能够付诸实践、得以顺利实施。这就要求每个评价指标都能够准确、及时地收集到实际数据。虽然有些指标很重要,但是无法获取数据,或者即使可以估计出数据,而数据质量非常差,也不能纳入评价指标体系,而应该寻找其他更具操作性的指标。

(3)确定评价指标的同向化和同度量化方法

如上所述,评价指标体系是从不同的侧面说明总体的数量特征,具有不同的性质。有的指标从正面说明总体,属于正向指标;有的指标从反面说明总体,属于逆向指标;有的指标可能从某个适度区间说明总体,属于适度指标;有的指标用相对数、平均数表示,有的指标用绝对数表示。为了避免不同性质评价指标的作用相互抵消和解决计量单位不同、不同度量指标的汇总问题,在综合评价时,必须做到两点:一是使所有的指标都从同一方向说明总体,这就提出了如何使指标同向化的问题。一般实际评价时,以逆向指标正向化居多。将逆向指标转换为正向指标的方法通常有倒数法、对应指标转换法和最大定额法。倒数法适合正向指标与逆向指标相乘为 1 的情况;对应指标转换法适合正向指标与逆向指标相加为 1 的情况;最大定额法适合存在最大定额标准或最优标准的情况,将最大定额标准与实际值对比。二是使所有的指标可以相加,这就提出了如何消除指标之间不同计量单位、不同度量对指标数值大小的影响和不能加总的问题,即要对指标进行无量纲化处理。指标的无量纲化是综合评价的前提,是把指标实际值转化为评价值的过程。指标的无量纲方法主要有:打分法、比率法和标准化法。

(4)确定各评价指标的权重

所谓确定权重,就是根据各个指标在综合评价中的重要程度,或者根据指标数值的质量,赋予其一定的权数。某个指标越重要,或其指标值的准确性越高,其权数就应该越大,以体现主次有别、质量高低有别。权数往往用相对数表示,其和为 1。如果指标体系分为不同层次,可以分别对不同层次进行综合评价,在此基础上再对总体进行综合评价。在这种情况下,每一层次的指标权数之和应该为 1。

确定权数的方法一般有主观赋权法和客观赋权法。主观赋权法是指由若干专家或分析人员,根据他们各自的专业知识和经验来分析和确定各评价指标的权数。德尔菲法(专家咨询法)就是一种典型的主观赋权法。客观赋权法是指根据评价指标本身的数值特征或指标之间的内在关系来确定各评价指标的权数,它由调查所得的实际数据决定,不受主观因素的影响。

(5)计算综合评价值

有了同度量化和无量纲化的指标并确定了权重后,还要确定指标合成的模型,以便把所有指标数值综合成一个数值,从而进行比较排序。常用的多指标合成的方法有:加权算术平均法、几何平均法和混合法等。

对不同时间或不同空间的综合评价值可以直接排序,进一步进行分析说明,找出问题所在和薄弱环节,提出意见和建议,为决策提供依据。

§5.4.3 综合评价的常用方法

要将反映客观现象总体不同内容、具有不同表现形式和不同计量单位的众多指标进行综合,使其得到一个反映总体状况的综合评价指标,这只能在不同指标同度量的基础上才可能实现。因此,凡能进行同度量的方法,都可以作为综合评价的方法。这里介绍几种实践中常用的方法。

(1)排队计分法

排队计分法是将评价单位的各项评价指标依优劣秩序排队,并按公式(5.20)计算各名次单位的具体得分:

$$y_i = 100 - \frac{k-1}{n-1} \times 100 \tag{5.20}$$

式(5.20)中:y_i 为单项指标的得分;k 为排队名次($1,2,\cdots,n$);n 为参加评比的单位数。

对得分一般采用加权算术平均法,将各单位参评的各单项评价指标得分综合为总分。总分数的多少综合说明各单位整体状况的优劣高低,并可据以确定各单位在总体中所处的具体位置。

排队计分法具有以下一些优点:①不必人为寻找比较标准,被评价单位的单项评价值由该单位在总体中的相对位置来确定。②不必事先将指标做同向化处理,确定名次时已考虑了正指标和逆指标的不同。③各单项指标的评价值都有统一的变化范围(即 0 ~ 100),因此,不会出现某一单项评价值过高从而对总评价值影响过大的情况,即评价结果不易受极端值的影响。④对数据的项数多少和分布状况没有严格要求。⑤不仅适用于一般的数值型评价指标,也适用于包含定性指标(只要可以区分出各单位的顺序或等级)的综合评价问题。

排队计分法也有其缺点:它是由指标值在全部评价单位中的位置即名次而不是其数值本身的大小来决定单项评价值。例如,某指标第一名和第二名之间的差异可能远远大于第二名与第三名之间的差异,但由于名次差异相同,体现在评价值上的差异也就相同。

(2)加权指数法

加权指数法指利用加权算术平均法指数的形式,对单项评价指标指数加权平均,从而求得总指数。这里单项评价指标指数不一定以基准期水平做比较的标准,也可以用总体平均水平或规划值或其他某个公认值作为比较标准。它的一般做法是:分别计算各项评价指标值与对比标准值的指数,实现其单项评价指标的无量纲化;用各指标经济重要程度确定的权数进行加权平均计算,得到综合评价总指数。综合评价总指数公式为:

$$\bar{k} = \frac{\sum \left(\frac{x_i}{X_i}\right) w_i}{\sum w_i} \tag{5.21}$$

式(5.21)中:$\bar{k}$ 为综合评价指数值;x_i 为第 i 个指标的实际值;X_i 为第 i 个指标的对比标准值;w_i 为第 i 个指标的权数;$\frac{x_i}{X_i}$为第 i 个指标的个体指数。

加权指数法的优点是:评价结果的含义清晰易懂,评价指数充分地反映了各评价指标数值的实际情况,可充分地体现各评价单位之间的差距。但加权指数法也存在着一定的缺点:①很难确定比较标准值。若以被评价单位基期数值作为比较标准值,所得单项评价指数实际上就是发展速度。各评价单位的起点不同,将基数悬殊的评价单位的发展速度等同看待,可能致使评价结果不合理。②单项评价指数没有明确的、统一的取值范围(即理论上无上下限)。若存在极大值时,单项评价值过大,在计算综合评价指数时,就会夸大该评价指标对总评价值的影响作用,严重掩盖了其他评价指标对总体价值的影响。

(3)改进的功效系数法

改进的功效系数法是依据多目标规划原理提出的一种综合评价方法。该方法的基本步骤如下:

首先,根据研究目的确定每个评价指标的满意值和不容许值。实际工作中,有人把指标数值按大小顺序排队,以第 i 个指标的前若干个数据(如10%个数据)的平均值作为满意值,后若干个数据(如10%个数据)的平均值作为不容许值。

其次,利用功效函数计算单项评价指标的得分。功效函数公式为:

$$y_i = \frac{x_i - x_i^s}{x_i^h - x_i^s} \times 40 + 60 \tag{5.22}$$

式(5.22)中:y_i为第 i 个指标的单项评价分;x_i 为第 i 个指标的实际值;x_i^h 为第 i 个指标的满意值;x_i^s 为第 i 个指标的不容许值。

最后,根据各评价指标的权数,将单项评价值 y_i 加权平均得到综合评价值。计算综合评价值的平均法有加权几何平均法和加权算术平均法两种计算方法。实际应用中,为了简单直观,大多采用加权算术平均法。

改进的功效系数法的优点是:评价指标不需要经过同向化处理;指标数值与单项评价值之间是线性转换关系,评价值能够反映出各评价指标的实际水平,可充分地体现各评价单位之间的差距;单项评价指标值取值范围一般为60~100,与指数法相比,在很大程度上限定了单项评价值的取值范围,使某些过高的单项评价值对综合评价值的影响明显减弱。

改进的功效系数法也存在不足。这主要表现在必须事先确定两个对比标准,因此有一定操作难度。不同对比标准所得到的单项评价值不同,从而对综合评价结果的稳定性和客观性有一定影响。

本章小结

1. 指数是指说明现象数量变动或差异程度的相对数。狭义指数是指综合反映复杂现象总体数量变动或差异程度的特殊相对数。狭义指数具有综合性和平均性的特点。

2. 个体指数是反映单个事物变动的相对数;总指数是反映复杂现象总体综合变动的相对数。数量指标指数说明现象总规模、总水平的变动,质量指标指数说明现象对比关系、质量水平的变动。

3. 总指数的基本计算方法有综合法和平均法,综合法指数是通过两个时期的综合总量对比计算的总指数;平均法指数是通过对个体指数加权平均而求得的总指数。

4. 使不同度量、不能加总的现象转化为同度量可采用同度量因素,同度量因素还具有权数的作用。拉氏综合法指数将同度量因素固定在基期;帕氏综合法指数将同度量因素固定在报告期。

5. 指数体系是若干个有联系的指数形成的整体。指数体系可进行指数之间的相互推算和进行因素分析。

6. 综合评价是在建立评价指标体系的基础上构建综合评价模型,求得综合评价值,据以对现象总体进行比较、分类和排序的一种统计分析方法。常用的方法有排队计分法、加权指数法、改进的功效系数法等。

思考题与练习题

5-1 "我国编制综合法总指数采用的是帕氏指数公式"这种说法是否正确?为什么?

5-2 加权综合法指数与加权平均法指数有何联系与区别?

5-3 解释居民消费者价格指数、工业品出厂价格指数、股票价格指数。

5-4 怎样理解狭义指数具有综合性和平均性的特点?

5-5 试举出居民消费价格指数的三个主要作用。

5-6 综合评价的一般步骤有哪些?

5-7 某地区基期和报告期社会商品零售总额分别为780亿元和925亿元,报告期比基期商品零售数量平均上升了10%,请问与基期相比,该地区:

(1)报告期因零售量变化使社会商品零售总额增加多少亿元?

(2)报告期零售价格变动对消费者的支出有何影响?

5-8 某企业生产三种产品,其产量和出厂价格资料如下:

产品名称	计量单位	产量		出厂价格(万元)	
		基期	报告期	基期	报告期
甲	件	200	215	25	20
乙	台	300	400	400	460
丙	套	480	550	600	540

试从相对数和绝对数两个方面对该企业总产值变动进行因素分析。

5-9　已知四种商品的销售额及销售量增减率资料如下：

商品种类	计量单位	基期销售额(万元)	报告期销售额(万元)	销售量增减(%)
甲	套	400	450	2.5
乙	件	32	30	-4.0
丙	台	200	230	0
丁	只	18	20	1.5

要求根据上表资料从相对数和绝对数两方面分析计算四种商品销售总额的变动及其原因，并说明引起销售总额变动的主要原因是什么。

5-10　某商品在两个市场出售资料如下表：

	一季度		二季度	
	单价(元)	销售量(千克)	单价(元)	销售量(千克)
甲	50	600	54	500
乙	52	400	48	1 000
合计	—	1 000	—	1 500

要求：试分析该商品总平均价格的变动及原因。

5-11　下表是某地区同行业的A、B两个企业的各项经济效益指标数据：

指标	单位	权数	行业平均数	满意值	不容许值	A企业	B企业
产品销售率	%	15	82	100	80	75	95.00
资金利税率	%	30	13	20	5	12.2	14.10
成本费用利润率	%	20	9.2	12	0	7.6	9.50
中间投入率	%	15	27	20	40	25.3	29.00
资金周转率	次/年	20	1.7	2.0	1.0	1.6	1.85

试用两种方法对两个企业的综合经济效益进行综合评价，比较所用两种方法的评价结果，并分析其差异的原因。

6

统计量与抽样分布

前已述及，统计学是收集、整理、显示和分析统计数据的方法论学科，统计研究的目的是探索现象内在的数量规律性。为了解总体的数量特征，可以直接对总体进行全面调查，得到总体数据，进而归纳出数量特征；也可以对总体进行抽样，利用样本信息推断总体。后一种方法称为统计推断。抽样分布是进行统计推断的基础。它利用概率论的理论，讨论抽样调查数据的分布特征。本章将主要介绍统计推断所涉及的总体、样本、统计量及抽样分布等概念，以及在统计推断中最常用的χ^2分布、t分布和F分布。

6.1 总体与样本的统计分布

总体与样本是统计推断中的两个基本的概念。统计推断的目的是从样本信息出发，运用概率论的理论推导方法，推断总体的特征。因此，如何将统计学的总体、样本和概率论的基础——随机变量与分布联系起来，就成为统计推断首先要解决的问题。下面就将一步步揭示这种联系。

§6.1.1 统计推断中的总体及总体分布

第一章中已经明确总体是根据一定目的而确定的所要研究事物的全体，它是由客观存在的、具有某种共同性质的众多个体构成的，总体中的每个单位称为个体。例如，考察100 000 只灯泡的质量，这 100 000 只灯泡的全体就是总体，我们可以称其为实物总体，而其中的每一只灯泡都是个体。

在统计推断中，我们真正关心和收集研究的并不是这些总体中的个体本身，而是这些个体的某些特征及其数值，即变量与变量值。例如，关心 100 000 只灯泡的质量，主要关心的是其使用寿命。此时研究 100 000 只灯泡构成的总体，实质是这些灯泡使用寿命对应的 100 000 个数值，此时的总体已经从实物抽象到了数值，可以称之为数值总体。

如果实物总体中个体很多，则对应的数值总体的规模将非常大，而且往往其中重复的值会很多，单独研究每个个体标志值将会非常烦琐，当总体规模趋于无穷时，单独研究每个个体标志值更是变得不可能。由于随机变量 X 及其分布能完全概括数值总体的全部特征，尤其是当总体容量趋于无穷时，随机变量 X 及其分布应用起来非常有优势。在统计推断中将利用随机变量 X 及其分布来描述一个总体，可以称之为分布总体。分布总体的另外一个好处是可以利用概率论的方法来研究总体。例如，灯泡寿命的总体分布如果是指数分布，就可以利用指数分布的密度函数计算灯泡寿命在各区间的概率。需要注意的是，统计推断中应用的分布总体都假设总体容量是无穷的，即“无限总体”，因此不存在总体容量的问题。在实际应用中，当总体容量很大时，可以近似认为总体是无限总体。

经过上述讨论，完成了从“实物总体→数值总体→分布总体”的两次抽象，也完成了我们将统计学中“总体”与概率论中“分布”的衔接。这是统计推断对总体概念的延伸，也是概率论知识应用于统计推断的基础。在本章及后面统计推断的相关章节中，如无特别说明，总体均表示分布总体，给出一个总体，只需要给出总体的分布即可。总体和总体分布是不加区分的同一概念。

有时，我们可能关心每一个个体的多个特征，此时则可用多维随机向量去描述总体，每个随机变量描述总体的一个特征，这种总体称为多维总体。例如，我们对每一居民需要研究三个变量：X——年龄、Y——受教育程度、Z——年收入，则可用三维随机向量(X, Y, Z)去描述所研究的总体。关于多维随机向量是“多元统计”中研究的对象，本教材中主要研究一维总体，有时会涉及二维总体。

§6.1.2 统计推断中的样本及样本性质

按照随机原则，通过观测或试验的方法，获得的总体中一部分个体及取值，称为样本，每个个体的取值称为样本点或样品。

样本具有的二重性。抽样之前，由于总体中各个体有同等被抽中的可能，抽中哪个个体不能确定，因此样本是一组随机变量；但是当样本被抽取并测试完成后，各个样本点都是一个确定的数值，样本成为一组确定的数值。统计推断中为了区分此二重性，将具有随机性的样本称为样本，用大写字母记为$(X_1, X_2, \cdots, X_n)$；将不具有随机性的样本称为样本观测值，用小写字母$(x_1, x_2, \cdots, x_n)$表示。如随机抽取 n 只灯泡，试验得到其使用寿命具体数值$(x_1, x_2, \cdots, x_n)$是灯泡使用寿命总体 X 的样本观测值。

按照随机原则抽取的样本具有以下两个重要的性质：

第一，样本点与总体同分布（习惯称为“样本与总体同分布”）。由于采取随机原则抽取样本点，每个个体被抽中的可能性相同。假设总体容量为 N，则每个个体被抽中的概率为 $1/N$；又假设离散型总体取值为 k 的个体总数为 M，按古典概型理论，样本点取值为 k 的概率为 M/N，恰好等于总体取值为 k 的概率（或频率）。从而可以看出样本点与总体具有相同分布。同理，对于连续性总体也有同样结论。

第二，样本点之间相互独立（简称“样本独立”）。由于总体容量无限，因此无论采取重复抽样还是不重复抽样，两次抽取样本点时，前一次抽样的结果不会影响后一次抽样的结果，因此可以认为样本点之间相互独立。

以上两个性质常常合称为“样本独立同分布（$i.i.d$）”。满足上述性质的样本为简单随机样本。本教材如不做特殊声明，所提到的样本都是简单随机样本。

§6.1.3 样本联合分布及似然函数

样本是由 n 个随机变量组成，它的分布称为样本联合分布。样本联合分布函数在统计推断中扮演了十分重要的角色。假设总体 X 的分布函数为 $F(x;\theta)(x \in R)$，其中 θ 是总体的参数向量。根据概率论知识，独立随机变量联合分布应为各随机变量边际分布的乘积，由于样本$(X_1, \cdots, X_n)$是由 n 个独立且与总体同分布的随机变量组成的，因此样本的联合分布函数为：

$$F(x_1,\cdots,x_n;\theta) = P\{X_1 \leqslant x_1,\cdots,X_n \leqslant x_n\}$$
$$= \prod_{i=1}^{n} P\{X_i \leqslant x_i\}$$
$$= \prod_{i=1}^{n} F(x_i;\theta) \quad (x_i \in R) \tag{6.1}$$

当总体 X 是连续型随机变量,且具有密度函数 $f(x;\theta)$ 时,则样本的联合密度函数为:

$$f(x_1,\cdots,x_n;\theta) = \prod_{i=1}^{n} f(x_i;\theta) \tag{6.2}$$

若总体 X 是离散型随机变量,具有分布律 $P(X = a_k)(k = 1,2,3,\cdots)$ 时,为了方便,记:

$$f(x_i;\theta) = \begin{cases} P(X_i = x_i) & x_i = a_k(k = 1,2,3,\cdots) \\ 0 & \text{其他} \end{cases} \tag{6.3}$$

从而样本的联合分布律仍为 $f(x_1,\cdots,x_n;\theta) = \prod_{i=1}^{n} f(x_i;\theta)$。

式(6.2)和式(6.3)形式相同,但是含义有所不同,其中式(6.3)在很多情况下等于0,学习时要注意体会。

样本的联合分布函数或联合密度函数反映了样本的分布状况,是导出抽样分布的基础。似然函数也是统计推断中的重要概念,在极大似然估计、似然比检验等问题中有着广泛应用。似然函数和样本联合密度函数是两个联系紧密而又有所区别的概念。两个概念的主要区别在于:样本联合密度函数描述的是样本的分布规律,即样本取各可能值的概率密度,在样本联合密度函数中,各变量 $x_1,x_2,\cdots,x_n$ 可以自由变化,其取值不同,则概率不同,而参数 θ 是已知的确定常数;而似然函数描述的是样本取样本观测值时的概率密度,虽然其形式

$$L(x_1,x_2,\cdots,x_n;\theta) = \prod_{i=1}^{n} f(x_i;\theta)$$

与样本联合密度函数相同,但是实际上各变量 $x_1,x_2,\cdots,x_n$ 已经确定只能取样本观测值,不能够变化,可以变化的只有参数 θ。因此也可以理解为似然函数是样本联合密度函数中变量取样本观测值时的特殊情况。

【例 6-1】设 $X_1,X_2,\cdots,X_n$ 是来自正态总体 $N(\mu,\sigma^2)$ 的随机样本,其中 μ,σ^2 是未知参数,求样本的联合密度函数。

解:因为样本 $X_1,X_2,\cdots,X_n$ 是简单随机样本,各样本点独立同分布于正态分布。则样本的联合密度函数应该等于各样本点的边际密度函数之积,即:

$$f(x_1,x_2,\cdots,x_n;\mu,\sigma^2) = \prod_{i=1}^{n} \frac{1}{\sqrt{2\pi}\sigma} e^{-\frac{(x_i-\mu)^2}{2\sigma^2}}$$
$$= (2\pi\sigma^2)^{-\frac{n}{2}} e^{-\frac{\sum (x_i-\mu)^2}{2\sigma^2}}, \ -\infty < x_1,\cdots,x_n < \infty$$

【例 6-2】设总体 X 服从 0~1 分布，即 $X \sim B(1,p)$，$(X_1,\cdots,X_n)$ 为该总体的样本，试求样本 $(X_1,\cdots,X_n)$ 的联合分布。

解：因为 $X \sim B(1,p)$，所以 X 的概率分布可以表示为：

$f(x;p)=p^x(1-p)^{1-x}(x=0,1)$

则样本的联合密度函数为：

$$
\begin{aligned}
L(x_1,\cdots,x_n;p) &= \prod_{i=1}^{n} f(x_i;p) \\
&= \prod_{i=1}^{n} p^{x_i}(1-p)^{1-x_i} \\
&= p^{\sum_{i=1}^{n} x_i}(1-p)^{n-\sum_{i=1}^{n} x_i} \quad (x_i = 0,1;i = 1,2,\cdots,n)
\end{aligned}
$$

6.2 统计量

§6.2.1 统计量及统计量的分布

在统计推断中，总体信息是未知的，但从总体中抽取的样本中含有总体的信息，统计推断就是利用样本的信息来推测总体的信息。然而样本的信息是隐蔽的、分散的，必须经过必要的加工将样本信息集中才能用来推断总体信息，构造样本统计量是集中样本信息推断总体信息的有效手段之一。

设 $(X_1,\cdots,X_n)$ 是来自总体 X 的一个样本，$T=T(X_1,X_2,\cdots,X_n)$ 是样本 $(X_1,\cdots,X_n)$ 的函数，如果 T 中不含任何未知参数，则称 $T(X_1,X_2,\cdots,X_n)$ 为一个样本统计量。如果 $(x_1,\cdots,x_n)$ 为样本 $(X_1,\cdots,X_n)$ 的观测值，则 $T(x_1,x_2,\cdots,x_n)$ 为统计量 $T=T(X_1,X_2,\cdots,X_n)$ 的观测值。

统计量有以下两个特征：统计量是样本的函数，因而统计量通常为随机变量；统计量不能含有未知的参数，含有未知参数就不是统计量。例如：当从正态总体中抽出样本 $X_1,\cdots,X_n$ 时，考查随机变量 $\sum_{i=1}^{n}(X_i-\mu)^2$，当总体均值 μ 为已知时，该变量是统计量，当总体均值未知时，该变量就不是统计量。

统计量既然是随机变量，那么它应该有其概率分布，统计量的分布称为抽样分布。抽样分布和统计推断有着密切的联系。因为只有知道了统计量的分布，才能根据概率论，利用统计量推断总体的特征，并得到相应的置信度。所以在统计推断中，一项重要的工作就是寻找统计量和导出统计量的抽样分布。

【例 6-3】总体 X 服从两点分布，概率分布律如下：

$P(X=1)=p, P(X=0)=1-p$

从总体中抽取容量为 n 的样本，构造统计量 $T=\sum_{i=1}^{n} X_i$，求此统计量的分布。

解：由于样本是独立的，X_i 服从两点分布，统计量 T 为随机变量，其取值是 0 到 n 之间的所有整数，其分布恰好是二项分布：

$P(T=k)=C_n^k p^k(1-p)^{n-k}, k=0,1,2,\cdots,n$

从上面的例子中可以看出，抽样分布未必与总体的分布一致。

【例 6-4】总体分布为 $X\sim N(1,1)$，抽取容量为 n 的样本，构造如下三个统计量：$T_1=X_1, T_2=X_1+X_2$ 和 $T_3=\bar{X}=\frac{1}{n}\sum_{i=1}^{n} X_i$。求此三个统计量的抽样分布。

解：由于样本是独立的，X_i 服从均值和方差都为 1 的正态分布，三个统计量都是样本的线性函数，由正态分布的性质，三个统计量仍服从正态分布，下面分别求解其均值和方差：

$E(T_1)=E(X_1)=1, D(T_1)=D(X_1)=1$

$E(T_2)=E(X_1)+E(X_2)=2, D(T_2)=D(X_1)+D(X_2)=2$

$E(T_3)=\frac{1}{n}\sum_{i=1}^{n} E(X_i)=1, D(T_3)=\frac{1}{n^2}\sum_{i=1}^{n} D(X_i)=\frac{1}{n}$

由上面计算可以得出，统计量 T_1 服从均值和方差都为 1 的正态分布，这和总体的分布相同；统计量 T_2 服从均值和方差都为 2 的正态分布，而统计量 T_3 服从均值为 1，方差为 $1/n$ 的正态分布。

§6.2.2 常用统计量

(1)样本均值和方差

设 $X_1,X_2,\cdots,X_n$ 是总体 X 中抽出的简单随机样本，则样本均值为 $\bar{X}=\frac{1}{n}\sum_{i=1}^{n} X_i$，样本方差为 $S^2=\frac{1}{n-1}\sum_{i=1}^{n}(X_i-\bar{X})^2$。

由于 $X_1,X_2,\cdots,X_n$ 是总体 X 中抽出的简单随机样本，所以样本均值和方差具有如下性质：

① $E(\bar{X})=E(X), D(\bar{X})=\frac{D(X)}{n}$。

② $E(S^2)=D(X)$。

(2)样本矩

一般称$\frac{1}{n}\sum_{i=1}^{n} X_i^k$为样本的$k$阶原点矩,称$\frac{1}{n}\sum_{i=1}^{n}(X_i - \bar{X})^k$为样本的$k$阶中心矩。特别当$k = 2$时,$\frac{1}{n}\sum_{i=1}^{n}(X_i - \bar{X})^2$称为样本的未修正方差,常记为$S_n^2$,显然有:

$$S_n^2 = \frac{n-1}{n}S^2$$

(3)样本相关系数

设$(X_1,Y_1),(X_2,Y_2)\cdots,(X_n,Y_n)$是从二维总体$(X,Y)$中抽出的简单随机样本,可以用样本相关系数来刻画二维样本中两个变量的相关性,样本相关系数的计算式为:

$$r = \frac{\sum_{i=1}^{n}(X_i - \bar{X})(Y_i - \bar{Y})}{\sqrt{\sum_{i=1}^{n}(X_i - \bar{X})^2\sum_{i=1}^{n}(Y_i - \bar{Y})^2}}$$

(4)顺序统计量

设$X_1,X_2,\cdots,X_n$是总体X中抽出的简单随机样本,把样本按大小排序为$X_{(1)} \leqslant X_{(2)} \leqslant \cdots \leqslant X_{(n)}$,则称$X_{(1)},X_{(2)},\cdots,X_{(n)}$为顺序统计量,其中$X_{(i)}$称为第$i$个顺序统计量。

可以利用顺序统计量导出一些常用的统计量:

①最大顺序统计量和最小顺序统计量。

$X_{(n)} = \max\{X_1,X_2,\cdots,X_n\}$和$X_{(1)} = \min\{X_1,X_2,\cdots,X_3\}$分别称为样本的最大和最小顺序统计量。值得注意的是,尽管$X_{(n)}$和$X_{(1)}$是由总体X的样本而来,但是它们不与总体同分布。

②样本中位数:$M_e = \begin{cases} X_{(\frac{n+1}{2})} & n\text{ 为奇数} \\ \dfrac{X_{(\frac{n}{2})} + X_{(\frac{n}{2}+1)}}{2} & n\text{ 为偶数} \end{cases}$

③样本极差:$R = X_{(n)} - X_{(1)}$

④样本p分位数:

$$M_p = X_{([(n+1)p])} + ((n+1)p - [(n+1)p])(X_{([(n+1)p]+1)} - X_{([(n+1)p])})$$

其中,$0 < p < 1$,$[(n+1)p]$为不超过$(n+1)p$的最大整数。

这里计算样本p分位数利用了线性插值的做法,选取了最靠近$(n+1)p$的两个顺序统计量$X_{([(n+1)p])}$和$X_{([(n+1)p]+1)}$,然后进行线性插值。

⑤样本的切尾均值 $T_{n,k} = \frac{1}{n-2k}\sum_{i=k+1}^{n-k} X_{(i)}, 0 \leqslant k < n$，样本的切尾均值是分别去掉 k 个最小的和 k 个最大的观测值后得到的均值。

6.3 抽样分布及抽样分布定理

为了在正态总体假定下，得到样本统计量的精确分布，本节需要讨论几个十分重要的随机变量函数的分布，它们是 χ^2 分布、t 分布和 F 分布，并在此基础上讨论抽样分布的重要定理。

§6.3.1 χ^2 分布

χ^2 分布是海尔墨特(Hermert)和卡尔·皮尔逊(K. Pearson)分别于 1875 年和 1890 年提出的，是抽样推断中的重要分布。它主要应用于对总体方差的检验以及对总体概率密度函数的检验或者两总体独立性检验等。

(1) χ^2 分布的定义及其密度函数

定义 6-1　若随机变量 $X_1, \cdots, X_n$ 独立且同标准正态分布 $N(0,1)$，则它们的平方和 $\chi^2 = \sum_{i=1}^{n} X_i^2$ 服从自由度为 n 的 χ^2 分布，记为 $\sum_{i=1}^{n} X_i^2 \sim \chi^2(n)$。

如果随机变量 X 服从自由度为 n 的 χ^2 分布，其概率密度为：

$$f(x) = \begin{cases} \dfrac{1}{2^{\frac{n}{2}}\Gamma(\frac{n}{2})} x^{\frac{n}{2}-1} e^{-\frac{x}{2}} & x > 0 \\ 0 & x \leqslant 0 \end{cases} \tag{6.4}$$

其中 $\Gamma(n)$ 为 *gamma* 函数，$\Gamma(n)$ 函数有如下性质：$\Gamma(n+1) = n\Gamma(n)$，$\Gamma(1) = 1$，$\Gamma(\frac{1}{2}) = \pi$。

(2) χ^2 分布的性质

① χ^2 分布的数学期望与方差。

$$E(X) = n,\ D(X) = 2n \tag{6.5}$$

可见随着自由度的增大，χ^2 分布的期望和方差随之增大，自由度决定了 χ^2 分布的形状。从密度函数的定义可以看出，χ^2 分布是一种不对称偏峰分布，其取值区域为 $(0, +\infty)$；随着自由度的逐渐增大，χ^2 分布曲线的最高点逐渐下降并向右移动，趋于对称，如图 6.1 所示。

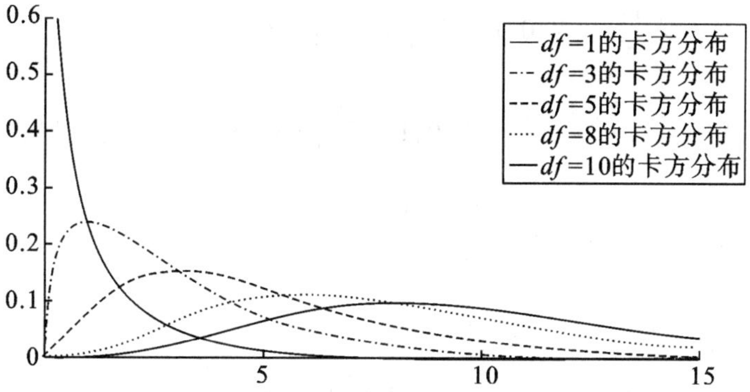

图6.1 $\chi^2(n)$ 的概率密度曲线

自由度为 n 的 χ^2 分布上侧 α 分位数记为 $\chi^2_\alpha(n)$，$\chi^2_\alpha(n)$ 满足：

$$p\{\chi^2(n) \geqslant \chi^2_\alpha(n)\} = \alpha \tag{6.6}$$

关于 χ^2 分布上侧 α 分位数 $\chi^2_\alpha(n)$ 可以通过书后附表 χ^2 分布表求得。附表给出了自由度 $n \leqslant 45$ 的 χ^2 分布上侧 α 分位数。例如，$\chi^2_{0.995}(11) = 2.603$，$\chi^2_{0.01}(13) = 27.688$。

② χ^2 分布的自由度。

对于变量 $X_1,\cdots,X_n$，如果存在一组不全为零的常数 $c_1,c_2,\cdots,c_n$，使得 $c_1X_1 + c_2X_2 + \cdots + c_nX_n = 0$ 成立，则称变量 $X_1,\cdots,X_n$ 之间存在一个线性约束条件。如果变量 $X_1,\cdots,X_n$ 中存在 k 个独立的线性约束条件，则 $X_i(i = 1,2,\cdots,n)$ 中独立变量的个数 $(n-k)$ 称为自由度。自由度也可粗略解释为可以自由选择数值的变量个数。

例如，$\sum\limits_{i=1}^{n} X_i^2$ 由 n 个独立的随机变量 X_i 构成，由于它们之间没有线性约束条件（即 $k = 0$），所以它的自由度为 n。$\sum\limits_{i=1}^{n}(X_i - \bar{X})^2$ 的自由度为 $(n-1)$，这是因为计算 $\sum\limits_{i=1}^{n}(X_i - \bar{X})^2$ 时要用 $\bar{X}$，$\bar{X}$ 满足限制条件 $\sum\limits_{i=1}^{n}(X_i - \bar{X}) = 0$，即相对于 $\bar{X}$ 的 n 个离差变量 $(X_1 - \bar{X}),(X_2 - \bar{X}),\cdots,(X_n - \bar{X})$，只有 $(n-1)$ 个可以任意确定，第 n 个失去了"自由"，所以其自由度为 $(n-1)$。

③ χ^2 分布的可加性。

若 X、Y 相互独立，且分别服从自由度为 n_1、n_2 的 χ^2 分布，则 $(X+Y)$ 服从自由度为 $(n_1 + n_2)$ 的 χ^2 分布，即：

$$X + Y \sim \chi^2(n_1 + n_2) \tag{6.7}$$

【例6-5】设 $X_1,\cdots,X_6$ 是独立同服从 $N(0,2)$ 分布的随机变量，求 a,b 和 c，使 $aX_1^2 + b(X_2 + X_3)^2 + c(X_4 + X_5 + X_6)^2$ 服从 χ^2 分布。

解：因为 $X_1,\cdots,X_6$ 独立同 $N(0,2)$ 分布，所以

$X_1 \sim N(0,2)$，则 $\frac{X_1}{\sqrt{2}} \sim N(0,1)$ 且 $\frac{1}{2}X_1^2 \sim \chi^2(1)$；

$X_2 + X_3 \sim N(0,4)$，$\frac{X_2 + X_3}{\sqrt{4}} \sim N(0,1)$ 且 $\frac{1}{4}(X_2 + X_3)^2 \sim \chi^2(1)$；

$X_4 + X_5 + X_6 \sim N(0,6)$，$\frac{X_4 + X_5 + X_6}{\sqrt{6}} \sim N(0,1)$；

并且 $\frac{1}{6}(X_4 + X_5 + X_6)^2 \sim \chi^2(1)$。

以上三个随机变量相互独立，由于χ^2 分布的可加性，则：

$\frac{1}{2}X_1^2 + \frac{1}{4}(X_2 + X_3)^2 + \frac{1}{6}(X_4 + X_5 + X_6)^2 \sim \chi^2(3)$，自由度为3，且 $a = \frac{1}{2}$，$b = \frac{1}{4}$，$c = \frac{1}{6}$。

§6.3.2 *t* 分布

t 分布又称为“学生分布”，最早由英国的化学家和统计学家歌瑟特(W. C. Gosset)提出。“学生(Student)”是其文章发表时使用的笔名。t 分布是统计推断中的重要分布，在推断总体均值时有重要应用。

(1) t 分布的定义及其密度函数

定义6-2　若随机变量 $X \sim N(0,1)$，随机变量 $Y \sim \chi^2(n)$，且随机变量 X 与 Y 相互独立，则随机变量服从自由度为 n 的 t 分布，记为 $t \sim t(n)$。

$$t = \frac{X}{\sqrt{Y/n}} \tag{6.8}$$

如果随机变量 X 服从自由度为 n 的 t 分布，则其概率密度函数为：

$$f(x) = \frac{\Gamma(\frac{n+1}{2})}{\Gamma(\frac{n}{2})\sqrt{n\pi}}(1 + \frac{x^2}{n})^{-\frac{n+1}{2}}, \quad -\infty < x < \infty \tag{6.9}$$

观察 t 分布的概率密度函数，可以发现它是偶函数，所以 t 分布是关于 $x=0$ 对称的，这一点和χ^2 分布不同，却和标准正态分布相似。图6.2是标准正态分布以及各种自由度的 t 分布的密度函数的曲线。

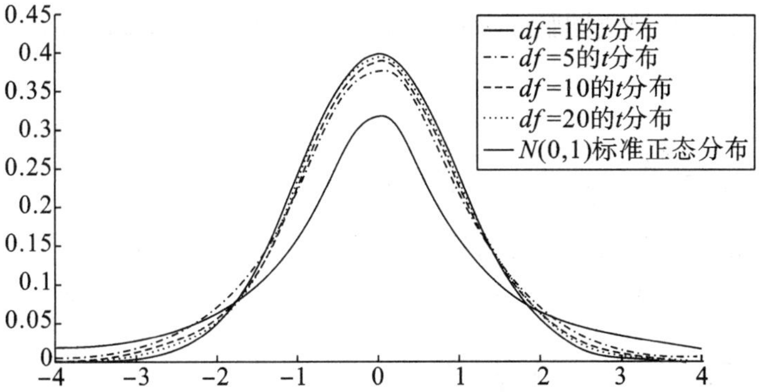

图 6.2　$t(n)$ 密度函数曲线

通过比较可以发现 t 分布和标准正态分布类似，它们都是关于原点对称的对称分布，均在 $-\infty < x < \infty$ 上取值。但是 t 分布与标准正态分布也有区别，t 分布尾部厚，即服从 t 分布的随机变量取到尾部值的概率比标准正态分布略大；而对于接近原点的坐标点，t 分布的概率值比标准正态分布的概率值小。因而 t 分布曲线尾部厚于标准正态分布，而峰低于标准正态分布。

满足 $p(t(n) \geqslant t_{\alpha}(n)) = \alpha$ 的 $t_{\alpha}(n)$ 称为自由度为 n 的 t 分布上侧 α 分位数。关于 t 分布上侧 α 分位数 $t_{\alpha}(n)$ 可以通过书后附表 t 分布表求得。附表给出了自由度 $n \leqslant 45$ 的 t 分布上侧 α 分位数。例如，$t_{0.05}(10) = 1.8125$，由于 t 分布是对称分布，所以 $t_{0.95}(10) = -1.8125$。

(2) t 分布的性质特征

① t 分布的数学期望与方差。

$$E(t) = 0, D(t) = n/(n-2) \qquad n > 2 \tag{6.10}$$

由于 t 分布是对称分布，其均值当然为 0。同时注意到 t 分布的方差与其自由度有关，当自由度 $n \to \infty$，方差极限为 1。

② t 分布的自由度。

t 分布的自由度是由生成 t 分布的分母即 χ^2 分布随机变量的自由度而来。t 分布的形状和自由度 n 有较大关系，自由度越小，t 分布曲线与标准正态分布曲线的区别越明显，t 分布“比较平”，而自由度增大，t 分布曲线与标准正态分布曲线的差异逐渐缩小。这一点也可以由 t 分布的方差来说明，当自由度 n 较小时，t 分布的方差较大，此时其分布就“比较平”；而当自由度较大时，方差较小，而且越来越接近 1，此时 t 分布与标准正态分布逐渐接近。

【例 6－6】设 $X_1, \cdots, X_6$ 是独立同服从 $N(0,2)$ 分布的随机变量，如果随机变量 $c\dfrac{X_1}{\sqrt{X_2^2 + X_3^2 + X_4^2 + X_5^2 + X_6^2}}$ 服从自由度为 5 的 $t(5)$，求 c 等于多少。

解：因为 $X_1,\cdots,X_6$ 独立同服从 $N(0,2)$ 分布，所以 $X_1 \sim N(0,2)$，则 $Z=\frac{X_1}{\sqrt{2}} \sim N(0,1)$。

又因为

$$\chi^2=\frac{X_2^2}{2}+\frac{X_3^2}{2}+\frac{X_4^2}{2}+\frac{X_5^2}{2}+\frac{X_6^2}{2} \sim \chi^2(5)$$

而 Z 与 χ^2 相互独立，则由 t 分布的构造，有：

$$t=\frac{\frac{X_1}{\sqrt{2}}}{\sqrt{\left(\frac{X_2^2}{2}+\frac{X_3^2}{2}+\frac{X_4^2}{2}+\frac{X_5^2}{2}+\frac{X_6^2}{2}\right)/5}}$$

$$=\frac{X_1}{\sqrt{(X_2^2+X_3^2+X_4^2+X_5^2+X_6^2)/5}}$$

$$=\sqrt{5}\,\frac{X_1}{\sqrt{(X_2^2+X_3^2+X_4^2+X_5^2+X_6^2)}}$$

所以 $c=\sqrt{5}$。

§6.3.3 F 分布

F 分布是统计学家费雪(R. A. Fisher)于 1924 年发现的。F 分布在假设检验、总体方差的统计推断、方差分析、回归分析和多元统计分析等方面有着广泛的应用。

(1) F 分布的定义及其密度函数

定义 6-3　若随机变量 X、Y 分别服从自由度为 n_1、n_2 的 χ^2 分布，且 X、Y 相互独立，则随机变量服从第一自由度为 n_1，第二自由度为 n_2 的 F 分布，记为 $F \sim F(n_1,n_2)$。

$$F=\frac{X/n_1}{Y/n_2} \tag{6.11}$$

F 分布的密度函数比较复杂，若随机变量 F 服从第一自由度为 n_1，第二自由度为 n_2 的 F 分布，那么其密度函数为：

$$f(x)=\begin{cases}\dfrac{\Gamma(\frac{n_1+n_2}{2})}{\Gamma(\frac{n_1}{2})\Gamma(\frac{n_2}{2})}\left(\dfrac{n_1}{n_2}\right)^{\frac{n_1}{2}}x^{\frac{n_1}{2}-1}\left(1+\dfrac{n_1}{n_2}x\right)^{-\frac{n_1+n_2}{2}} & x>0\\ 0 & x\leqslant 0\end{cases} \tag{6.12}$$

F 分布的密度函数有些类似于 χ^2 分布，也是一种非对称的正偏分布，其值域为 $(0,+\infty)$，但它有两个自由度 n_1 和 n_2。F 分布的分布曲线(见图 6.3)随着两个自由度的不同组合而不同。可以证明，F 分布的极限是正态分布，随着第一自由度 n_1 的增大，分布曲线逐渐趋向对称，随着两个自由度的增大，分布曲线逐渐趋于正态分布。

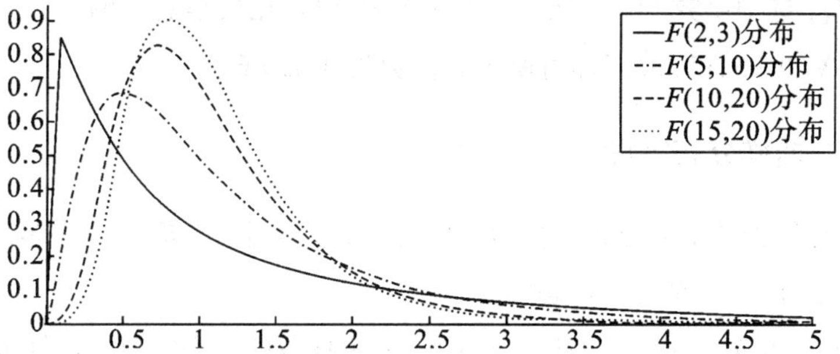

图 6.3　$F(n_1,n_2)$ 密度函数曲线

满足 $p(F(n_1,n_2) \geqslant F_\alpha(n_1,n_2)) = \alpha$ 的 $F_\alpha(n_1,n_2)$ 称为自由度为 n_1,n_2 的 F 分布上侧 α 分位数。由于 F 分布有两个自由度，所以附表 F 分布表仅仅给出了某些较小 α 值对应的 $F_\alpha(n_1,n_2)$ 值。例如，$F_{0.05}(20,30) = 1.93$。

（2）F 分布的性质特征

① F 分布的数学期望和方差。

$$E(F) = \frac{n_2}{n_2 - 2} \quad (n_2 > 2) \tag{6.13}$$

$$D(F) = \frac{2n_2^2(n_1 + n_2 - 2)}{n_1(n_2 - 2)^2(n_2 - 4)} \quad (n_2 > 4) \tag{6.14}$$

从 F 分布的均值和方差表达式可以看出，随着第二自由度 n_2 增大，F 分布的均值趋于 1，而方差则取决于两个自由度。

② F 分布的自由度。

F 分布的自由度是由构造 F 分布的分子和分母的两个 χ^2 分布的自由度而来，由于其分子和分母的 χ^2 分布可以交换，所以 F 分布有一个重要性质：如果随机变量 F 服从 $F(n_1,n_2)$ 分布，则：

$$\frac{1}{F} \sim F(n_2,n_1) \tag{6.15}$$

这个重要性质对于查 F 分布表，求 α 较小一侧的分位数提供了方便。

$$F_{1-\alpha}(n_1,n_2) = \frac{1}{F_\alpha(n_2,n_1)} \tag{6.16}$$

【例 6－7】查 $F(15,20)$ 的 0.95 上侧分位点。

解：对于给定的概率 0.95，因为 F 分布并未给出其对应的上侧分位点，因此首先查 $F_{0.05}(20,15) = 2.328$，然后根据公式(6.16)计算，即：

$$F_{0.95}(15,20) = \frac{1}{2.328} = 0.4296$$

我们也可以通过 Excel 的统计函数功能中的函数 FINV 计算该百分位数。首先调出

Excel 的函数 f_x，选中函数 FINV，然后根据对话框输入相关信息，即得所求分位数，或直接输入"=FINV(0.95,15,20)"即可所求分位数为 0.429 6。

§6.3.4 抽样分布定理

下面讨论总体服从正态分布场合的抽样分布，这是因为在应用中许多随机变量的概率分布或是正态分布，或是近似正态的。

定理 6-1　若 $X_1,\cdots,X_n$ 是从总体 $N(\mu,\sigma^2)$ 抽取的一个简单随机样本，则有：

① $\bar{X} \sim N(\mu,\frac{\sigma^2}{n})$ (6.17)

② $\frac{\sum_{i=1}^{n}(X_i-\bar{X})^2}{\sigma^2}=\frac{(n-1)S^2}{\sigma^2}=\frac{nS_n^2}{\sigma^2}\sim\chi^2(n-1)$ (6.18)

③ 样本均值 $\bar{X}$ 与样本方差 S^2 相互独立①。

其中 $\bar{X}=\frac{1}{n}\sum_{i=1}^{n}X_i, S^2=\frac{1}{n-1}\sum_{i=1}^{n}(X_i-\bar{X})^2$。

定理 6-1 是正态总体下统计量抽样分布推断的基础，地位十分重要，其中(6.17)的结论主要用于单总体、总体方差已知条件下推断总体均值，而(6.18)用于推断总体方差。

【例 6-8】在正态总体 $N(\mu,\sigma^2)$ 中抽出一个容量为 25 的样本，$S^2=\frac{1}{24}\sum_{i=1}^{25}(X_i-\bar{X})^2$ 为样本修正方差，这里 μ 和 σ^2 均为未知。求：

① $P(0.577\leqslant\frac{S^2}{\sigma^2}\leqslant1.517\ 3)$；

② $D(S^2)$；

③ 当 $\sigma=2.3$ 时，若要求 $P(|\bar{X}-\mu|\leqslant1)\geqslant0.9$，那么样本容量至少要多大？

解：①因为样本来自总体 $N(\mu,\sigma^2)$，样本容量 $n=25$，所以：

$$\chi^2=\frac{(n-1)S^2}{\sigma^2}=\frac{(25-1)S^2}{\sigma^2}\sim\chi^2(24)$$

则：

$$P(0.577\leqslant\frac{S^2}{\sigma^2}\leqslant1.517\ 3)$$

$$=P(0.577\times24\leqslant\frac{24S^2}{\sigma^2}\leqslant1.517\ 3\times24)$$

$$=P(0.577\times24\leqslant\chi^2(24)\leqslant1.517\ 3\times24)$$

① 定理证明略，读者可以参看茆诗松等著《概率论与数理统计》。

$$= P(13.848 \leqslant \chi^2(24) \leqslant 36.415)$$
$$= P(\chi^2(24) > 13.848) - P(\chi^2(24) > 36.415)$$
$$= 0.95 - 0.05 = 0.90 \qquad (\text{查}\chi^2\text{ 分布表得出})$$

② 因为$\chi^2(24) = \dfrac{24S^2}{\sigma^2}$，所以$D(\chi^2(24)) = 48$。

而 $$D(S^2) = D\left(\frac{\sigma^2}{24}\frac{24S^2}{\sigma^2}\right)$$
$$= \frac{\sigma^4}{(24)^2}D(\chi^2(24)) = \frac{\sigma^4}{(24)^2} \times 48 = \frac{\sigma^4}{12}$$

③ 因为$\bar{X} \sim N\left(\mu, \dfrac{\sigma^2}{n}\right)$，所以当$\sigma = 2.3$时，有：

$$P(|\bar{X} - \mu| \leqslant 1) = P\left(\left|\frac{\bar{X} - \mu}{2.3/\sqrt{n}}\right| \leqslant \frac{1}{2.3/\sqrt{n}}\right)$$
$$= 2\Phi(\sqrt{n}/2.3) - 1$$

根据题意，有$2\Phi(\sqrt{n}/2.3) - 1 \geqslant 0.9$，则$\Phi(\sqrt{n}/2.3) \geqslant 0.95$，故$\sqrt{n}/2.3 \geqslant 1.645$，则$n \geqslant 14.3149$，则至少取容量为15的样本才能满足$P(|\bar{X} - \mu| \leqslant 1) \geqslant 0.9$的要求。

定理6-2 若总体服从$N(\mu, \sigma^2)$分布，从中抽取容量为n的样本$X_1, \cdots, X_n$，则：

$$t = \frac{\bar{X} - \mu}{S/\sqrt{n}} \sim t(n-1) \tag{6.19}$$

样本$X_1, \cdots, X_n$相互独立，且都服从$N(\mu, \sigma^2)$分布，由定理6-1，$\bar{X} \sim N(\mu, \sigma^2/n)$，所以：

$$Z = \frac{\bar{X} - \mu}{\sqrt{\sigma^2/n}} = \frac{\bar{X} - \mu}{\sigma/\sqrt{n}} \sim N(0,1) \tag{6.20}$$

又因为

$$Y = \frac{(n-1)S^2}{\sigma^2} \sim \chi^2(n-1) \tag{6.21}$$

而且随机变量Z与Y相互独立。结合t分布的定义有：

$$t = \frac{Z}{\sqrt{Y/(n-1)}} = \frac{\bar{X} - \mu}{\sigma/\sqrt{n}} \frac{\sqrt{n-1}\,\sigma}{\sqrt{(n-1)S^2}} = \frac{\bar{X} - \mu}{S/\sqrt{n}} \sim t(n-1)$$

当总体方差未知，根据定理6-1无法得到统计量，此时需要将样本方差用来替代总体方差，从而需要定理6-2得到统计量的分布。公式(6.20)主要用于单总体且总体方差未知时推断总体均值。

【例6-9】 设总体X服从正态分布$N(\mu, \sigma^2)$，$X_1, \cdots, X_n, X_{n+1}$是来自总体的一个样本，记$\bar{X}_n = \dfrac{1}{n}\sum\limits_{i=1}^{n} X_i$和$S^2 = \dfrac{1}{n-1}\sum\limits_{i=1}^{n}(X_i - \bar{X})^2$，试求$\sqrt{\dfrac{n}{n+1}}\dfrac{X_{n+1} - \bar{X}_n}{S}$的分布。

解：由于 $X_1,\cdots,X_n,X_{n+1}$ 来自总体 $N(\mu,\sigma^2)$ 的简单随机样本，则分别有 $X_{n+1}\sim N(\mu,\sigma^2)$ 和 $\bar{X}_n\sim N(\mu,\frac{\sigma^2}{n})$，且 X_{n+1} 和 $\bar{X}_n$ 相互独立，则 $X_{n+1}-\bar{X}_n\sim N(0,\frac{n+1}{n}\sigma^2)$，且 $Z=\frac{X_{n+1}-\bar{X}_n}{\sqrt{\frac{n+1}{n}\sigma^2}}\sim N(0,1)$。

因为 $\chi^2=\frac{(n-1)S^2}{\sigma^2}\sim\chi^2(n-1)$，而且根据定理5－1的结论有 Z 和 χ^2 相互独立，所以：

$$t=\frac{Z}{\sqrt{\chi^2/(n-1)}}=\frac{X_{n+1}-\bar{X}_n}{\sqrt{\frac{n+1}{n}\sigma^2}}\Big/\sqrt{\frac{(n-1)S^2}{(n-1)\sigma^2}}$$

$$=\sqrt{\frac{n}{n+1}}\frac{X_{n+1}-\bar{X}_n}{S}\sim t(n-1)$$

定理6－3 若总体 X 服从 $N(\mu_1,\sigma_1^2)$ 分布，总体 Y 服从 $N(\mu_2,\sigma_2^2)$ 分布，且两个总体相互独立。从两总体中分别抽取容量为 n_1 和 n_2 的样本 $X_1,\cdots,X_{n_1}$ 和 $Y_1,\cdots,Y_{n_2}$，则：

①
$$Z=\frac{\bar{X}-\bar{Y}-(\mu_1-\mu_2)}{\sqrt{\frac{\sigma_1^2}{n_1}+\frac{\sigma_2^2}{n_2}}}\sim N(0,1)\tag{6.22}$$

② 当 $\sigma_1^2=\sigma_2^2$，则：

$$t=\frac{\bar{X}-\bar{Y}-(\mu_1-\mu_2)}{S_w\sqrt{\frac{1}{n_1}+\frac{1}{n_2}}}\sim t(n_1+n_2-2)\tag{6.23}$$

其中：

$$S_w=\sqrt{\frac{(n_1-1)S_1^2+(n_2-1)S_2^2}{n_1+n_2-2}}$$

式(6.22)是因为 $X_1,\cdots,X_{n_1}\overset{i.i.d}{\sim}N(\mu_1,\sigma^2)$，$Y_1,\cdots,Y_{n_2}\overset{i.i.d}{\sim}N(\mu_2,\sigma^2)$，并且两组样本是相互独立的，所以：

$\bar{X}\sim N(\mu_1,\sigma^2/n_1)$，$\bar{Y}\sim N(\mu_2,\sigma^2/n_2)$

又由于 $\bar{X}$ 和 $\bar{Y}$ 相互独立，从而：

$\bar{X}-\bar{Y}-(\mu_1-\mu_2)\sim N(0,\frac{\sigma_1^2}{n_1}+\frac{\sigma_2^2}{n_2})$

则：

$$Z=\frac{\bar{X}-\bar{Y}-(\mu_1-\mu_2)}{\sqrt{\frac{\sigma_1^2}{n_1}+\frac{\sigma_2^2}{n_2}}}\sim N(0,1)$$

由式(6.23)和定理6－1可以得到：

$$\frac{(n_1-1)S_1^2}{\sigma^2}\sim\chi^2(n_1-1),\frac{(n_2-1)S_2^2}{\sigma^2}\sim\chi^2(n_2-1)$$

且 S_1^2 和 S_2^2 相互独立，从而：

$$\chi^2=\frac{(n_1-1)S_1^2}{\sigma^2}+\frac{(n_2-1)S_2^2}{\sigma^2}\sim\chi^2(n_1+n_2-2)$$

又由于统计量 Z 和 χ^2 相互独立，所以有：

$$t=\frac{Z}{\sqrt{\chi^2/(n_1+n_2-2)}}\sim t(n_1+n_2-2)$$

将 t 统计量化简，可以得到：

$$t=\frac{\bar{X}-\bar{Y}-(\mu_1-\mu_2)}{S_w\sqrt{\frac{1}{n_1}+\frac{1}{n_1}}}$$

所以，统计量服从自由度为 n_1+n_2-2 的 t 分布。

定理6－3主要用于对两总体的均值进行推断，当两总体方差已知时，可以用式(6.22)中的统计量推断两个总体均值的差异；当两总体方差未知且相等时，式(6.22)中的随机变量不再是统计量，此时需要利用式(6.23)中构造的统计量推断两个总体均值的差异。

定理6－4 若总体 $X\sim N(\mu_1,\sigma_1^2)$，另一总体 $Y\sim N(\mu_2,\sigma_2^2)$，从第一总体中抽取容量为 n_1 的样本，从第二个总体中抽取容量为 n_2 的样本，两个总体是独立的，则统计量：

$$F=\frac{S_1^2/\sigma_1^2}{S_2^2/\sigma_2^2}\sim F(n_1-1,n_2-1) \tag{6.24}$$

因为样本相互独立且和总体具有相同的分布，所以：

$$X_1,\cdots,X_{n_1}\overset{i.i.d}{\sim}N(\mu_1,\sigma_1^2)$$

$$Y_1,\cdots,Y_{n_2}\overset{i.i.d}{\sim}N(\mu_2,\sigma_2^2)$$

由定理6－1有：

$$\chi_1^2=\frac{(n_1-1)S_1^2}{\sigma_1^2}\sim\chi^2(n_1-1)$$

$$\chi_2^2=\frac{(n_2-1)S_2^2}{\sigma_2^2}\sim\chi^2(n_2-1)$$

由于两个总体相互独立，所以随机变量 χ_1^2 和 χ_2^2 相互独立，从而：

$$F=\frac{\chi_1^2/(n_1-1)}{\chi_2^2/(n_2-1)}=\frac{S_1^2/\sigma_1^2}{S_2^2/\sigma_2^2}\sim F(n_1-1,n_2-1)$$

所以该随机变量服从第一自由度为 n_1-1，第二自由度为 n_2-1 的 F 分布。

式(6.24)主要用于检验两个总体的方差是否有显著差异。

本章小结

1. 总体的含义可抽象为所感兴趣的变量及其取值的分布,总体分布是对客观对象变量取值情况的数学描述。通过观测或试验的方法,获得的总体中一部分个体的取值,称为样本,每个个体的取值称为样本点。

2. 设 $(X_1,\cdots,X_n)$ 是来自总体 X 的一个样本, $T=T(X_1,X_2,\cdots,X_n)$ 是 $(X_1,\cdots,X_n)$ 的函数,如果 T 中不含任何未知参数,则称 $T(X_1,X_2,\cdots,X_n)$ 为一个统计量。在统计推断问题中,经常需要利用样本构造出合适的统计量,并使其服从或渐进地服从已知的分布。统计量的分布为抽样分布。样本的联合分布函数或联合密度函数反映了样本的分布状况。

3. 在正态分布假定下三种主要的常用分布——χ^2 分布、t 分布和 F 分布的定义、构造原理和性质。掌握计算 χ^2 分布、t 分布和 F 分布的分位数的方法。

4. 正态分布条件下抽样分布的重要定理。单正态总体与双正态总体中样本的一些统计量及其服从的已知分布。

思考题与练习题

6-1 简述抽样分布的功能,即为什么要研究抽样分布。

6-2 $F(n_1,n_2)$ 和 $F(n_2,n_1)$ 的百分位点有什么关系?

6-3 统计量的定义是什么?抽样分布的定义是什么?样本点是不是统计量,其分布是什么?

6-4 标准正态分布和 χ^2 分布、t 分布、F 分布的关系是什么?

6-5 设总体 $X\sim U(a,b)$,$(X_1,\cdots,X_n)$ 是来自该总体的一个样本,试写出 $(X_1,\cdots,X_n)$ 的联合密度函数。

6-6 设 $X_1,\cdots,X_{10}$ 是独立同服从 $N(0,4)$ 分布的随机变量,试确定 C,使:

$$P\left(\sum_{i=1}^{10}X_i^2>C\right)=0.05。$$

6-7 设 X_1 和 X_2 是取自正态分布 $N(0,\sigma^2)$ 的一个样本,求概率:

$$P\left[\frac{(X_1+X_2)^2}{(X_1-X_2)^2}\leqslant 4\right]。$$

6-8 设容量为 25 的样本取自正态总体 $N(3,100)$,设 $\bar{X}$ 和 S^2 分别是样本其均值与方差,计算 $P(0<\bar{X}\leqslant 6.5)$ 和 $P(55.2<S^2\leqslant 145.6)$。

7

参数估计

在一些实际问题中,研究对象的总体分布类型可以从理论或实际经验得到,但总体参数常常是未知的,需要利用样本提供的信息对未知参数做出估计,其分布函数才能完全确定。由于随机变量的数字特征与它的概率分布中的参数有一定的关系,因而对数字特征的估计也称参数估计。参数估计有两种基本形式——点估计和区间估计。

7.1 点估计

§7.1.1 点估计的概念

点估计是直接利用样本估计值去估计总体参数,估计结果在数轴上是一个点。

设 θ 为总体 X 的待估参数, $X_1,X_2\cdots,X_n$ 是从总体中抽取的一个容量为 n 的样本,记其观测值为 $x_1,x_2\cdots,x_n$。点估计的基本思想是通过构造样本统计量 $\hat{\theta}=\theta(X_1,\cdots,X_n)$ 去估计总体的未知参数 θ。$\hat{\theta}$ 称为 θ 的点估计量,它是样本 $X_1,X_2\cdots,X_n$ 的函数,是随机变量。将样本观测值代入 $\hat{\theta}$, 得到 $\hat{\theta}(x_1,\cdots,x_n)$ 称为参数 θ 的点估计值。

点估计的方法有多种,包括矩估计法、极大似然估计法、顺序统计量法、贝叶斯估计法和最小二乘法等,本章只介绍两种最常用的方法——矩估计法和极大似然估计法。

§7.1.2 矩估计法

矩估计法是一种古老的点估计方法,是根据英国统计学家卡尔・皮尔逊(K. Pearson)的替换原则提出的。替换原则的基本思想是用样本矩去替换总体矩。这种替换是有理论依据的。由辛钦大数定律可知,若总体 k 阶原点矩 $E(X^k)$ 存在,样本的 k 阶原点矩依概率收敛于总体 k 阶原点矩 $E(X^k)$。所以,当总体 k 阶原点矩 $E(X^k)$ 未知时,自然会想到用样本 k 阶原点矩 $\dfrac{\sum_{i=1}^{n} X_i^k}{n}$ 来替换。至于其他的未知参数,只需将它表示成矩的函数,然后用样本相应矩来代替。

矩估计法的一般步骤如下:

设总体 X 的分布中包含 k 个未知参数 $\theta_1,\cdots,\theta_k$, 则其分布函数可以表示为 $F(x;\theta_1,\cdots,\theta_k)$。若总体 X 的 1 至 k 阶原点矩存在,且为 $\theta_1,\cdots,\theta_k$ 的函数,记为 $m_g(\theta_1,\cdots,\theta_k)$, $g=1,2,\cdots,k$, 则可分别用样本的各阶原点矩去估计总体的相应原点矩,即:

$$\hat{m}_g(\theta_1,\cdots,\theta_k)=\frac{1}{n}\sum_{i=1}^{n} X_i^g, g=1,2,\cdots,k \tag{7.1}$$

式(7.1)构成包含 k 个未知参数的 k 个方程式,将这些方程式展开可以得到下面的联立方程组:

$$
\begin{cases}
\hat{m}_1 = \dfrac{1}{n}\sum\limits_{i=1}^{n} X_i \\
\hat{m}_2 = \dfrac{1}{n}\sum\limits_{i=1}^{n} X_i^2 \\
\cdots \\
\hat{m}_k = \dfrac{1}{n}\sum\limits_{i=1}^{n} X_i^k
\end{cases}
\tag{7.2}
$$

解上述联立方程组,可以得到未知参数 θ_i 的矩估计量 $\hat{\theta}_i = f_i(X_{1,\cdots,}X_n)$,将样本观测值 $x_1,\cdots,x_n$ 代入矩估计量,即得到矩估计值。

【例 7-1】设总体 X 的均值为 μ,方差为 σ^2,μ 和 σ^2 未知,$X_1,X_2,\cdots,X_n$ 是从总体中抽取的一个容量为 n 的样本,求 μ 和 σ^2 的矩估计。

解:根据题意有:

$E(X) = \mu$

$E(X^2) = D(X) + [E(X)]^2 = \sigma^2 + \mu^2$

由式(7.1)可得:

$$
\begin{cases}
\hat{\mu} = \dfrac{1}{n}\sum\limits_{i=1}^{n} X_i = \bar{X} \\
\widehat{\sigma^2} + \mu^2 = \dfrac{1}{n}\sum\limits_{i=1}^{n} X_i^2
\end{cases}
$$

解此方程组得到 μ 和 σ^2 的矩估计量分别为:

$\hat{\mu} = \bar{X}$

$$
\widehat{\sigma^2} = \frac{1}{n}\sum_{i=1}^{n} X_i^2 - \bar{X}^2 = \frac{1}{n}\sum_{i=1}^{n} (X_i - \bar{X})^2
$$

矩估计法的优点在于思想较为简单,使用方便,并且当总体分布未知时该方法也可使用。但也有一些局限性:由于矩估计法只利用了总体矩的部分信息,并未用到总体的分布,在体现总体分布特征上往往性质较差,只有样本容量较大时,才能保证矩估计量依概率收敛到相应的总体矩,因此,矩估计法通常在样本容量较大时使用。在使用矩估计法时需要首先检验总体 k 阶矩是否存在。如果总体 k 阶矩不存在,该方法无法使用。另外,在一些情况下,矩估计结果可能并不唯一。例如,对于泊松分布参数 λ,如果用样本均值和方差去估计 λ,将得到不同的结果。

*§7.1.3 极大似然估计法

极大似然估计法最早是由高斯提出的一种参数估计方法,后来费雪重新提出并证明了这种方法的一些性质,目前仍得到广泛应用。这种方法通常是在总体分布类型已知时常用的一种点估计法。

介绍极大似然估计的思想之前，先看一个例子。设有甲、乙两个形状相同的盒子，已知两个盒子各有6个球，在甲盒中装入了4个白色的球和2个黑色的球，在乙盒中装入了2个白色的球和4个黑色的球。现任取一只盒子，再从其中有放回地任抽2个球，结果均为白球。我们自然会想到，这两个球来自甲盒的可能性更大。即随机试验的结果更可能来自概率最大的事件，也就是人们常说的概率最大原则。

极大似然估计的基本思想可简单叙述如下：假设总体 X 的分布函数已知，但参数 θ 未知，它可以有很多取值，我们要在参数 θ 的一切可能取值中选出一个使样本观察值出现概率最大的 $\hat{\theta}$ 作为参数 θ 的估计，并称 $\hat{\theta}$ 为 θ 的极大似然估计。在实际计算中，这种概率最大化是通过求解参数，使得联合概率函数最大化来体现的。极大似然估计的数学表述为：

记总体的概率函数为 $f(x,\theta_1,\theta_2,\cdots,\theta_k)$，$\theta_1,\theta_2,\cdots,\theta_k$ 为未知参数。当 X 为离散型随机变量时，$f(x,\theta_1,\theta_2,\cdots,\theta_k) = P(X = x,\theta_1,\theta_2,\cdots,\theta_k)$；当 X 为连续型随机变量时，$f(x,\theta_1,\theta_2,\cdots,\theta_k)$ 为 $X = x$ 处的密度函数。$X_1,X_2\cdots,X_n$ 为来自总体的随机样本，x_1，$x_2\cdots,x_n$ 为样本观察值，当总体概率函数 $f(x,\theta)$ 的形式已知时，我们把样本的联合密度函数式(7.3)称为似然函数。

$$L = L(x_1,\cdots,x_n;\theta_1,\theta_2,\cdots,\theta_k) = \prod_{i=1}^{n} f(x_i;\theta) \tag{7.3}$$

似然函数常简记为 $L(\theta_1,\theta_2,\cdots,\theta_k)$，是未知参数 θ 的函数。对于离散型随机变量，似然函数是样本出现的概率；对于连续型随机变量，似然函数是样本的联合密度函数。似然函数的大小取决于未知参数 $\theta_1,\theta_2,\cdots,\theta_k$。若有 $\hat{\theta}_i(x_1,\cdots,x_n)$（其中，$i=1,2,\cdots,k$），使得：

$$L(x_1,\cdots,x_n;\hat{\theta}_1,\hat{\theta}_2,\cdots,\hat{\theta}_k) = \max_{(\theta_1,\theta_2,\cdots,\theta_k)} L(x_1,\cdots,x_n;\theta_1,\theta_2,\cdots,\theta_k) \tag{7.4}$$

其中，称 $\hat{\theta}_i(X_1,\cdots,X_n)$ 为参数 θ_i 的极大似然估计量，$\hat{\theta}_i(x_1,\cdots,x_n)$ 为参数 θ_i 的极大似然估计值。

当似然函数关于参数 θ_i 可导时，求似然函数的极大值可以通过求导来获得。为便于求解最大值，通常将似然函数取对数转化为对数似然函数求解 $\hat{\theta}$①。实际用时，可以按照如下步骤进行：

①由总体分布推导出样本联合密度函数；

②根据联合密度（或概率）函数，写出在样本 $(x_1,\cdots,x_n)$ 处的似然函数 $L(x_1,\cdots,x_n;\theta)$ 或对数似然函数 $\mathrm{Ln}L(x_1,\cdots,x_n;\theta)$；

③ 通过求解似然方程组 $\frac{\partial L}{\partial \theta_i} = 0$ 或 $\frac{\partial \ln L}{\partial \theta_i} = 0$，即可得到未知参数 θ_i 的极大似然估计

① 对数化处理在优化求解指数分布函数参数时尤其有效，能将密度函数的指数部分线性化，提高运算效率。

量 $\hat{\theta}_i(X_1,\cdots,X_n)$，将样本观察值代入 $\hat{\theta}_i(X_1,\cdots,X_n)$，即得到 θ_i 的极大似然估计值 $\hat{\theta}_i(x_1,\cdots,x_n)$。

更一般地，设 $\hat{\theta}$ 是 θ 的极大似然估计，$g(\theta)$ 是 θ 的连续函数，则 $g(\theta)$ 的极大似然估计为 $g(\hat{\theta})$。这个性质被称作极大似然估计的不变性，是极大似然估计法的一个重要性质。

【例 7-2】某电子元器件失效时间服从指数分布 $P(t)=\lambda e^{-\lambda t},t>0$，现随机抽取了 7 个电子元器件，测得其失效时间（单位：万小时）分别为：4.6，2.8，3.5，2.6，5.1，3.7，5.7，求参数 λ 的极大似然估计值。

解：首先写出似然函数 $L(x_1,\cdots,x_n;\theta)=\prod_{i=1}^{7}f(x_i,\lambda)=\lambda^7 e^{-\lambda\sum_{i=1}^{7}x_i}$

对数似然函数：$\ln L(x_1,\cdots,x_n;\lambda)=7\ln\lambda-\lambda\sum_{i=1}^{7}x_i$

似然方程为：$\dfrac{d\ln L(x_1,\cdots,x_n;\lambda)}{d\lambda}=\dfrac{7}{\lambda}-\sum_{i=1}^{7}x_i=0$

求解似然方程，得 λ 的极大似然估计量为：$\hat{\lambda}=\dfrac{7}{\sum_{i=1}^{7}x_i}=\dfrac{1}{\bar{x}}$

样本观测值计算得 $\bar{x}=4$，因此 λ 的极大似然估计值为：$\hat{\lambda}=\dfrac{1}{\bar{x}}=\dfrac{1}{4}$

若无法通过解似然方程组求未知参数的极大似然估计时，可从定义直接在边界点上寻找极大似然估计值，如例 7-3。

【例 7-3】总体服从均匀分布 $X\sim U(a,b)$，其中，a,b 是未知参数。设 $X_1,\cdots,X_n$ 为来自该总体的随机样本，$x_1,\cdots,x_n$ 为样本观察值，求未知参数 a,b 的极大似然估计。

解：总体服从均匀分布，即 $f(x_1,\cdots,x_n,a,b)=\begin{cases}\dfrac{1}{b-a} & x\in[a,b]\\ 0 & x\notin[a,b]\end{cases}$

似然函数：

$$L(x_1,\cdots,x_n;a,b)=\prod_{i=1}^{n}f(x_i,a,b)=\begin{cases}\dfrac{1}{(b-a)^n} & x_i\in[a,b],\quad i=1,2,\cdots,n\\ 0 & x_i\notin[a,b]\end{cases}$$

似然函数 $L(x_1,\cdots,x_n;a,b)$ 并不关于 a,b 连续，无法通过求解似然方程组求出 a,b。根据概率最大原则，a,b 的取值应该使似然函数最大。根据均匀分布的性质，只有 $x\in[a,b]$ 时，似然函数才能取得最大值，此时 $L(x_1,\cdots,x_n;a,b)=\dfrac{1}{(b-a)^n}$，显然 $(b-a)$ 越小，$L(x_1,\cdots,x_n;a,b)$ 就越大，由 $a\leqslant\min\limits_{1\leqslant i\leqslant n}\{x_i\}\leqslant\max\limits_{1\leqslant i\leqslant n}\{x_i\}\leqslant b$，因此，

$\hat{a} = \min_{1 \le i \le n} \{x_i\}, \hat{b} = \max_{1 \le i \le n} \{x_i\}$。

通过以上例子可见,极大似然方法的关键是构造似然函数,通过使该函数达到最大值求解未知参数。有时似然方程易于求解,但有时极大值求解较为麻烦,需要用到一些数值算法。在此,不对这些优化方法进行专门介绍,感兴趣的读者可参考相关书籍。此外,当无法通过似然方程求解未知参数时,往往需要根据极大似然原则,利用样本信息求解似然函数最大值。

§7.1.4 评价估计优劣的标准

前面介绍了两种点估计的方法。在实际应用时常出现这样的困惑:用不同的方法估计同一参数可能得到不同的估计量,究竟如何判断哪个估计量较为恰当呢?这就需要研究评判点估计优劣的标准,即点估计的优良性。一个好的估计量通常要满足无偏性、有效性、一致性原则。

(1)无偏性

设 $\hat{\theta}$ 为总体参数 θ 的点估计量,如果满足式(7.5),则称 $\hat{\theta}$ 是 θ 的无偏估计量。

$$E(\hat{\theta}) = \theta \quad 或者 \quad E(\hat{\theta}) - \theta = 0 \tag{7.5}$$

无偏性说明,不同的样本得到的 $\hat{\theta}$ 不同,可能大于 θ,也可能小于 θ,多次抽样时,$\hat{\theta}$ 的平均值与真实值一致。在实际应用中无偏估计保证了没有系统偏差。如图 7.1 所示,$E(\hat{\theta}_1) = \theta$,$\hat{\theta}_1$ 是 θ 的无偏估计量。从分布密度 $f(\hat{\theta}_1)$ 的形态可以看出,估计的结果将以较大的概率出现在 θ 的周围。而 $E(\hat{\theta}_2) > \theta$,用 $\hat{\theta}_2$ 作为估计量则有可能系统性地高估 θ。

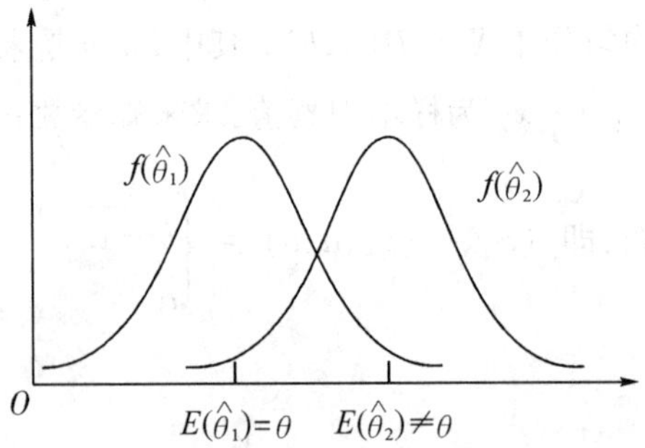

图 7.1 估计量的无偏性示意图

【例 7-4】求证:

①样本均值 $\bar{X}$ 是总体均值 μ 的无偏估计量;

②样本方差 $S^2 = \frac{1}{n-1}\sum_{i=1}^{n}(X_i - \bar{X})^2$ 是总体方差 σ^2 的无偏估计量。

证明:记 $X_1, \cdots, X_n$ 为从总体中独立抽取容量为 n 的样本,则:

$E(X_i) = \mu, D(X_i) = \sigma^2$

$$E(\bar{X}) = E\left(\frac{1}{n}\sum_{i=1}^{n} X_i\right) = \frac{1}{n}E\left(\sum_{i=1}^{n} X_i\right) = \mu$$

因此,样本均值是总体均值的无偏估计量。

$$\begin{aligned}
E(S^2) &= E\left(\frac{1}{n-1}\sum_{i=1}^{n}(X_i - \bar{X})^2\right) \\
&= \frac{1}{n-1}E\left\{\sum_{i=1}^{n}[(X_i - \mu) - (\bar{X} - \mu)]^2\right\} \\
&= \frac{1}{n-1}\left[\sum_{i=1}^{n}E(X_i - \mu)^2 - 2\sum_{i=1}^{n}E(X_i - \mu)(\bar{X} - \mu) + \sum_{i=1}^{n}E(\bar{X} - \mu)^2\right] \\
&= \frac{1}{n-1}\left[\sum_{i=1}^{n}E(X_i - \mu)^2 - 2nE(\bar{X} - \mu)^2 + \sum_{i=1}^{n}E(\bar{X} - \mu)^2\right] \\
&= \frac{1}{n-1}\left(n\sigma^2 - 2n\frac{\sigma^2}{n} + n\frac{\sigma^2}{n}\right) \\
&= \sigma^2
\end{aligned}$$

例 7-4 说明样本方差是总体方差的无偏估计量。但是在样本容量比较大的时候,人们常常用样本未修正方差 $S_n^2 = \frac{1}{n}\sum_{i=1}^{n}(X_i - \bar{X})^2$ 作为总体方差的估计量。这是因为,随着样本容量 n 的增大,样本未修正方差将逐渐收敛到总体方差,也就是有 $\lim_{n\to\infty}E(S_n^2) = \lim_{n\to\infty}E\left(\frac{n-1}{n}S^2\right) = \sigma^2$。当有偏估计量期望的极限等于总体参数时,这个估计量也被称为渐进无偏估计量,用公式表示为:$\lim_{n\to\infty}E(\hat{\theta}_n) = \theta$。

理解统计量的无偏性时,需要注意以下问题:

① 一般来说,无偏估计量并不唯一,甚至可以是无限多个。例如,参数 θ 的两个无偏估计 $\hat{\theta}_1$ 与 $\hat{\theta}_2$,对任何满足 $\alpha_1 + \alpha_2 = 1$ 的 α_1, α_2, $\alpha_1\hat{\theta}_1 + \alpha_2\hat{\theta}_2$ 都是 θ 的无偏估计量。

② $\hat{\theta}$ 是参数 θ 的无偏估计量,但 $g(\hat{\theta})$ 通常不是 $g(\theta)$ 的无偏估计量。例如,S^2 是总体方差 σ^2 的无偏估计量,但是用 S 作为总体标准差 σ 的点估计则是有偏的。又如:样本均值 $\bar{X}$ 是总体均值 μ 的无偏估计量,但 $E(\bar{X}^2) = D(\bar{X}) + [E(\bar{X})]^2 = \frac{\sigma^2}{n} + \mu^2 \neq \mu^2$,即 $\bar{X}^2$ 也不是 μ^2 的无偏估计量。

(2)有效性

既然无偏估计量不一定唯一,有多个无偏估计量时,如何从中选取更好的估计量呢?一个很直观的想法是希望估计量与待估参数真实值之间的偏差程度越小越好,这种偏差程度用均方误差 $\mathrm{MSE}(\hat{\theta}) = E(\hat{\theta} - \theta)^2$ 度量。实际上均方误差包括估计量 $\hat{\theta}$ 的方差 $E(\hat{\theta} - E(\hat{\theta}))^2$ 和偏差平方 $E(E(\hat{\theta}) - \theta)^2$ 两部分。但是对于无偏估计量而言,由于 $E(\hat{\theta}) = \theta$,因此无偏估计量的 MSE 实际上就是 $\hat{\theta}$ 的方差。

图 7.2 绘制了无偏估计量 $\hat{\theta}_1$ 与 $\hat{\theta}_2$ 的分布密度曲线 $f(\hat{\theta}_1)$ 和 $f(\hat{\theta}_2)$。尽管这两个估计量都是无偏的，但两者的方差并不一样，$D(\hat{\theta}_1) < D(\hat{\theta}_2)$。从图 7.2 中可见，$\hat{\theta}_1$ 的分布更集中在总体参数 θ 周围，而 $\hat{\theta}_2$ 的分布则更分散。因此，尽管两者不存在系统性的偏差，但 $\hat{\theta}_1$ 的方差更小，分布更集中。若参数 θ 有两个估计量 $\hat{\theta}_1$ 与 $\hat{\theta}_2$，如果满足 $E(\hat{\theta}_1) = E(\hat{\theta}_2)$ 并且 $D(\hat{\theta}_1) < D(\hat{\theta}_2)$，则称 $\hat{\theta}_1$ 比 $\hat{\theta}_2$ 有效。

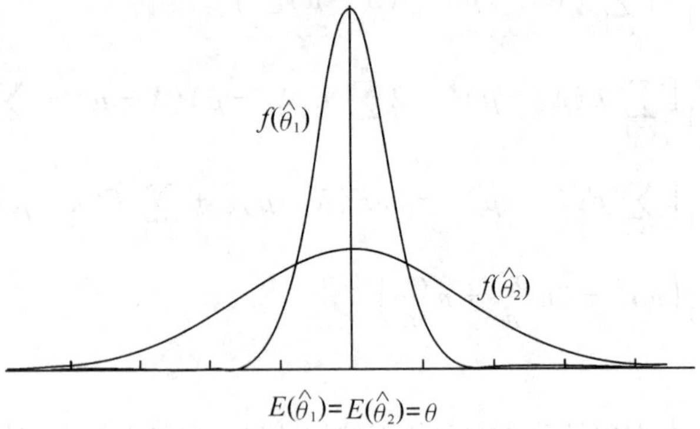

图 7.2　估计量的有效性示意图

【例 7-5】$X_1, \cdots, X_n$ 为来自总体的随机样本，试证明样本均值 $\bar{X}$ 与 X_i 都是总体均值的无偏估计量，且 $\bar{X}$ 更有效。

解：

$$E(\bar{X}) = E\left(\frac{1}{n}\sum_{i=1}^{n} X_i\right) = \mu$$

$$E(X_i) = \mu$$

由于 $\bar{X}$ 与 X_i 都是总体均值的无偏估计，这样可以通过比较两者方差来评判其有效性：

$$D(\bar{X}) = D\left(\frac{1}{n}\sum_{i=1}^{n} X_i\right) = \frac{\sigma^2}{n}$$

$$D(X_i) = \sigma^2$$

由于 $D(\bar{X}) < D(X_i)$，因此，$\bar{X}$ 比 X_i 更有效。正是 $\bar{X}$ 更稳定，所以人们通常会选择 $\bar{X}$ 而不是 X_i 作为总体均值估计量。

(3)一致性

一致性也称相合性，是在大样本时给出的评判标准，意味着随着样本容量趋于无穷，估计量依概率收敛于总体参数的真实值。设 $\hat{\theta}_n = \hat{\theta}(X_1, \cdots, X_n)$ 是参数 θ 的估计量，如果对于任意小的正数 ε，有：

$$\lim_{n\to\infty} P(|\hat{\theta}_n - \theta| > \varepsilon) = 0 \text{ 或者 } \lim_{n\to\infty} P(|\hat{\theta}_n - \theta| \leq \varepsilon) = 1 \tag{7.6}$$

则称 $\hat{\theta}_n$ 是 θ 的一致估计量，意味着 $\hat{\theta}_n$ 依概率收敛于 θ。一致性说明当样本容量很大时，能以概率 1 相信 $\hat{\theta}_n$ 落在 θ 的任意小的 ε 邻域之内，也就是说可以保证估计误差达到任意指定的要求,如图 7.3 所示。

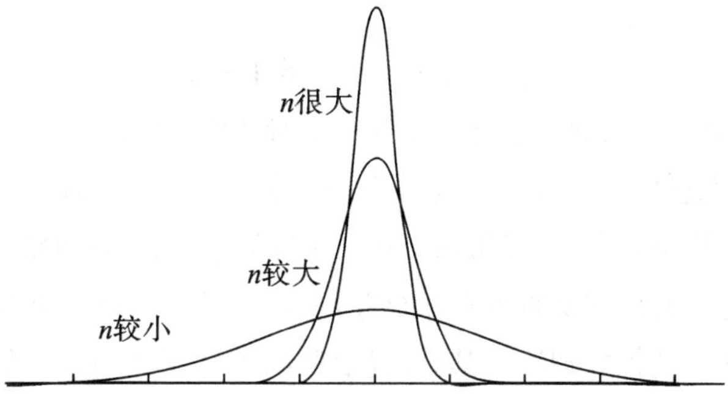

图 7.3　估计量的一致性示意图

【例7-6】已知 $X \sim N(\mu,\sigma^2)$, $X_1,\cdots,X_n$ 是来自该总体的随机样本, $\frac{1}{n}\sum_{i=1}^{n} X_i$ 是总体的未知参数 μ 的极大似然估计,求证, $\frac{1}{n}\sum_{i=1}^{n} X_i$ 是 μ 的一致估计量。

证明:对于任意小的正数 ε, 由切比雪夫不等式有:

$$p\left(\left|\frac{1}{n}\sum_{i=1}^{n} X_i - \mu\right| \geqslant \varepsilon\right) \leqslant \frac{D\left(\frac{1}{n}\sum_{i=1}^{n} X_i\right)}{\varepsilon^2}$$

$$\frac{D\left(\frac{1}{n}\sum_{i=1}^{n} X_i\right)}{\varepsilon^2} = \frac{\sigma^2}{n\varepsilon^2}, \text{当 } n\to\infty \text{ 时}, \frac{\sigma^2}{n\varepsilon^2}\to 0$$

因此, $\frac{1}{n}\sum_{i=1}^{n} X_i$ 是 μ 的一致估计量。

进一步由切比雪夫不等式可证,对于 θ 的点估计 $\hat{\theta}_n$, 如果 $E(\hat{\theta}_n) = \theta$ 或者 $\lim_{n\to\infty} E(\hat{\theta}_n) = \theta$, 并且 $\lim_{n\to\infty} D(\hat{\theta}) = 0$, 则 $\hat{\theta}$ 是 θ 的一致估计量。样本平均数和方差分别是总体平均数及方差的一致估计量。

7.2　区间估计

点估计能够给出明确的估计值大小,但是无法说明估计的精确程度。与点估计不同,区间估计是在一定概率把握程度下,构造待估参数可能的区间范围作为未知参数的估计。

§7.2.1　区间估计概述

(1)区间估计的概念

设 θ 是总体的一个未知参数,其参数空间为 Θ, $X_1,\cdots,X_n$ 为来自总体的一个样本,对给定的$\alpha(0<\alpha<1)$，根据样本构造两个统计量$\hat{\theta}_L(X_1,\cdots,X_n),\hat{\theta}_U(X_1,\cdots,X_n)$，且$\hat{\theta}_L<\hat{\theta}_U$，使得：

$$p(\hat{\theta}_L \leqslant \theta \leqslant \hat{\theta}_U)=1-\alpha \tag{7.7}$$

则称区间$[\hat{\theta}_L,\hat{\theta}_U]$是$\theta$的置信水平为$1-\alpha$时的置信区间。

区间估计的直观意思是,构造一个随机区间$[\hat{\theta}_L,\hat{\theta}_U]$，随着样本的变化,这个区间会发生变化。例如,抽样100次,可以得到100个这样的区间,在这100个区间中,有的包含真实值θ,有的不包含θ,包含θ的频率可能为$1-\alpha$。可见,区间估计不仅仅能给出估计的精确度,还能给出估计的把握程度。其中,置信区间表达了区间估计的精确度,置信区间越小,估计越精确。而置信水平则反映了区间估计的可靠性,置信水平$1-\alpha$越大,区间估计把握程度越高。此外,提高区间估计的精确性往往要降低估计的把握程度。根据统计理论,置信区间越小,即估计越精确,置信水平将越低。因此,在实际工作中常常根据具体问题设置合理的置信水平,然后进行区间估计。常用的置信水平有90%、95%等。

(2)区间估计与抽样极限误差

随机区间$[\hat{\theta}_L,\hat{\theta}_U]$满足$p(\hat{\theta}_L \leqslant \theta \leqslant \hat{\theta}_U)=1-\alpha$，可以写作$p(|\hat{\theta}-\theta| \leqslant \Delta_{\hat{\theta}})=1-\alpha$，其中，$\hat{\theta}_L=\hat{\theta}-\Delta_{\hat{\theta}},\hat{\theta}_U=\hat{\theta}+\Delta_{\hat{\theta}}$。从变形后的公式可以看出，$\Delta_{\hat{\theta}}$实际上表示了一定概率水平下抽样误差的可能范围,是在$1-\alpha$的概率水平下,样本统计量和总体指标的最大可能差异,通常被称为抽样极限误差。显然，$\Delta_{\hat{\theta}}$越小,样本指标和总体指标之间误差越小,估计的精度越高,但是$1-\alpha$也会相应减小,换句话说,估计的把握程度降低了。如果要提高估计的把握程度,意味着会增大$\Delta_{\hat{\theta}}$，从而降低估计精度。如果既要提高抽样的精度又要提高抽样的把握程度,通常需要增加样本容量,但是增加样本容量会使抽样调查的成本增加。在实际应用时,可先确定一个合理的把握程度再求相应的允许误差,或者先确定一个允许误差范围再求相应的把握程度。

与极限误差紧密联系的一个概念是抽样平均误差。抽样平均误差是样本统计量的标准差,对于无偏估计量而言,抽样平均误差反映估计量与总体参数真值之间的平均差异。常用的总体均值估计量的抽样平均误差记为$\sigma_{\bar{x}}$，其计算公式为：

在重复抽样下：

$$\sigma_{\bar{x}}=\frac{\sigma}{\sqrt{n}} \tag{7.8}$$

在不重复抽样下,记总体单位数为N:

$$\sigma_{\bar{x}}=\sqrt{\frac{\sigma^2(N-n)}{n(N-1)}} \tag{7.9}$$

通常总体方差σ^2未知,一般用样本方差S^2代替。

在总体容量比较大的情况下,可以用$1-\frac{n}{N}$代替式(7.9)中的$\frac{N-n}{N-1}$。$\sqrt{\frac{N-n}{N-1}}$或

$\sqrt{1-\frac{n}{N}}$ 也称为不重复抽样的修正因子①。当样本均值服从或渐进服从正态分布时，有：

$$p(|\bar{X}-\mu| \leqslant Z_{\alpha/2}\sigma_{\bar{x}}) = 1-\alpha$$

可见，$Z_{\alpha/2}\sigma_{\bar{x}}$ 是在给定概率 $1-\alpha$ 时，样本均值和总体均值的极限误差。因此，平均数的抽样极限误差是给定 $1-\alpha$ 的概率水平下分布临界值与抽样平均误差的乘积。其计算公式为：

$$\Delta_{\bar{x}} = Z_{\alpha/2}\sigma_{\bar{x}} \tag{7.10}$$

§7.2.2 单个总体参数的区间估计

(1)大样本时总体均值的区间估计

在大样本条件下，无论总体分布形式如何，$Z=\frac{\bar{X}-\mu}{\sigma_{\bar{x}}} \sim N(0,1)$。由 $p\left(-Z_{\alpha/2}<\frac{\bar{X}-\mu}{\sigma_{\bar{x}}}<Z_{\alpha/2}\right)=1-\alpha$，得到总体均值 μ 的置信水平为 $1-\alpha$ 的置信区间为：

$$[\bar{X}-Z_{\alpha/2}\sigma_{\bar{x}},\bar{X}+Z_{\alpha/2}\sigma_{\bar{x}}] \tag{7.11}$$

【例 7-7】从某工厂生产的零件中随机抽取了 100 件，测得平均长度为 18.5 毫米。已知样本标准差为 0.2 毫米，试在 90% 的置信水平下求该零件平均长度的置信区间。

解：已知 $n=100$，属于大样本，$Z_{\alpha/2}=1.645$

$$\sigma_{\bar{x}} = S/\sqrt{n} = 0.2/\sqrt{100} = 0.02$$

$$\Delta_{\bar{x}} = Z_{\alpha/2}\sigma_{\bar{x}} = 1.645 \times 0.02 = 0.0329$$

故有 90% 的把握认为该零件的平均长度为 $18.5-0.0329 \leqslant \mu \leqslant 18.5+0.0329$ 即 [18.467 1,18.532 9] 毫米。

(2)小样本时总体均值的区间估计

小样本时，如果总体服从正态分布且总体标准差 σ 已知时，随机变量 $\frac{\bar{X}-\mu}{\sigma_{\bar{x}}}$ 不含 μ 之外的其他未知参数，此时，$Z=\frac{\bar{X}-\mu}{\sigma_{\bar{x}}} \sim N(0,1)$。因此，总体均值 μ 的置信水平为 $1-\alpha$ 的置信区间为式(7.11)。

如果总体标准差 σ 未知，需要用样本标准差 S 替代时，$t=\frac{\bar{X}-\mu}{S/\sqrt{n}} \sim t(n-1)$。因此，总体均值 μ 的置信水平为 $1-\alpha$ 的置信区间为：

$$\left[\bar{X}-t_{\alpha/2}(n-1)\frac{S}{\sqrt{n}},\bar{X}+t_{\alpha/2}(n-1)\frac{S}{\sqrt{n}}\right] \tag{7.12}$$

① 重复与不重复抽样是两种重要的抽样方法，具体介绍请见本章第三节。

【例7-8】某商场每日销售金额服从正态分布,现随机选择12天进行调查发现,12天的日均销售额为280万元,样本标准差38万元。在90%的概率保证程度下,求该商场日均销售额的置信区间。

解:已知 $n=12$,且总体方差未知,此时应该用样本方差替代总体方差,因此:

$\sigma_{\bar{x}} = S/\sqrt{n} = 38/\sqrt{12} \approx 10.97$

$1-\alpha=0.9$ 时,根据 t 分布表,$t_{0.05}(11) = 1.796$

$\Delta_{\bar{x}} = t_{\alpha/2}\sigma_{\bar{x}} = 1.796 \times 10.97 \approx 19.702$

故在90%的把握程度下,该商场平均每日销售额的置信区间为:

$280 - 19.702 \leqslant \mu \leqslant 280 + 19.702$,即(260.298,299.702)万元。

(3)成数的区间估计

实际应用时常遇到对合格品率、收视率、录取率等比率进行区间估计的问题。在一次实验中,成数 P 是一个服从二点分布总体的参数。当样本容量比较小时,可以通过构造二项分布对 P 进行区间估计。在大样本条件下,且 $np \geqslant 5, n(1-p) \geqslant 5$ 时,有 $p \sim N\left(P, \frac{1}{n}P(1-P)\right)$,即样本成数渐进服从均值为 P、标准差为 $\sigma_p = \sqrt{\frac{1}{n}P(1-P)}$ 的正态分布,因此可以用标准正态变量 Z 构造总体成数 P 的置信区间。总体成数 P 通常未知,可用 P 的无偏估计量样本比率 p 替代,这样,在 $1-\alpha$ 的置信水平下,总体比率的置信区间为:

$$[p - Z_{\alpha/2}\sigma_p, p + Z_{\alpha/2}\sigma_p] \tag{7.13}$$

【例7-9】为了解某电视节目的收视率,一研究机构随机调查了600人,其中有150人收看了该节目,试求95.45%置信度下该电视节目收视率的置信区间。

解:已知 $p=25\%$,$n=600$,该例属于大样本总体比率的区间估计问题。当 $1-\alpha=0.9545$ 时,$Z_{\alpha/2}=2$,则:

$\sigma_p = \sqrt{\frac{1}{n}p(1-p)} = \sqrt{\frac{0.25 \times 0.75}{600}} \approx 1.77\%$

因此,$\Delta_p = Z_{\alpha/2}\sigma_p = 2 \times 1.77\% = 3.54\%$

故在95.45%的把握程度下,该电视节目收视率的置信区间为:

$25\% - 3.54\% \leqslant P \leqslant 25\% + 3.54\%$,即[21.46%,28.54%]。

(4)方差的区间估计

由抽样分布定理6-1中的式(6.18)可知,在给定置信度 $1-\alpha$ 的条件下,查卡方分布表,得到临界值 $\chi^2_{1-\alpha/2}(n-1)$ 和 $\chi^2_{\alpha/2}(n-1)$,使得:$p\left(\chi^2_{1-\alpha/2}(n-1) \leqslant \frac{(n-1)S^2}{\sigma^2} \leqslant \chi^2_{\alpha/2}(n-1)\right) = 1-\alpha$。因此,置信度为 $1-\alpha$ 时,总体方差 σ^2 的置信区间为:

$$\left[\frac{(n-1)S^2}{\chi^2_{\alpha/2}(n-1)},\frac{(n-1)S^2}{\chi^2_{1-\alpha/2}(n-1)}\right] \tag{7.14}$$

当样本容量足够大时，样本标准差 S 近似服从 $N(\sigma,\sigma^2/2n)$ 分布，在大样本时总体标准差的置信区间为：

$$[S-Z_{\alpha/2}S/\sqrt{2n},S+Z_{\alpha/2}S/\sqrt{2n}] \tag{7.15}$$

【例 7－10】从某工厂生产的钢绳中抽取 15 根做检验，测得钢绳平均抗断强度为 500 千克，方差为 38 千克，该钢绳抗断强度服从正态分布，试求钢绳抗断强度的方差和标准差的置信区间（置信度为 90%）。

解：已知 $n=15$，$S^2=38$，属于小样本总体方差区间估计。

$\chi^2_{1-\alpha/2}(n-1)=\chi^2_{0.95}(14)=6.571$，$\chi^2_{\alpha/2}(n-1)=\chi^2_{0.05}(14)=23.685$

因此，钢绳抗断强度方差的置信区间为：$\left[\frac{14\times38}{23.685},\frac{14\times38}{6.571}\right]$。

故在 90% 的置信度下，钢绳抗断强度方差的置信区间为[22.461 5，80.961 8]，钢绳抗断强度标准差的置信区间为[4.739 4，8.997 9]。

§7.2.3 必要抽样数目的确定

确定抽样数目是设计抽样方案的重要内容。确定抽样数目要既满足抽样估计的精确度，也要尽可能减少抽样调查的费用。在满足抽样误差要求的前提下，使抽样数目尽可能少；或者在限定的抽样费用下，使抽样数目尽可能地多。通常情况下，是根据规定的允许误差范围确定必要的抽样数目。必要的抽样数目是指为使抽样误差不超过给定的允许范围至少应该抽取的样本单位数，它可以根据抽样极限误差和抽样数目的关系来确定。

以总体均值为例，对于重复抽样，抽样极限误差为：$\Delta_{\bar{X}}=Z_{\alpha/2}\frac{\sigma}{\sqrt{n}}$，因此，在一定概率保证程度下规定允许误差为 $\Delta_{\bar{x}}$，则可以由上面的公式计算必要抽样数目：

$$n=\frac{Z^2_{\alpha/2}\sigma^2}{(\Delta_{\bar{x}})^2} \tag{7.16}$$

如果采用不重复抽样，根据抽样极限误差公式，导出必要抽样数目：

$$n=\frac{Z^2_{\alpha/2}\sigma^2N}{(\Delta_{\bar{x}})^2N+Z^2_{\alpha/2}\sigma^2} \tag{7.17}$$

若为了推断总体成数，给定成数的允许误差，确定必要抽样数目只需将上述公式中的 $\Delta_{\bar{x}}$ 换成 Δ_p，将 σ^2 换为成数的总体方差 $P(1-P)$ 即可。

根据必要的抽样数目计算方法，必要抽样数目受到以下因素的影响：

①总体方差或标准差。在其他条件不变时，总体方差越小，总体单位的差异程度越小，必要的抽样数目相对较少。通常在抽样之前并不知道总体方差，此时可以用以前同类调查或同类地区的资料代替，应注意的是，如果有多个方差数值可供选择时，应该选取其

中方差最大的。特别地,如果没有总体比率 P 的参考资料,可以选择使得方差最大的比率0.5来估计。

②允许误差。在其他条件不变时,允许误差越大,必要的抽样数目就越小;反之,允许误差越小,必要的抽样数目就越大。这是由于允许误差增大,意味着推断估计的准确性降低,因此可以少抽些样本,反之如果要提高抽样估计的准确性则需要多抽样本。

③概率保证程度。在其他条件不变的情况下,提高概率保证程度,意味着抽样估计的把握性提高,因而要增加样本容量。

④抽样方法。在相同条件下,重复抽样比不重复抽样多抽一些样本单位。这是由于在其他条件不变时,重复抽样的抽样极限误差比不重复抽样时的抽样极限误差大。如果总体单位数充分大时,可以按照重复抽样计算必要的抽样数目。

⑤抽样组织方式。由于不同的抽样组织方式有不同的抽样误差,因此抽样组织方式对必要的抽样数目也有影响。

如果需要推导的统计指标不止一个,通常选择其中最重要的统计指标确定必要的抽样数目。为了保证所有指标都能达到规定的误差要求,也可以分别计算各个指标的抽样误差及抽样数目,选择其中最大的抽样数目。

【例7-11】某厂对产品的进行质量检查,产品总数为8 000件,根据过去几次同类调查的产品合格率分别为95%、90%和92%,要求在合格品率的允许误差不超过2%的条件下,在95.45%的概率下应该抽查几件产品?

解:已知 $N=8\ 000$, $\Delta_p=2\%$, $1-\alpha=0.954\ 5$, $Z_{\alpha/2}=2$,本例应选 $P=90\%$ 来计算。

重复抽样时:

$$n=\frac{Z_{\alpha/2}^2P(1-P)}{(\Delta_p)^2}=\frac{2^2\times0.9\times0.1}{0.02^2}=900\ (件)$$

不重复抽样时:

$$n=\frac{Z_{\alpha/2}^2P(1-P)N}{(\Delta_p)^2N+Z_{\alpha/2}^2P(1-P)}=\frac{2^2\times0.9\times0.1\times8\ 000}{0.02^2\times8\ 000+2^2\times0.9\times0.1}\approx809\ (件)$$

因此,在重复抽样时至少抽取900件,不重复抽样时至少抽取809件。

7.3 抽样估计的进一步讨论

§7.3.1 抽样设计

(1)抽样框

抽样框是包含所有抽样单位的名单框架,基本元素是抽样单位。抽样单位既可以是单个的总体单位,也可以是多个总体单位组成的群体。

按照抽样单位的属性,可以把抽样框划分为名单抽样框、时间抽样框、区域抽样框等。名单抽样框包括总体单位的名单框架。例如,调查移动电话的使用情况时,可以将电话号码作为抽样框。时间抽样框是以时间作为抽样单位的一种抽样框,这种抽样框可以借助时间的自然属性进行抽样,一般用在连续作业的情况下。例如,调查 24 小时作业的流水生产线产品质量,每隔 1 小时抽取一分钟的产品,每分钟可以视作一个抽样单位,全天的产品都包括在 1 440 分钟内,这里的抽样框就是一个时间抽样框。区域抽样框是将地理或者性质区域作为抽样单位的一种抽样框。例如,对城市居民生活水平进行调查时,可以按照街道将总体单位进行划分,以街道为单位进行抽样。

抽样框的设计是抽样设计的重要内容之一,一个好的抽样框要尽可能做到包括所有的总体单位,既不重复也不遗漏,这是设计抽样框的基本原则。例如,对商品使用情况做调查,如果以消费者姓名作为抽样框,那么可能会出现抽样单位重复的情况。如果以消费者的电话号码作为抽样框,又可能出现遗漏抽样单位的情况。

(2)抽样方法

按照总体单位是否可以在样本中重复出现,可以将抽样方法分为重复抽样与不重复抽样两类。

重复抽样也称为有放回抽样,是指从总体中抽出某个(些)总体单位,对某个(些)总体单位进行观测、登记等之后,又将其放回总体中,再继续抽样,相当于进行了 n 次独立随机试验。换句话说,一个容量为 N 的总体,每次抽样都是在这 N 个总体单位中进行的,总体中每个总体单位都有可能被抽到,每次每个总体单位被抽到的概率都是 $1/N$。

不重复抽样也称为无放回抽样,是从总体中抽出某个(些)总体单位后,并不将这个(些)总体单位放回总体中,下次抽样是在剩余的总体单位中抽取。不重复抽样的特点是每个总体单位只有一次被抽到的可能,不会重复出现在样本中,n 次抽样之间相互并不独立。一个容量为 N 的总体,在 n 次抽样中,每次抽样时总体单位被抽中的概率随抽样次数的增加而增大,分别为 $1/N, 1/(N-1), \cdots, 1/(N-n+1)$。但是对某个总体单位而言,总的抽中概率仍然是 $1/N$。

重复与不重复抽样得到的可能样本数是不同的。在计算可能样本数时应该根据调查对象的特点,对抽样顺序做出安排。例如,按照地区区号进行抽样时,抽取的两个数字分别为 3 和 6,而这两个数字出现在个位和十位的顺序不同,得到的抽样结果也是不同的。对于重复抽样而言,如果考虑抽样顺序得到的可能样本数为 N^n,不考虑顺序的重复抽样得到的可能样本数为 C_{N+n-1}^{n}。对于不重复抽样而言,如果考虑抽样顺序得到的可能样本数为 $\dfrac{N!}{(N-n)!}$,不考虑抽样顺序时得到的可能样本数为 $\dfrac{N!}{n!(N-n)!}$。

不重复抽样时,每个总体单位在样本中只能出现一次,而重复抽样时,每个总体单位可能多次出现在样本中。由于样本单位在总体中分布更为均匀,不重复抽样得到的样本代表性往往比重复抽样更好,因此不重复抽样的抽样误差通常更小。但是,当总体单位很多时,总体单位被重复抽到的概率变得很小,此时重复抽样和不重复抽样的效果是差不多的。

(3)抽样组织方式

简单随机抽样是最基本的抽样组织方式,其他的基本抽样组织方式还有分层抽样、等距抽样、整群抽样等。在实际工作中,常常会根据事先掌握的总体信息选定抽样组织方式,以简化抽样组织工作,提高抽样效率。

§7.3.2 其他抽样组织方式的抽样误差

(1)分层抽样的抽样误差

分层抽样是先将总体按一定标志划分为若干层(组),后在各层内分别独立地进行抽样。分层抽样包括等比例分层和不等比例分层两种。等比例抽样是指在每层都按照同样的比例抽取样本。记 n_i 为各层的抽样数, N_i 为各层的总体单位数,对于等比例抽样, $\frac{n}{N}=\frac{n_1}{N_1}=\cdots=\frac{n_k}{N_k}=$ 常数,每层抽样数 $n_i=n\times\frac{N_i}{N}$。

分层抽样的实质是在各层内做抽样调查。因此,分层抽样的误差只与各层内的差异有关。等比例重复抽样的抽样平均误差为:

$$\sigma_{\bar{x}}=\sqrt{\frac{\overline{\sigma^2}}{n}} \tag{7.18}$$

等比例不重复抽样的抽样平均误差为:

$$\sigma_{\bar{x}}=\sqrt{\frac{\overline{\sigma^2}}{n}\left(1-\frac{n}{N}\right)} \tag{7.19}$$

其中, $\overline{\sigma^2}$ 是层内方差的平均数:

$$\overline{\sigma^2}=\frac{\sum\sigma_i^2N_i}{\sum N_i} \quad \text{或} \quad \overline{\sigma^2}=\frac{\sum\sigma_i^2n_i}{\sum n_i}$$

组内方差平均数小于总方差,这意味着分层抽样的抽样误差小于简单随机抽样的抽样误差。在分层抽样时,应该尽量增加层间差异,缩小层内差异,减小分层抽样的抽样误差,提高抽样效率。

【例 7-12】为了解某地区第二、三产业劳动者的收入情况,某研究机构进行了等比例分层抽样调查,调查结果如表 7.1 所示。

表 7.1 某地区第二、三产业劳动者收入的调查结果

	调查人数	人均年收入(元)	标准差(元)
第二产业	120	50 000	220
第三产业	125	45 000	180

试根据表 7.1 数据求置信水平为 95.45% 时该地区第二、三产业劳动者人均年收入的置信区间。

解:根据资料,本例是大样本等比例分层抽样估计问题, $1-\alpha=0.9545$, $Z_{\alpha/2}=2$。

$$\bar{X}=\frac{50\,000\times120+45\,000\times125}{120+125}\approx47\,448.98\ (\text{元})$$

$$\overline{\sigma^2}=\frac{220^2\times120+180^2\times125}{120+125}\approx40\,236.73$$

$$\sigma_{\bar{x}}=\sqrt{\frac{\overline{\sigma^2}}{n}}=\sqrt{\frac{40\,236.73}{245}}\approx12.815\,2(\text{元})$$

因此,置信水平为 95.45% 时所求人均年收入的置信区间为:

$[47\,448.98-2\times12.815\,2, 47\,448.98+2\times12.815\,2]$,即$[47\,423.35, 47\,474.61]$元。

(2)等距抽样的抽样误差

等距抽样是事先按照某标志对总体单位进行排队,在排队后的总体中按照一定间隔抽取样本。根据排队标志是否与调查内容有关,等距抽样分为有关标志排队等距抽样和无关标志排队等距抽样。

有关标志排队等距抽样是指选取与调查内容有关的标志对总体单位进行排序,然后按照相等距离抽取样本。例如,农产品产量调查将全部播种面积按当年预计产量或近三年平均产量排序。由于排队标志是与抽样调查有关的标志,如果在第一个抽样距离内随机抽取一个标志值较小(或较大)的单位作为抽样起点,将使样本出现系统性偏低(或偏大)的偏差。为避免这种情况,通常可以用下面两种方法确定抽样起点。

半距起点系统抽样(中心系统抽样)是以第一个抽样距离的一半作为抽样起点($r=k/2$),每间隔 k 个单位各抽取一个单位。这样抽取出来的样本单位处于每个抽样距离的中点。由于总体单位标志值大致是顺序排列,这样得到的样本能较好地代表所在组的一般水平。这种方法的抽样起点一旦确定,样本单位也随之而确定,限制了抽样的随机性。为克服这一不足,在实践中对这一方法进行改进,产生了对称等距抽样。

对称等距抽样指在第一个抽样距离内随机确定抽样起点 ($1\leqslant r\leqslant k$),以组界 ($k,2k,\cdots,(n-1)k$) 为对称点两两对称地抽取样本单位。

有关标志排队等距抽样相当于将总体分为同等大小的 n 层,每层只抽取一个调查单位的分层抽样,所以有关标志排队等距抽样的抽样效果类似于分层抽样,其抽样误差一般按照分层抽样的误差公式近似计算。

无关标志排队等距抽样,是按照与调查内容没有直接关系的标志排序,抽样的起点并不会对调查结果有系统性的影响。因此,抽样起点可以随机地确定,第一个抽样起点仍然为 ($1\leqslant r\leqslant k$)。实际上,无关标志排队等距抽样的效果与简单随机抽样比较接近,其抽样误差通常按照简单随机抽样的抽样误差公式近似计算。

(3)整群抽样的抽样误差

整群抽样是将总体单位划分为若干群,从中随机地抽取部分群体并对抽中群体的全部单位进行调查的一种抽样组织方式。整群抽样实质是在群间进行抽样调查,在群内进行全面调查,因此样本的代表性取决于抽中群体对全部群体的代表性。群间差异越大,样本代表性越差;群间差异越小,样本代表性越好,即整群抽样的抽样误差取决于群间差异的大小。

设总体共有 R 群,每群中包括 M 个样本单位,从群中抽取 r 群构成样本。X_{ij} 表示第 i 群的第 j 个样本单位。每群的均值为 $\bar{X}_i = \sum_{j=1}^{M} X_{ij}/M$, 总体均值的估计量为 $\hat{\mu} = \bar{X} = \sum_{i=1}^{r} \bar{X}_i/r$。$\delta_{\bar{x}}^2$ 是总体群平均数的群间方差,并且 $\hat{\delta}_{\bar{x}}^2 = \dfrac{\sum_{i=1}^{r}(\bar{X}_i - \bar{X})^2}{r-1}$。总体均值估计量的抽样平均误差为:

$$\sigma_{\bar{x}} = \sqrt{\frac{\delta_{\bar{x}}^2}{r}\left(\frac{R-r}{R-1}\right)} \tag{7.20}$$

比较简单随机抽样与整群抽样的抽样误差计算公式,可以看出前者取决于总体方差 σ^2 和样本单位数 n,而后者取决于群间方差 $\delta_{\bar{x}}^2$ 和样本群数 r。所以整群抽样在划分群体时,应使群体间差异尽可能小。当群体大小相等或者接近时,样本平均数等于各样本群体平均数的简单算术平均,样本群体的抽取和估计值的计算都比较简单。当各群体大小差异较大时,宜采用与群体规模成比例的不等概率的抽样方法(参见有关抽样调查专著)。因此,为简单起见,划分群体时应尽量使各个群体的总体单位数相等或接近。

【例 7-13】某商品在某地区有 200 个销售网点,将这 200 个销售点按照区域平均划分为 20 个销售区。为调查商品销售情况,从 20 个销售区中随机抽取出 8 个销售区进行调查,得到各销售区每天的销售额如表 7.2 所示。

表 7.2　　**某商品 8 个销售区日销售金额**

销售区	1	2	3	4	5	6	7	8
平均销售额(万元)	20.5	5.7	18.4	13.6	32.5	8.9	16.2	27.6

根据以上资料计算抽样平均误差,并计算 95.45% 置信度下该商品每日销售额的置信区间。

解:由题意,$N = 200, R = 20, M = 10, r = 8$。

样本均值 $\bar{X} = \sum_{i=1}^{8} \bar{x}_i/8 = 17.925$ (万元)

群间方差 $\hat{\delta}_{\bar{x}}^2=\dfrac{(20.5-17.925)^2+(5.7-17.925)^2+\cdots+(27.6-17.925)^2}{8-1}$

$$=\frac{565.475}{7}\approx 80.7821$$

抽样平均误差为：

$$\sigma_{\bar{x}}=\sqrt{\frac{80.7821}{8}\left(\frac{20-8}{20-1}\right)}=2.5254(\text{万元})$$

由于样本容量 $n=80$，属于大样本，由抽样分布定理，样本均值服从正态分布，置信区间为 $[\bar{X}-Z_{\alpha/2}\sigma_{\bar{x}},\bar{X}+Z_{\alpha/2}\sigma_{\bar{x}}]$。

由于 $1-\alpha=95.45\%$，$Z_{\alpha/2}=2$，因此95.45%置信度下该商品每日销售额的置信区间为 $[17.925-2\times 2.5254,17.925+2\times 2.5254]$，即 $[12.8742,22.9758]$。

*§7.3.3 多阶段抽样

多阶段抽样是实际工作中运用较多的抽样方法，它是从大到小、层层深入的一种抽样方法。具体而言，首先通过第一阶段的抽样，从总体中抽出一定的样本单位构成第一阶段抽样单位，再通过第二阶段抽样，从一阶段抽样单位中抽取一定样本单位构成第二阶段抽样单位。依次类推，直到抽出最终样本单位。例如，在城市居民日常消费调查中，第一阶段的抽样可以在全国范围内抽取出一部分城市，第二阶段在抽中的城市中抽取若干社区，第三阶段对抽中的社区再抽取若干居民户作为样本。

多阶段抽样是多种抽样方法的综合应用，可以根据每阶段抽样的不同情况，灵活选用抽样方法。例如，第一阶段抽样时可以利用分层抽样的方法从总体中抽取第一级抽样单位，后边阶段可以采用整群抽样等方式。当总体单位数量很多并且分布分散的时候，编制抽样框十分困难，多阶段抽样更便于大规模、大范围的抽样调查的组织与实施。目前，我国城市和农村住户调查、人口抽样调查等都是采用多阶段抽样。但是，随着抽样阶段的增加，抽样误差会相应增大。如两阶段抽样的抽样平均误差为：

$$\sigma_{\bar{x}}=\sqrt{\frac{1-f_1}{n}\sigma_1^2+\frac{1-f_2}{nm}\sigma_2^2} \tag{7.21}$$

其中，n 是第一阶段的抽样数目，$f_1=n/N$ 是第一阶段的抽样比例，m 是第二阶段的抽样数目，$f_2=m/M$ 是第二阶段的抽样比例，σ_1^2 和 σ_2^2 分别是第一、第二阶段的抽样单位之间的总体方差，实际中通常用样本方差 S_1^2 和 S_2^2 代替。

【例7-14】某商品销往50个城市，平均每个城市有40个销售网点，现随机抽出8个城市，在抽中的每个城市中再随机抽取10个销售网点进行调查，结果如表7.3所示。

表 7.3　　某商品日销售额分层抽样调查　　单位:万元

城市 \ 销售网点	1	2	3	4	5	6	7	8	9	10	平均
1	1.2	2.4	2.3	2.4	1.6	3.5	3.4	4.6	0.5	2.4	2.43
2	4.6	3.4	3.1	3.5	1.9	1.5	2.5	3.8	3.1	5.6	3.30
3	2.5	1.5	2.5	1.6	2.4	4.6	3.1	0.6	1.6	3.2	2.36
4	0.8	1.7	2.6	1.2	5.3	4.8	1.9	2.4	5.3	2.7	2.87
5	3.2	2.6	1.5	2.7	2.5	3.6	2.5	2.6	2.4	1.4	2.50
6	2.3	3.1	3.5	1.8	3.8	1.2	4.1	0.9	4.2	2.1	2.70
7	0.9	2.8	0.7	2.4	1.7	2.4	3.6	1.7	2.6	3.4	2.22
8	3.5	2.5	1.5	1.9	2.9	0.8	4.5	2.5	3.8	1.6	2.55

根据以上资料,估计平均每个网点的日销售额,并计算抽样平均误差。

解:由题意, $n = 8, m = 10, f_1 = 8/50 = 0.16, f_2 = 10/40 = 0.25$。

样本均值(即对总体平均每个网点的日销售额的点估计)为:

$$\bar{X} = \sum_{i=1}^{8}\sum_{j=1}^{10} X_{ij}/80 = \sum_{i=1}^{8} \bar{X}_i/8 = 2.613\ (\text{万元})$$

第一阶段抽样单位之间的方差为:

$$S_1^2 = \sum (\bar{X}_i - \bar{X})^2/(n-1)$$

$$= \frac{(2.43-2.616)^2 + (3.3-2.616)^2 + \cdots + (2.55-2.616)^2}{8-1} \approx 0.116$$

第二阶段抽样单位的方差为:

$$S_2^2 = \sum_{i=1}^{8}\sum_{j=1}^{10} (X_{ij} - \bar{X}_i)^2/[n(m-1)]$$

$$= \frac{(1.2-2.43)^2 + (2.4-2.43)^2 + \cdots + (3.8-2.55)^2 + (1.6-2.55)^2}{8(10-1)}$$

$$\approx 1.386$$

因此,所求计算抽样的平均误差为:

$$\sigma_{\bar{x}} = \sqrt{\frac{(1-0.16)}{8} \times 0.116 + \frac{(1-0.25)}{80} \times 1.386} \approx 0.159\ (\text{万元})$$

本章小结

1. 参数估计方法通过构造样本统计量,从样本中推断总体未知参数。参数估计的对象包括总体分布中的未知参数和总体的某个数字特征。点估计和区间估计是常用的两种参数估计方法。矩估计和极大似然估计是常用的点估计法。点估计的优良性标准主要包括无偏性、有效性和一致性。

2. 区间估计是在一定概率把握程度下，构造待估参数可能的区间范围作为未知参数的估计。与点估计相比，区间估计得到的是参数可能的区间，并且可以说明估计的把握程度与精确程度。

3. 区间估计常用的分布有正态分布、t 分布、χ^2 分布和 F 分布等。区间估计的关键在于正确构造样本估计量并找出其分布。特别是，同一统计量在大样本和小样本条件下可能有不同的分布。

4. 抽样平均误差是总体未知参数估计量的标准差，在给定置信水平条件下，可以通过抽样平均误差求出抽样极限误差。必要抽样数目是为使抽样极限误差不超过给定允许范围至少应该抽取的样本单位数，可以根据抽样极限误差和抽样数目的关系来确定。

5. 单随机抽样、分层抽样、等距抽样、整群抽样和多阶段抽样是常见的几种随机抽样组织方式。不同的抽样组织方式的抽样误差计算方法并不一样。科学设计抽样框，合理选择抽样组织方式是减少抽样误差的重要途径。

思考题与练习题

7－1　什么是点估计？点估计优劣的评价标准有哪些？

7－2　矩估计的理论依据是什么？如果 $\hat{\theta}$ 是总体未知参数 θ 的矩估计量，那么 $h(\hat{\theta})$ 一定是 $h(\theta)$ 的矩估计量吗？试举例说明。

7－3　如何理解参数估计中置信水平 $1-\alpha$ 的含义，是否可认为“总体参数落在置信区间的概率是$(1-\alpha)$”？

7－4　在大样本和小样本条件下，如何估计单个正态总体均值？它们有何异同？

7－5　为了解某城市巴士广告的播放效果，调查人员计划对某天乘坐巴士的乘客抽取 100 人进行随机抽样调查，请根据学过的知识，设计抽样框，并说明用哪种抽样组织方式更恰当。

7－6　已知总体 X 服从 $[0,\theta]$ 的均匀分布，现从总体中抽取容量为 n 的样本 $X_1,\cdots,X_n$，样本观测值为 $(x_1,\cdots,x_n)$，试求总体参数 θ 的矩估计。

7－7　设 $X_1,\cdots,X_n$ 是从均值为 μ，方差为 σ^2 的总体中随机抽出的样本，令估计量 $T=\sum_{i=1}^{n} a_iX_i$，请思考：

(1) 如何决定 a_i 使得 T 是 μ 的无偏估计？

(2) 如何决定 a_i 可使 T 是 μ 的无偏估计和有效估计？

7－8　某商品在甲、乙两商场销售，设甲、乙两商场的销售金额各占总销售金额的

0.7 与 0.3。现从甲、乙商场分别抽取 200 天的平均销售金额为 $\bar{X}$ 与 $\bar{Y}$，管理人员 A 试图以点估计式 $\frac{\bar{X}+\bar{Y}}{2}$ 来估计该商品每天的平均销售金额，但管理人员 B 则认为应以 $0.7\bar{X}+0.3\bar{Y}$ 来估计。请问：A 和 B 的方法谁更好？为什么？

7-9　某企业生产某种产品的工人有 500 人，为了解工人生产产品的日产量资料，按重复抽样方法随机抽取了 36 人进行调查。调查结果显示，人均日产量为 25 件，标准差为 3 件。试问：有多大的把握可推断该企业日总产量为 12 000～13 000 件？

7-10　某企业有职工 1 500 人，现从中随机抽出 50 人调查其月工资情况如下：

月工资(元)	2 000～4 000	4 000～6 000	6 000～8 000	8 000 以上
工人数(人)	8	24	10	8

试以 0.95 的置信度估计：

(1)该企业职工的月平均工资和工资总额的置信区间；

(2)月工资在 8 000 元以上的职工比重和职工人数的置信区间。

7-11　已知某商场日销售额服从正态分布。为了解商场销售情况，现随机抽取 10 天进行调查，日销售额（单位：万元）分别为：25、28、30、36、29、32、24、35、33、27，在 95% 的置信度下，试求：

(1)总体方差 $\sigma^2=0.8$ 时，该商场平均日销售额的置信区间；

(2)总体方差未知时，该商场平均日销售额的置信区间。

(3)该商场日销售额的方差的置信区间。

7-12　某企业有 20 个生产车间，每个车间有 50 名员工。为了解员工劳动生产效率，随机抽取 6 个车间，每车间再随机抽出 18 个工人，得到每天产量情况如下：

样本车间	1	2	3	4	5	6
平均产量(个)	3 000	2 865	4 352	3 740	5 842	4 265
样本车间内方差	215	168	183	259	295	347

试利用以上信息，计算抽样平均误差。

8

假设检验与方差分析

在现实生活中,人们经常需要利用样本信息对某个陈述或命题的真伪做出判断。例如,根据某批零件抽样检查的信息,有关人员要判断这批零件的质量(如平均直径或直径的差异)是否符合规格要求;推出某种新药时,研究者要判断新药是否比旧药更有效;为了鉴别产品颜色是否对销售量有显著影响,应比较多种不同颜色的平均销售量是否相等。要对上述问题做出推断,就需要进行假设检验或方差分析。

8.1 假设检验的一般问题

§8.1.1 假设检验的基本思想

为了说明假设检验的基本思想，需要先理解概率论中的一个基本原理——小概率原理。在概率论中，把在一次随机试验中发生可能性很小的事件称为小概率事件。小概率原理就是关于小概率事件在一次试验中实际不可能发生的推断原理。具体地说，小概率事件在很多次试验中才有可能发生一次，实际决策时通常认为它在一次试验中是不会发生的；反之，如果在一次试验中小概率事件居然发生了，人们宁愿相信该事件的前提条件有错误。小概率原理是人们在实际生活中广泛运用的一个推断原理。例如，某一密码由四个阿拉伯数字组成，若随机猜测四个数字，则"一次猜中"是一个小概率事件（概率只有万分之一），所以通常认为这是不可能发生的；反之，若有人一次就猜中，人们自然就会怀疑有泄密或某种非随机因素的影响。

在假设检验中，一个随机样本就是一次随机试验的观测结果。在一定假设前提下，某些样本的出现属于小概率事件，在一次抽样中是不该发生的，如果正好抽到这样的样本，那就应当怀疑导致这种不合理现象的假设前提，即应当判定原来的假设前提不成立。

【例 8－1】某企业生产一种零件，过去的大量资料表明，零件长度服从正态分布，平均长度为 4 厘米，标准差为 0.15 厘米。现从改革工艺后生产的零件中随机抽查 100 个零件，测得平均长度为 3.95 厘米。现问：工艺改革前后零件的长度是否发生了显著的变化呢？

事实上，这是关于工艺改革后零件的总体平均长度是否等于 4 厘米的假设检验问题。样本平均长度 $\bar{X}$ 与 4 厘米之差异不外乎有两种可能原因：一是改革后的总体平均长度不变，但由于抽样的随机性使得样本均值与总体均值之间存在抽样误差；二是改革后的总体平均长度确实发生了变化，使得来自这一总体的样本均值也不等于 4 厘米。在一定置信度下，抽样误差范围是可估计的，若 $|\bar{X}-4|$ 超过了抽样误差范围，就应该认为总体均值确实发生了变化。

根据样本均值 $\bar{X}$ 的抽样分布定理，若总体均值等于 4 厘米（$\mu=4$）的假设成立，则应有 $\bar{X}\sim N(4,\sigma^2/n)$，即 $Z=\dfrac{\bar{X}-4}{\sigma/\sqrt{n}}\sim N(0,1)$。此时，由于随机抽样误差的存在，样本均值 $\bar{X}$ 在 4 厘米附近波动是很正常的。在 $1-\alpha$ 的置信度下，应有 $|\bar{X}-4|<Z_{\alpha/2}\sigma/\sqrt{n}$，即 $|Z|=\dfrac{|\bar{X}-4|}{\sigma/\sqrt{n}}<Z_{\alpha/2}$。相应地，"$|Z|\geqslant Z_{\alpha/2}$"的概率为 α。若 α 很小，"$|Z|\geqslant Z_{\alpha/2}$"

就是小概率事件。如果一次随机抽样就发生了这种小概率事件，那就应当怀疑导致这种“不合理”现象的前提假设，即应当判定原来的假设前提“$\mu=4$”不成立。

本例中，$\bar{X}=3.95$，$\sigma=0.15$，$n=100$，当 $\alpha=0.001$ 时，$Z_{\alpha/2}=3.29$，可算得：

$$Z=\frac{\bar{X}-4}{\sigma/\sqrt{n}}=\frac{3.95-4}{0.15/\sqrt{100}}\approx -3.333$$

$|Z|=3.333>Z_{\alpha/2}=3.29$。这就意味着，如果“$\mu=4$”的假设成立，那么在这一次抽样中就发生了“$|Z|>Z_{\alpha/2}$”这种小概率事件，或者说，“$|Z|\geqslant 3.333$”的概率只有0.000 858（可由 Excel 的标准正态分布函数求得，详见后面的介绍），比我们事先设定的小概率（$\alpha=0.001$）还要小。所以，应否定“$\mu=4$”这一假设，推断工艺改革后零件的长度有了显著的变化（即 $\mu\neq 4$）。

由例 8－1 可见，假设检验这一统计推断方法是基于小概率原理的反证法。其一，假设检验的推理过程运用的是反证法。它先承认待检验的假设是成立的，然后观察在此假设成立的前提下样本的出现是否合理，如果不合理即样本所代表的事实与假设前提得出的结论发生了矛盾，则可推翻作为推理前提的假设。其二，它判断合理与否所依据的是小概率原理，即平均说来小概率事件在很多次随机试验中才发生一次，一次随机试验中就发生小概率事件应该是不合理的，所以应该否定导致这种不合理现象的假设前提。值得注意的是，正因为假设检验运用的推理方法不是一般的反证法而是带有概率性质的反证法，在一次随机试验中小概率事件只是发生的可能性很小而并非绝对不会发生，因此我们的检验结论有可能出现错误，后面还将对此进行详细介绍。

§8.1.2 假设检验的一般步骤

（1）提出假设

对每个假设检验问题，一般要同时提出两个相反的假设：一是原假设，又称零假设，它往往代表原来的状态、已往的经验或某个被怀疑的陈述，通常记为 H_0；二是备择假设，也称为对立假设，是与原假设完全相反的陈述，记为 H_1。当检验结论为拒绝原假设时，就意味着接受了备择假设。

设所要检验的总体参数为 θ，用 θ_0 代表该参数的假设值。一般地，总体参数的假设检验有下列三种类型：

①双侧（双尾）检验。$H_0:\theta=\theta_0$；$H_1:\theta\neq\theta_0$。如果对所研究问题只需判断有无显著差异或要求同时注意总体参数偏大或偏小的情况，则采用双侧检验。如例 8－1 中的原假设和备择假设可表述为双侧检验假设形式，即 $H_0:\mu=4$；$H_1:\mu\neq 4$。

②左侧（左尾）检验。$H_0:\theta=\theta_0$（或 $\theta\geqslant\theta_0$）；$H_1:\theta<\theta_0$。在例 8－1 中，如果我们在乎的是零件长度是否比原来有所缩短，则可采用左侧检验，即 $H_0:\mu=4$；$H_1:\mu<4$。

③右侧(右尾)检验。$H_0:\theta=\theta_0$(或 $\theta\leqslant\theta_0$);$H_1:\theta>\theta_0$。例如,原有某种药物的有效率是80%,我们关注新药的有效率是否显著提高,可提出假设 $H_0:P=0.8$(或 $P\leqslant0.8$);$H_1:P>0.8$。

左侧检验和右侧检验统称为单侧检验。虽然单侧检验中原假设的参数假设值可以是一个区域,但实际检验时,通常都只针对其边际值 θ_0 进行检验,若能否定 $\theta=\theta_0$,则其余假设值就更有理由被否定。所以单侧检验的原假设常常简记为"$H_0:\theta=\theta_0$"。

原假设和备择假设的建立,应根据所检验问题的具体背景而定。常常是采取"不轻易拒绝原假设"的原则,即把没有充分理由就不能轻易否定的命题作为原假设,这样一旦拒绝原假设而接受备择假设时,理由是很充分的。因此,通常也把想要证明的命题或想要支持的陈述作为备择假设 H_1,再将相反的命题作为原假设 H_0。在实际应用中,通常可将样本信息所显示的方向作为备择假设 H_1 的方向。因为正是样本信息显示出了与假设值的差异,才对相反的命题产生了怀疑,也才有必要检验这种差异是否显著。如例8-1中,样本均值为3.95厘米,如果要进行单侧检验,显然我们要怀疑的是"$\mu\geqslant4$",而样本信息可能支持的是"$\mu<4$",因此备择假设应该是"$H_1:\mu<4$"。

(2)构建检验统计量

检验统计量是指用于检验原假设是否成立的统计量。它是一个随机变量,其数值随样本不同而不同。对总体参数进行假设检验时,在原假设成立的前提下,检验统计量不包含未知总体参数但要包含原假设中总体参数的假设值,而且检验统计量的抽样分布应该是明确的,这样才能计算出原假设成立的前提下样本的出现是否属于小概率事件。

对于总体参数的假设检验,检验统计量及其分布通常可由被检验参数的点估计量经过标准化来导出,实质上与参数估计中用于构建置信区间的变量的选择是一致的,要视总体是否属于正态分布、总体方差是否已知以及样本是大样本还是小样本等条件而定。假设检验的具体方法通常以检验统计量服从的分布来命名,常用的有 Z 检验(正态检验)、t 检验、F 检验、χ^2 检验等。

如例8-1中,待检验参数为总体均值 μ,样本均值 $\bar{X}$ 是其无偏估计量,由于 $\bar{X}\sim N(\mu,\frac{\sigma^2}{n})$,在"$H_0:\mu=4$"成立的前提下,应有 $\bar{X}\sim N(4,\sigma^2/n)$,经标准化可得 $Z=\frac{\bar{X}-4}{\sigma/\sqrt{n}}\sim N(0,1)$。这里,$Z=\frac{\bar{X}-4}{\sigma/\sqrt{n}}$ 就是本例的检验统计量(其中 σ 和 n 为已知数),服从标准正态分布。

(3)选择显著性水平 α,确定临界值

假设检验是基于小概率原理的推断,但多小的概率才算小概率呢?这并没有统一的规定,而是由研究者根据实际问题的背景及其风险偏好来确定的。这个事先规定的小概率的标准称为检验的显著性水平,用 α 表示。最常见的情况是取 α 为0.05,也可以取

0.005, 0.01, 0.10 等。

给定了显著性水平 α,就可由检验统计量的概率分布求得相应的临界值。临界值将检验统计量的取值范围划分成拒绝原假设的区域(简称拒绝域)与不能拒绝区域两部分。拒绝域不仅与显著性水平的大小和检验统计量的分布有关,也与假设类型有关。双侧检验的拒绝域位于检验统计量分布曲线的两侧尾部,左侧检验的拒绝域位于统计量分布曲线的左侧尾部,右侧检验的拒绝域位于统计量分布曲线的右侧尾部,如图 8.1 所示。

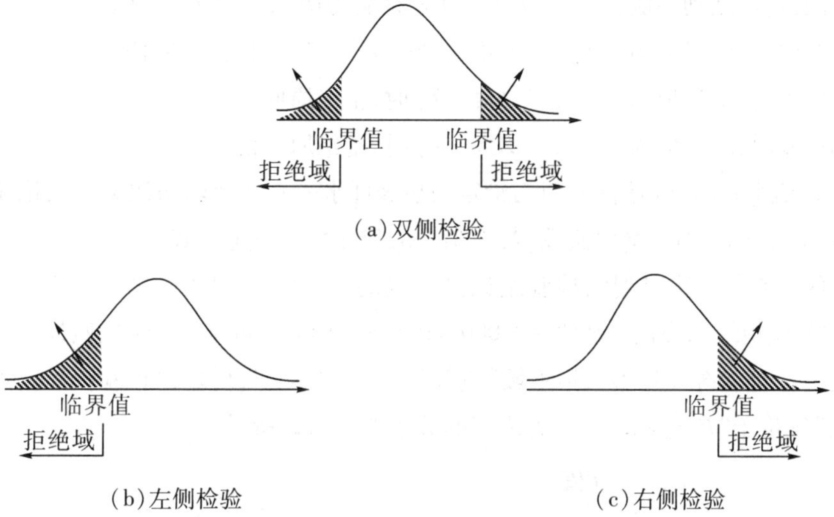

图 8.1　假设检验的显著性水平与拒绝域

如例 8-1 中,给定显著性水平 $\alpha = 0.001$ 时,临界值为 $\pm Z_{\alpha/2} = \pm 3.29$,拒绝域有两个:$(-\infty, -3.29)$和$(3.29, +\infty)$。

(4)计算检验统计值及 *P* 值

样本观测值一旦确定,检验统计量的值也就唯一地确定了。根据样本数据计算的检验统计值即检验统计量的观测值。

假设检验的 P 值是指当原假设为真时所得到的样本观察结果以及更加背离原假设的观察结果出现的概率。显然,P 值很小,就意味着在原假设成立的前提下出现这类样本的可能性很小,因此应该否定原假设。P 值越小,表示样本数据与原假设相背离的程度就越严重,拒绝原假设的理由就越充足。显著性水平 α 是研究者自己事先给定的"小概率"的标准,而 P 值则是根据样本数据计算的概率值,故 P 值又称为观测的显著性水平。

P 值的大小与检验统计量的分布、检验统计值、检验类型等因素都有关。计算 P 值时的方向随备择假设的方向而定。例如,应用 Z 检验时,若由样本数据计算出检验统计量 Z 的值为 z,则根据标准正态分布可计算相应的 P 值:

右侧检验时,P 值 $= P(Z \geqslant z)$;

左侧检验时,P 值 $= P(Z \leqslant z)$;

双侧检验时，P 值 $=2\times$ 单侧检验的 P 值。

如例 8-1 中，检验统计量 Z 的观测值 $z=-3.333$，P 值 $=P(|Z|\geqslant 3.333)=2P(Z\leqslant -3.333)=2\times 0.000\,429=0.000\,858$。

(5)做出检验结论

假设检验的问题可依据临界值和 P 值来判断。依据临界值来判断，就是将检验统计值与给定显著性水平 α 所对应的临界值相比较来决策。当检验统计值落在拒绝域内，就应拒绝原假设；反之则不能拒绝原假设。以 Z 检验为例①，其具体规则是：

双侧检验时，临界值为 $-Z_{\alpha/2}$ 和 $+Z_{\alpha/2}$，当 $|Z|\geqslant Z_{\alpha/2}$ 时，拒绝原假设；

左侧检验时，临界值为 $-Z_{\alpha}$，当 $Z\leqslant -Z_{\alpha}$ 时，拒绝原假设；

右侧检验时，临界值为 $+Z_{\alpha}$，当 $Z\geqslant +Z_{\alpha}$ 时，拒绝原假设。

依据 P 值来判断，就是将 P 值与给定的显著性水平 α 相比较来决策。无论哪种类型的检验，若 P 值 $<\alpha$，则拒绝原假设；若 P 值 $>\alpha$，则不能拒绝原假设。

以上两种判断方法得到的检验结论是一致的。如例 8-1 中，$Z=-3.333$，$|Z|\geqslant Z_{\alpha/2}=3.29$，应拒绝原假设。$P$ 值 $=0.000\,858<\alpha=0.001$，同样应拒绝原假设。

实质上，“检验统计量落入拒绝域”就等价于“P 值 $<\alpha$”；反之，“检验统计量落入不能拒绝区域”等价于“P 值 $>\alpha$”。二者之间的关系如图 8.2 所示。

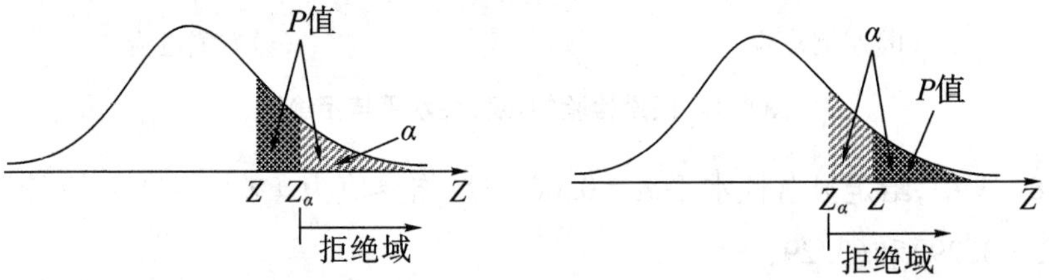

(a)不能拒绝原假设的情形　　(b)拒绝原假设的情形

图 8.2　P 值与临界值两种判断方法的比较(右侧检验)

对于相同的 α，检验统计值只要落在相同区域内，依据临界值来判断得到的结论就相同，但事实上不同观测值所得结论在可靠性上还是有差别的，而 P 值就能够清楚地表明这种差别。如图 8.2 中，若观测值 z 落在更偏远的位置，那么检验的 P 值就更小，拒绝原假设显然就有更高的可靠性。此外，利用 P 值进行假设检验时，不必事先指定 α，不同决策者可以灵活地利用 P 值来做出自己的决策。所以，P 值是很重要的信息。统计分析软件在涉及假设检验时输出结果一般都包含了 P 值。

§8.1.3　假设检验中的两类错误

假设检验是以样本信息为依据，基于小概率原理，按一定概率标准来做出判断的。我

① t 检验、F 检验、χ^2 检验的规则同理。

们希望当原假设 H_0 不真时拒绝它，而当原假设 H_0 为真时不拒绝它。但由于抽样是随机性，我们无法保证我们的判断不犯错误。拒绝原假设时，原假设未必是假的；不拒绝原假设，也不意味着原假设必定就是真的。假设检验中可能犯的错误分为两种类型。

如果原假设事实上为真，但由于样本统计量落在了拒绝域，从而做出了拒绝原假设的结论，这类错误称为第一类错误，也称"弃真"或"拒真"错误。犯第一类错误的概率通常用 α 表示，也就是前面所说的显著性水平，$\alpha = P$(拒绝 $H_0 \mid H_0$ 为真)。实质上，显著性水平就是事先设定的犯第一类错误的概率的最大允许值。

当原假设事实上不真，但由于样本统计量落在了不能拒绝区域，从而做出不拒绝原假设的结论，这类错误则称为第二类错误，又称"取伪"或"采伪"错误。犯第二类错误的概率通常记为 β，$\beta = P$(不拒绝 $H_0 \mid H_0$ 不真)。

假设检验中的决策与两类错误的关系如表 8.1 所示。

表 8.1　假设检验中的决策与两类错误

决策	实际情况	
	H_0 为真	H_0 不真
拒绝 H_0	第一类错误 (概率为 α)	正确决策
不拒绝 H_0	正确决策	第二类错误 (概率为 β)

进行假设检验时我们总希望犯两类错误的可能性都尽可能小。然而，在其他条件不变的情况下，α 和 β 是此消彼长的关系，两者不可能同时减小。若要同时减小 α 和 β，只能增大样本量 n。直观地讲，增加样本信息必然有助于辨明真伪，减小判断错误的可能性。从理论上讲，因为 n 增大，两条分布曲线的离散程度会减弱，尾部面积也会减少，从而使 α 和 β 同时减小，如图 8.3 所示。

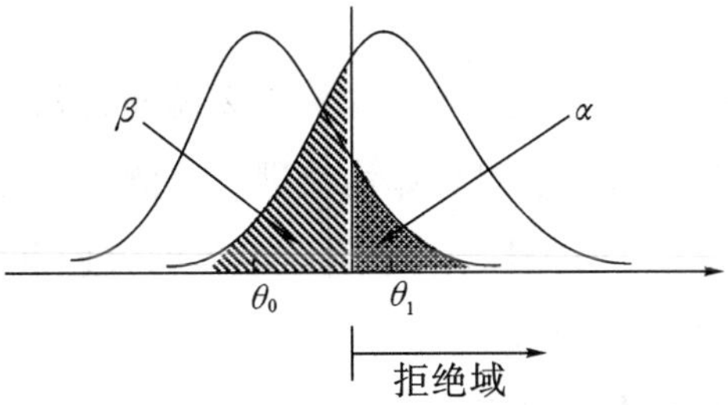

图 8.3　假设检验的两类错误及其概率(右侧检验)

β 的大小与 H_1 有关。如果 H_1 中参数的值是一个点，则可计算出 β 的值，如图 8.3 所示($H_1: \theta = \theta_1$)。通常 H_1 中参数取值是一个区域，所以一般无法计算出 β 的确切数值，只能计算出 β 随假设的参数值变化而变化的曲线。由于 β 通常是不明确的，所以当检验统计量没有落入拒绝域，并不能很有把握地相信原假设时，一般不说“接受 H_0”而采用“不能拒绝 H_0”的表述。

一般总是事先控制 α。确定 α 时须注意：如果犯第一类错误的代价较大，α 应小；反之如果犯第二类错误的代价较大，则 α 宜取大一些以使 β 较小。

8.2 一个总体参数的假设检验

许多场合中，人们凭经验或理论事先明确了某个总体的分布形式，但对该总体的某一个或一些参数的具体数值并不知晓，这就需要根据来自该总体的样本对未知的总体参数进行假设检验。一个总体参数的假设检验主要包括对均值、方差（或标准差）及成数等总体参数的假设检验。

§8.2.1 一个总体均值的检验

用 μ 表示待检验的总体均值，μ_0 表示总体均值的假设值。对总体均值进行假设检验时，首先要建立下列三种类型之一的假设：

$H_0:\mu = \mu_0$，　$H_1:\mu \neq \mu_0$

$H_0:\mu = \mu_0$（或 $\mu \geqslant \mu_0$），　$H_1:\mu < \mu_0$

$H_0:\mu = \mu_0$（或 $\mu \leqslant \mu_0$），　$H_1:\mu > \mu_0$

（1）正态总体且方差已知时，对总体均值的检验

根据抽样分布定理 6－1 中的式（6.17）可知，当正态总体且总体方差 σ^2 已知时，若原假设 $H_0:\mu = \mu_0$ 成立，则检验统计量及其分布为：

$$Z = \frac{\bar{X} - \mu_0}{\sigma/\sqrt{n}} \sim N(0,1) \tag{8.1}$$

运用式（8.1）这种检验统计量进行检验也称为 Z 检验（或正态检验）①。

例 8－1 就是应用上述检验方法对总体均值进行双侧检验的一个具体例子。下面来看一个左侧检验的情形。至于右侧检验，只是拒绝域的方向和计算 P 值的方向不同罢了，读者可结合练习题去理解和掌握。

【例 8－2】过去大量资料表明，某酒厂生产的一种瓶装酒的容量服从标准差为 5 毫升的正态分布，企业标示的产品平均容量为 250 毫升。监督机构从市场上随机抽取了该产品 12 瓶进行检测，测得平均容量为 246 毫升。试在 0.05 的显著性水平下，检验该酒厂生

① Z 检验也可近似适合于非正态总体或总体方差未知时，大样本（$n \geqslant 30$）情形下对总体均值的检验。

产的这种瓶装酒是否存在容量不足的问题?

根据题意,应建立如下假设:

$H_0: \mu = 250$(或$\mu \geqslant 250$), $H_1: \mu < 250$

已知总体服从正态分布且总体标准差为5,可采用Z检验。根据式(8.1)可知,检验统计量为:

$$Z = \frac{\bar{X} - \mu_0}{\sigma/\sqrt{n}} = \frac{246 - 250}{5/\sqrt{12}} \approx -2.771$$

$\alpha = 0.05$,查标准正态分布概率表可得临界值$-Z_\alpha = -Z_{0.05} = -1.645$,由于$Z = -2.771 < -1.645$,所以应拒绝$H_0$而接受$H_1$,即根据样本信息可认为这种瓶装酒存在容量不足的问题。P值$=P(Z \leqslant -2.771) = 0.002\,8$,由于$P$值$< \alpha = 0.05$,所以检验结论与上述结论相同。

Z检验的P值的计算可借助于Excel中的函数"NORMSDIST"来实现。该函数计算的是正态分布的累计分布概率。若检验统计值为z,左侧检验时,直接输入"=NORMSDIST(z)"即可得到相应的P值,本例中$z = -2.771$,在一个空白单元格中输入"=NORMSDIST(-2.771)"即可得到所求P值为0.002 8。右侧检验的P值则要用"=1-NORMSDIST(z)"来求得。

(2)正态总体但方差未知时,对总体均值的检验

当总体方差σ^2未知时,需要用样本方差S^2代替总体方差σ^2,采用t检验。根据抽样分布定理6-2中的式(6.19)可知,在原假设成立的前提下,检验统计量及其分布为:

$$t = \frac{\bar{X} - \mu_0}{S/\sqrt{n}} \sim t(n-1) \tag{8.2}$$

左侧检验时,拒绝域为$(-\infty, -t_\alpha(n-1))$,$P$值$= P\{t(n-1) \leqslant t\}$;右侧检验时,拒绝域为$(t_\alpha(n-1), +\infty)$,$P$值$= P\{t(n-1) \geqslant t\}$;双侧检验时,拒绝域为$(-\infty, -t_{\alpha/2}(n-1))$和$(t_{\alpha/2}(n-1), +\infty)$,$P$值=相应的单尾检验$P$值的两倍。

【例8-3】在正常生产情况下,某厂生产的一种无缝钢管的内径服从均值为54毫米的正态分布。从某日生产的钢管中随机抽取10根,测得其内径分别为:53.8,54.0,55.1,54.2,52.1,54.2,55.0,55.8,55.4,55.5,试在0.05的显著性水平下检验该日生产的钢管内径是否正常?

解:需先根据观测数据计算出样本均值和样本标准差:

$$\bar{x} = \frac{\sum x}{n} = \frac{545.1}{10} = 54.51\ (\text{毫米})$$

$$S = \sqrt{\frac{\sum (x - \bar{x})^2}{n-1}} = \sqrt{\frac{10.789}{10-1}} = \sqrt{1.198\,8} \approx 1.094\,9\ (\text{毫米})$$

根据题意,可建立如下假设:

$H_0: \mu = 54$, $H_1: \mu \neq 54$

检验统计值: $t = \dfrac{\bar{x} - \mu_0}{S/\sqrt{n}} = \dfrac{54.51 - 54}{1.0949/\sqrt{10}} \approx 1.473$

P 值 $= 2 \times P\{t(9) \geqslant 1.473\} = 2 \times 0.0874 = 0.1748$

由 $\alpha = 0.05$,查 t 分布表得临界值: $t_{\alpha/2}(n-1) = t_{0.025}(9) = 2.262$

由于 P 值 $> \alpha$,或 $t = 1.473 < t_{\alpha/2}(n-1) = 2.262$,所以不能拒绝 H_0,即可认为该日生产的钢管内径仍属正常。

这里的 P 值可利用 Excel 的函数“TDIST”来计算。在该函数对话框中指定统计值 x(本例中为1.473),自由度 Deg_freedom(本例中为9),在“tails”一栏填“1”即可得单侧检验的 P 值,在“tails”一栏填“2”,则可直接得到双侧检验 P 值(本例中填2,得 P 值为0.1748)。

§8.2.2 一个总体方差的检验

方差或标准差是衡量变量的离散程度,研究生产活动的均衡性、产品质量的稳定性等最常用的指标,也是正态总体的重要参数之一。所以对总体方差 σ^2 的检验也是常见的假设检验问题(检验了方差,也就等于检验了标准差)。下面的讨论只限于总体服从正态分布的情形。

用 σ_0^2 表示待检验的总体方差 σ^2 的一个假设值。所要检验的假设有下列三种类型:

$H_0: \sigma^2 = \sigma_0^2$, $H_1: \sigma^2 \neq \sigma_0^2$

$H_0: \sigma^2 = \sigma_0^2$(或 $\sigma^2 \geqslant \sigma_0^2$), $H_1: \sigma^2 < \sigma_0^2$

$H_0: \sigma^2 = \sigma_0^2$(或 $\sigma^2 \leqslant \sigma_0^2$), $H_1: \sigma^2 > \sigma_0^2$

由于样本方差 S^2 是总体方差 σ^2 的无偏估计量,自然可将 S^2 与 σ_0^2 对比来构造检验统计量。根据抽样分布定理6-1中的式(6.18)可知,若 H_0 为真,则检验统计量及其分布为:

$$\chi^2 = \frac{(n-1)S^2}{\sigma_0^2} \sim \chi^2(n-1) \tag{8.3}$$

利用服从 χ^2 分布的检验统计量进行假设检验也称为 χ^2 检验。左侧检验的拒绝域为 $(0, \chi^2_{1-\alpha}(n-1))$, P 值 $= P\{\chi^2(n-1) < \chi^2\}$;右侧检验的拒绝域为 $(\chi^2_\alpha(n-1), +\infty)$, P 值 $= P\{\chi^2(n-1) > \chi^2\}$;双侧检验的拒绝域为 $(0, \chi^2_{1-\alpha/2}(n-1))$ 和 $(\chi^2_{\alpha/2}(n-1), +\infty)$, P 值 = 相应的单尾 P 值的两倍。

【例8-4】在例8-3中,若按产品质量要求,该厂生产的一种无缝钢管的内径的标准差不超过1毫米。试在0.05的显著性水平下,检验该日生产的钢管内径的波动是否符合质量要求?

解：依题意可建立假设：$H_0: \sigma^2 = 1$（或$\sigma^2 \leqslant 1$）；$H_1: \sigma^2 > 1$。

$\alpha = 0.05$，查χ^2分布表得临界值$\chi^2_{0.05}(9) = 16.92$。

由例 8－3 中的计算可知，样本方差 $S^2 = 1.198\ 8$。

检验统计量：

$$\chi^2 = \frac{(n-1)S^2}{\sigma_0^2} = \frac{(10-1)1.198\ 8}{1} \approx 10.789$$

P 值 $= P\{\chi^2(9) > 10.789\} = 0.290$

由于$\chi^2 = 10.789 < \chi^2_{0.05}(9) = 16.92$，$P$ 值 $> \alpha = 0.05$，所以不能拒绝 H_0，即可以认为钢管内径的波动符合质量要求。

χ^2 检验的临界值和 P 值可利用 Excel 中的函数功能来求得。先选定一个空白单元格，再选择函数 CHIINV，在该函数对话框中输入右尾概率 0.05 和自由度 9，即得右侧临界值 16.92，或直接输入"＝CHIINV(0.05,9)"亦可。选择函数 CHIDIST，在该函数对话框中输入数值 10.789 和自由度 9，即得单侧检验的 P 值 0.290，或直接输入"＝CHIDIST(10.789,9)"亦可。

§8.2.3 一个总体成数的检验①

成数是指具有某种特征的个体数量所占的比重，如产品合格率或不合格率、市场占有率、顾客满意率、疾病发病率、药物有效率等。成数在各种领域的数量分析中都有着广泛应用，所以，对总体成数的假设检验也是统计推断的重要内容。用 P_0 表示待检验的总体成数 P 的一个假设值。首先提出待检验的假设：

$H_0: P = P_0$，$H_1: P \neq P_0$（或 $P < P_0$，$P > P_0$）

当样本量足够大时（$n \geqslant 30$，$np \geqslant 5$ 且 $n(1-p) \geqslant 5$），样本成数 p 的抽样分布近似于正态分布，其均值 $E(p) = P$，其标准差 $\sigma_p = \sqrt{P(1-P)/n}$。于是，在原假设成立的前提下，对总体成数进行假设检验可近似采用 Z 检验，检验统计量②及其分布为：

$$Z = \frac{p - P_0}{\sqrt{\frac{P_0(1-P_0)}{n}}} \sim N(0,1) \tag{8.4}$$

【例 8－5】某企业人事部经理认为，该企业职工对工作环境不满意的人数占职工总数的 1/5 以上。为了检验这种说法，从该企业随机调查了职工 100 人，其中有 26 人表示对工作环境不满意。试问：

---

① 本教材只介绍在大样本条件下如何对总体成数进行假设检验。

② 该统计量 Z 的分母中的 P_0 也用样本成数 p 来代替，即检验统计量可以为 $Z = (p - P_0)/\sqrt{\frac{p(1-p)}{n}}$。

①在0.10的显著性水平下,调查结果是否支持这位经理的看法?

②若检验的显著性水平为0.05,又有何结论?

解:这是对总体成数的检验。据题意,可建立如下假设:

$H_0: P \leqslant 1/5$, $H_1: P > 1/5$

本例符合大样本条件($n > 30$ 且 $np = 26 > 5$, $n(1-p) = 74 > 5$),可以近似采用 Z 检验。其检验统计值为:

$$Z = \frac{p - P_0}{\sqrt{P_0(1 - P_0)/n}} = \frac{0.26 - 0.20}{\sqrt{0.20 \times 0.80/100}} = 1.5$$

P 值 $= P\{Z \geqslant 1.5\} = 0.067$

在给定显著性水平0.1和0.05的情形下,分别有如下结论:

①若给定 $\alpha = 0.1$,由于 P 值 < 0.1(或由于临界值 $Z_{0.1} = 1.282, Z = 1.5 > 1.282$),所以应拒绝原假设,即支持这位经理的看法。

②若 $\alpha = 0.05$,由于 P 值 > 0.05(或由于临界值 $Z_{0.05} = 1.645, Z = 1.5 < 1.645$),则不能拒绝原假设,即不能支持这位经理的看法。

8.3 两个总体参数的假设检验

有时候人们需要对两个总体的参数进行比较,看它们是否存在显著的差异。例如,两个不同企业生产的同类产品的使用寿命或优良率是否有显著差异,某种农作物的产量的稳定性在不同地区是否相同,等等。

§8.3.1 两个正态总体均值之差的检验

对两个正态总体均值之差进行假设检验的假设有如下三种形式:

双侧检验: $H_0: \mu_1 - \mu_2 = D_0$, $H_1: \mu_1 - \mu_2 \neq D_0$;

左侧检验: $H_0: \mu_1 - \mu_2 =$ (或 $\geqslant$) D_0, $H_1: \mu_1 - \mu_2 < D_0$;

右侧检验: $H_0: \mu_1 - \mu_2 =$ (或 $\leqslant$) D_0, $H_1: \mu_1 - \mu_2 > D_0$;

其中,D_0 是指定的一个任意数,若只关心两个总体均值相等与否,则 $D_0 = 0$。

根据样本获得方式的不同,两个总体均值的检验分为独立样本和成对样本两种情形,而且检验统计量也取决于总体方差是否已知及其样本量的大小。

(1)两个样本相互独立的情形

①两个正态总体的方差已知。

用 $\bar{X}_1$ 和 $\bar{X}_2$ 分别代表来自两个总体 $X^{(1)}$ 和 $X^{(2)}$ 的样本均值。由于 $\bar{X}_1$ 和 $\bar{X}_2$ 分别是

μ_1 和 μ_2 的优良估计量，$(\bar{X}_1 - \bar{X}_2 - D_0)$ 也是 $(\mu_1 - \mu_2 - D_0)$ 的优良估计量且 $(\bar{X}_1 - \bar{X}_2 - D_0) \sim N(\mu_1 - \mu_2 - D_0, \frac{\sigma_1^2}{n_1} + \frac{\sigma_2^2}{n_2})$。若原假设 $H_0: \mu_1 - \mu_2 = D_0$ 成立,则可构建如下的检验统计量 Z:

$$Z = \frac{(\bar{X}_1 - \bar{X}_2) - D_0}{\sqrt{\frac{\sigma_1^2}{n_1} + \frac{\sigma_2^2}{n_2}}} \sim N(0,1) \tag{8.5}$$

当两个正态总体的方差已知时,不论样本量大小,对两个总体均值之差的假设检验都是利用式(8.5)的检验统计量进行 Z 检验。

【例 8-6】已知甲、乙两厂生产的灯泡的使用寿命都服从正态分布,甲厂灯泡使用寿命的标准差为 100 小时,乙厂灯泡使用寿命的标准差为 90 小时。现分别从甲、乙两厂随机抽取 20 只和 15 只灯泡进行检测,测得甲、乙两厂灯泡的平均寿命分别为 1 378 小时和 1 210 小时。问在 0.05 的显著性水平下,可否推断甲厂灯泡平均寿命比乙厂高出 100 小时以上?

解:设 μ_1,μ_2 分别代表甲乙两厂灯泡的平均使用寿命,依题意可建立假设:

$H_0: \mu_1 - \mu_2 \leqslant 100$, $\quad H_1: \mu_1 - \mu_2 > 100$;

已知 $\sigma_1 = 100, \sigma_2 = 90, n_1 = 20, n_2 = 15, \bar{x}_1 = 1\ 378, \bar{x}_2 = 1\ 210$。由式(8.5)可得:

$$Z = \frac{1\ 378 - 1\ 210 - 100}{\sqrt{\frac{100^2}{20} + \frac{90^2}{15}}} \approx 2.109$$

已知 $\alpha = 0.05$,临界值 $Z_\alpha = 1.645$,则:

P 值 $= P(Z \geqslant 2.109) = 1 - P(Z \leqslant 2.109) = 1 - 0.982\ 5 = 0.017\ 5$

由于 $Z > Z_\alpha$ 或 P 值 $= 0.017\ 5 < \alpha$,所以应拒绝原假设,即根据所抽样本的信息,可断定甲厂灯泡平均寿命比乙厂高出 100 小时以上。

②两个正态总体的方差未知但相等。

若两个正态总体方差未知但相等,可将两个样本方差加权平均得出总体方差 σ^2 的估计量 S_w^2。在原假设 $H_0: \mu_1 - \mu_2 = D_0$ 成立的条件下,检验统计量及其分布为:

$$t = \frac{(\bar{X}_1 - \bar{X}_2) - D_0}{\sqrt{S_w^2(\frac{1}{n_1} + \frac{1}{n_2})}} \sim t(n_1 + n_2 - 2) \tag{8.6}$$

$$\text{其中}, S_w^2 = \frac{(n_1 - 1)S_1^2 + (n_2 - 1)S_2^2}{n_1 + n_2 - 2} \tag{8.7}$$

双侧检验的临界值为 $\pm t_{\alpha/2}(n_1 + n_2 - 2)$,左侧检验和右侧检验的临界值分别为 $-t_\alpha(n_1 + n_2 - 2)$ 和 $t_\alpha(n_1 + n_2 - 2)$。

【例 8-7】某农场为了试验某种农作物的新品种是否会比老品种的产量更高,分别在若干块面积为0.1平方千米的试验地进行试种，每块试验地上所收获的产量如下表（单位：千克）。

表8.2　两个品种的产量

地块序号	1	2	3	4	5	6	7	8	9	10	11
新品种	118	107	92	116	110	105	106	112	124		
老品种	110	89	97	107	112	120	98	103	101	92	95

假定两个品种的产量都服从正态分布且方差相等，试问：在5%的显著性水平下，可否认为新品种比老品种的产量有显著提高？

解：这是关于两个正态总体均值相等性的检验问题。μ_1,μ_2分别代表新品种和老品种产量的总体均值，需要检验的假设是：

$H_0:\mu_1=\mu_2,\quad H_1:\mu_1>\mu_2$（即$\mu_1-\mu_2>0$）

对总体均值差的检验应采用t检验。根据已知数据，可计算出样本均值和样本方差分别为：

$\bar{x}_1=110, S_1^2=84.25, \bar{x}_2=102.181\ 8, S_2^2=87.363\ 6$

$$S_W^2=\frac{(n_1-1)S_1^2+(n_2-1)S_2^2}{n_1+n_2-2}=\frac{8\times 84.25+10\times 87.363\ 6}{9+11-2}\approx 85.979\ 8$$

检验统计量：$t=\dfrac{(\bar{x}_1-\bar{x}_2)}{S_W\sqrt{\dfrac{1}{n_1}+\dfrac{1}{n_2}}}=\dfrac{110-102.181\ 8}{\sqrt{85.979\ 8}\times\sqrt{\dfrac{1}{9}+\dfrac{1}{11}}}\approx 1.875\ 9$

P值$=P\{t(9+11-2)\geqslant 1.875\ 9\}=0.038\ 5$

$\alpha=0.05$，临界值$t_{0.05}(18)=1.734$。所以应拒绝原假设，即可以认为新品种产量比老品种产量提高了。

③两个正态总体的方差未知且不一定相等。

两个正态总体的方差未知时，若没有充分理由表明两个总体方差相等，就不能贸然采用上述检验法。这时，应使用如下的检验统计量：

$$t=\frac{(\bar{X}_1-\bar{X}_2)-D_0}{\sqrt{\dfrac{S_1^2}{n_1}+\dfrac{S_2^2}{n_2}}}\tag{8.8}$$

式(8.8)的检验统计量的分布近似于t分布，其自由度v为：

$$v=\frac{\left(\dfrac{S_1^2}{n_1}+\dfrac{S_2^2}{n_2}\right)^2}{\dfrac{(S_1^2/n_1)^2}{n_1-1}+\dfrac{(S_2^2/n_2)^2}{n_2-1}}\tag{8.9}$$

当式(8.10)计算的自由度 v 不是整数时,取与之最接近的自然数。

当两个样本量 n_1 和 n_2 充分大时,式(8.9)的检验统计量 t 也近似服从标准正态分布。因此,大样本条件下,即使两个正态总体的方差未知且不一定相等,也可以采用 Z 检验法对两个总体均值之差进行假设检验①。

(2)两个样本为成对样本的情形

检验两个总体均值之差时,有时两个样本不是独立的而是成对的。例如,比较同一组学生在大一时和大四时体重有无显著变化,比较同一组工人使用两种操作方法的生产效率是否相同,比较同一群测试者对两个不同品牌产品的评分有何差异,等等。

这类假设检验问题可以转化为一个样本的均值检验问题。其方法是:先计算出每一对样本数据的差值:$d_i = x_i^{(1)} - x_i^{(2)}, i=1,2,\cdots, n$;然后将这 n 个差值看作一个样本,把 $(\mu_1 - \mu_2)$ 看作待检验的一个总体参数(即成对差值的总体均值,记为 D),原来的检验问题就转化为:根据一个样本去检验 D 是否等于(或小于、大于)假设值 D_0。

假定成对差值构成的总体服从正态分布,且成对样本差值是由差值总体中随机抽取的,则检验统计量及其分布为:

$$t = \frac{\bar{d} - D_0}{\sqrt{S_d^2/n}} = \frac{\bar{d} - D_0}{S_d/\sqrt{n}} \sim t(n-1) \qquad (8.10)$$

其中,$\bar{d} = \frac{\sum_{i=1}^{n} d_i}{n}, S_d^2 = \frac{\sum_{i=1}^{n}(d_i - \bar{d})^2}{n-1}$。

【例 8-8】用某种药物治疗 9 例再生障碍性贫血患者,治疗前后患者血红蛋白变化的数据如表 8.3 所示。问在 0.05 的显著性水平下,能否认为这种药物至少可以使血红蛋白数量增加 15 个单位?

表 8.3　　**血红蛋白变化**

病人编号	治疗前	治疗后
1	69	107
2	67	65
3	76	113
4	61	123
5	70	112
6	76	89
7	65	80
8	66	78
9	72	105

① 该检验方法也近似适合于样本量足够大的条件下对两个非正态总体均值之差的检验。

令治疗前后的总体均值分别为μ_1和μ_2，原假设和备择假设如下：

$H_0:\mu_2 - \mu_1 \leqslant 15$，　$H_1:\mu_2 - \mu_1 > 15$

成对数据的差值d_i分别为：38，-2，37，62，42，13，15，12，33。

于是可计算出：$\bar{d} = \frac{250}{9} = 27.778$，$S_d^2 = \frac{3\ 107.556}{8} \approx 388.444$

检验统计量的值为：$t = \frac{\bar{d} - D_0}{\sqrt{S_d^2/n}} = \frac{27.778 - 15}{\sqrt{388.444/9}} \approx 1.945$

P值 $= P\{t(8) > 1.945\} = 0.044$

已知$\alpha = 0.05$，查t分布表可得临界值$t_\alpha(n-1) = t_{0.05}(8) = 1.86$，由于$P$值$<\alpha$或$t > t_\alpha(n-1)$，所以在0.05的显著性水平下应该拒绝原假设，即可以认为这种药物至少能使血红蛋白数量增加15个单位。

对两个总体均值之差的假设检验，可利用Excel中的数据分析工具来完成：输入样本数据后，点击菜单栏的“工具”→“数据分析”，在分析工具选项中有四种选择。其中，“Z检验：双样本平均差检验”适用于两个正态总体方差已知的情形；“t检验：双样本等方差假设”适用于两个正态总体方差未知但相等的情形；“t检验：双样本异方差假设”适用于两个正态总体方差未知且不相等的情形；“t检验：平均值的成对二样本分析”适用于成对样本时对两个正态总体均值之差的检验。选定分析工具后，在其对话框中按提示输入样本数据所在的区域、均值之差的假设值和显著性水平等信息，在输出选项部分指定显示计算结果的位置即可。输出结果包含样本均值、方差、检验统计量的值，单侧检验的P值和双侧检验的P值等内容。

§8.3.2　两个正态总体方差相等性的检验

检验两个总体方差相等性（也称齐性）的假设有如下三种形式：

双侧检验：$H_0:\sigma_1^2 = \sigma_2^2$，　$H_1:\sigma_1^2 \neq \sigma_2^2$

左侧检验：$H_0:\sigma_1^2 = \sigma_2^2$（或$\sigma_1^2 \geqslant \sigma_2^2$），　$H_1:\sigma_1^2 < \sigma_2^2$

右侧检验：$H_0:\sigma_1^2 = \sigma_2^2$（或$\sigma_1^2 \leqslant \sigma_2^2$），　$H_1:\sigma_1^2 > \sigma_2^2$

对上述假设的检验是通过其比值σ_1^2/σ_2^2来推断的。由抽样分布定理6-4可知，在原假设$H_0:\sigma_1^2 = \sigma_2^2$成立的条件下，检验统计量及其分布为：

$$F = \frac{S_1^2}{S_2^2} \sim F(n_1 - 1, n_2 - 1) \tag{8.11}$$

左侧检验的拒绝域为$(0, F_{1-\alpha}(n_1 - 1, n_2 - 1))$；右侧检验的拒绝域为$(F_\alpha(n_1 - 1, n_2 - 1), +\infty)$；双侧检验的拒绝域为$(0, F_{1-\alpha/2}(n_1 - 1, n_2 - 1))$和$(F_{\alpha/2}(n_1 - 1, n_2 - 1), +\infty)$。

【例8-9】在例8-7中，我们曾假定新老品种的产量都服从正态分布且方差相等。事实上，在两个总体的方差未知的情况下，两者相等的假定是很值得怀疑的。试对此进行假设检验，显著性水平为0.1。

解：据题意，提出如下的假设：

$H_0: \sigma_1^2 = \sigma_2^2$；$H_1: \sigma_1^2 \neq \sigma_2^2$

这是一个双侧F检验。为了简化判断过程，计算检验统计量F时，通常将较大的样本方差作为分子，将较小的样本方差作为分母，这样就只需要判断检验统计量的值是否落入了右尾的拒绝域。

检验统计量的值：$F = \dfrac{S_2^2}{S_1^2} = \dfrac{87.3636}{84.25} \approx 1.037$

$\alpha = 0.1$，查F分布表得右侧临界值$F_{0.05}(10,8) = 3.347$，由于检验统计量的值$F = 1.037 < 3.347$，所以不能拒绝原假设，即可认为两个品种的总体方差相等。

P值$= 2 \times P\{F(10,8) \geqslant 1.037\} = 2 \times 0.4891 = 0.9782$。$P$值$> \alpha$，故结论同上。

这里临界值和P值分别可根据Excel中的FINV函数和FDIST函数来求得。输入" = FINV(0.05,10,8)"，回车即可得到所求的临界值为3.347。利用函数功能" = FDIST(1.037,10,8)"可得单侧检验的P值即$P\{F(10,8) \geqslant 1.037\} = 0.4891$。

事实上，获得两个样本的观测值后，全部计算都可利用Excel的数据分析工具来完成。具体操作方法是：依次点击"工具"→"数据分析"→"F－检验 双样本方差分析"，在其对话框中指定两个样本的数据所在区域、显著性水平和输出区域起点单元格即可。输出结果主要包括两个样本的均值和方差，以及检验统计量F的值、单尾的P值和临界值①。

§8.3.3 两个总体成数之差的检验

用P_1和P_2分别代表所要检验的两个总体成数，样本成数p_1和p_2分别是这两个未知参数的无偏估计量，n_1和n_2分别代表两个样本容量。对两个总体成数之差的假设检验的基本思路与一个总体成数的检验类似。这里也只介绍大样本条件下的检验。当n_1p_1、$n_1(1-p_1)$、n_2p_2及$n_2(1-p_2)$都大于或等于5时，才能认为是大样本。

对两个总体成数之差进行假设检验，有如下三种形式的假设：

双侧检验：$H_0: P_1 - P_2 = D_0$，　$H_1: P_1 - P_2 \neq D_0$；

左侧检验：$H_0: P_1 - P_2 = (\text{或} \geqslant) D_0$，　$H_1: P_1 - P_2 < D_0$；

---

① Excel的F检验只输出单侧检验的临界值F_α。若要得到双侧检验的临界值$F_{\alpha/2}$，应在显著性水平一栏输入$\alpha/2$的值。

右侧检验：$H_0:P_1-P_2=$（或 $\leqslant$）D_0，　$H_1:P_1-P_2>D_0$。

当样本量充分大时，在原假设"$H_0:P_1-P_2=D_0$"成立的前提下，对两个总体成数之差进行假设检验可近似采用 Z 检验，检验统计量为：

$$Z=\frac{(p_1-p_2)-D_0}{\sqrt{\frac{p_1(1-p_1)}{n_1}+\frac{p_2(1-p_2)}{n_2}}} \tag{8.12}$$

【例 8-10】某公司准备采购的一种产品有 A 和 B 两家供货商，供货商 A 的产品价格较高，但他们宣称其产品质量也较高。该公司决策者决定对两家供货商的产品次品率进行比较，若没有充足理由相信供货商 A 的产品质量较高，就会选择供货商 B 作为合作伙伴。从供货商 A 的产品中随机抽取 200 件，发现有 20 件次品；从供货商 B 的产品中随机抽取 250 件，发现有 30 件次品。试在 0.10 显著性水平下对此问题进行检验，说明该公司决策者应选择哪家供货商为合作伙伴？

解：设 P_1，P_2 分别代表 A 和 B 两家供货商的产品次品率。依题意，原假设与备择假设应为：

$H_0:P_1-P_2=0$，　$H_1:P_1-P_2<0$

根据已知数据可计算出两个样本比率分别为：$p_1=10\%$，$p_2=12\%$。

检验统计量的观测值为：

$$Z=\frac{0.1-0.12}{\sqrt{\frac{0.1\times(1-0.1)}{200}+\frac{0.12\times(1-0.12)}{250}}}=-0.677$$

给定 $\alpha=0.1$，临界值 $-Z_\alpha=-Z_{0.1}=-1.28$，由于 $Z=-0.667>-z_{0.1}=-1.28$，P 值 $=P(Z<-0.667)=0.252>0.1$，所以不能拒绝原假设，即该公司决策者应选择供货商 B 为合作伙伴。

8.4　多个总体均值的检验——单因素方差分析

§8.4.1　问题的提出

有时需要对两个以上总体的均值同时进行假设检验。例如，多种不同包装的同类产品的平均销售量是否有显著差异？多个品牌同类产品的平均使用寿命是否相同？多个专业学生的统计学平均成绩是否有显著差异？解决这类问题就可以运用方差分析法。

从形式上看方差分析法是同时对多个总体均值的比较，实质上它是研究一个或几个定性变量对一个定量变量有无显著影响的一种常用方法。例如，影响同类产品的平均销售量的因素往往是很多的。当其他影响因素都相同或相近时,若不同包装的平均销售量有显著差异,就说明包装是影响销售量的一个显著因素;反之亦然。

在方差分析中,所考察的定性变量称为"因素"或"因子",通常用大写字母 A,B,C 等来表示,例如上述例子中可能影响产品销售量的"包装""品牌"和"质量"等。如果方差分析只考察一个因素(假定其他影响因素都不变),即为单因素方差分析;若要同时考虑两个因素对某个指标的影响,就是双因素方差分析。本节只介绍单因素方差分析的基本原理和方法。

若用 μ_i 表示第 i 个总体均值 ($i=1,2,\cdots,k$),方差分析就是要检验下述假设:

$H_0:\mu_1=\mu_2=\cdots=\mu_k$ (所检验因素对观测变量没有显著影响)

$H_1:\mu_1,\mu_2,\cdots,\mu_k$ 不全相等(所检验因素对观测变量有显著影响)

§8.4.2 单因素方差分析的基本原理

先结合一个具体的例子来说明方差分析中的一些基本概念。

【例 8-11】一研究小组为了研究三种不同施肥方案对某种农作物收获量的影响,在 17 个试验地块上做了试验。每个地块上的土质、农作物品种、播种量和播种方法等影响该农作物收获量的因素均相同。试根据表 8.4 的收获量数据分析不同施肥方案是否对收获量有显著影响(显著性水平为 0.05)。

表 8.4 三种施肥方案的收获量数据

施肥方案 \ 地块编号	1	2	3	4	5	6
A_1	55	62	76	68	60	63
A_2	70	58	62	50	65	
A_3	78	80	68	82	75	64

在这个问题中,"不同施肥方案是否对收获量有显著影响"等价于"三种不同施肥方案的总体平均收获量是否相等"。这是一个单因素方差分析问题,所要检验的因素只有一个——施肥方案。

所考察因素的不同状态或不同类别称为"水平"或"处理"。如本例中有三种不同的施肥方案,即"施肥方案"这个因素有三个水平(分别记为 A_1,A_2 和 A_3)。在方差分析中,每种水平下的所有可能结果构成一个总体,本例中每种施肥方案下的所有地块收获量就是一个总体,共有三个总体。通常不可能获得总体数据,从而总体均值也只能根据样本数据来推断。样本是分别从每个水平(总体)中随机抽取的。每个水平下都有若干样本数据即"观测值",第 i 个水平中的第 j 个观测值记为 $x_{ij}(i=1,2,\cdots,k;j=1,2,\cdots,n_i)$,$n_i$ 为从第 i 个水平中抽取的观测值个数。全部观测值的个数 $n=n_1+n_2+\cdots+n_k$。如本例中，$n_1 = n_2 = 6, n_3 = 5, n = 17$。

每一个样本观测值 x_{ij} 都可表示为：

$$x_{ij} = \mu_i + \varepsilon_{ij} \quad (i = 1,2,\cdots,k; j = 1,2,\cdots,n_i) \tag{8.13}$$

其中，μ_i 表示第 i 个水平的总体均值，ε_{ij} 表示随机误差。

由式(8.13)不难理解，样本观测值之间的差异不外乎来源于两种误差：

一是由于诸 μ_i 不尽相等而造成的误差，它源于所检验因素条件的改变(不同水平)。这种误差称为系统误差或条件误差，如本例中，施肥方案不同可能造成收获量有差异。

二是由于诸 ε_{ij} 不尽相等而引起的误差，这是抽样的随机性或试验过程中各种随机因素的影响所造成的，所以也称为随机误差或试验误差。ε_{ij} 是随机变量。如本例中，由于抽取地块的随机性或影响收获量的很多随机因素的影响，无论是同一种施肥方案下还是在不同施肥方案之间，不同地块上的收获量总是存在随机波动。

方差分析要检验各个总体均值 μ_i 是否相等，也就是要鉴别观测值的差异是否存在无系统误差，为此就要对样本观测值之间的差异进行分析。

样本观测值之间的差异大小可用离差 $(x_{ij} - \bar{\bar{x}})$ 来衡量，这个离差习惯上也称为总离差，因为它可以分解为两个离差之总和，即：

$$(x_{ij} - \bar{\bar{x}}) = (x_{ij} - \bar{x}_i) + (\bar{x}_i - \bar{\bar{x}}) \tag{8.14}$$

式(8.14)中，$\bar{x}_i$ 是第 i 组观测值的平均数，$\bar{\bar{x}}$ 是全部样本观测值的平均数，即：

$$\bar{x}_i = \frac{\sum_{j=1}^{n_i} x_{ij}}{n_i} (i = 1,2,\cdots,k); \quad \bar{\bar{x}} = \frac{\sum_{i=1}^{k}\sum_{j=1}^{n_i} x_{ij}}{n} = \frac{\sum_{i=1}^{k} n_i \bar{x}_i}{n}。$$

要对全部观测值的离差进行综合分析，就需要计算全部观测值的离差平方总和并对它进行分解。将式(8.14)的两边平方再加总：

$$\begin{aligned}\sum_{i=1}^{k}\sum_{j=1}^{n_i}(x_{ij} - \bar{\bar{x}})^2 &= \sum_{i=1}^{k}\sum_{j=1}^{n_i}[(x_{ij} - \bar{x}_i) + (\bar{x}_i - \bar{\bar{x}})]^2 \\ &= \sum_{i=1}^{k}\sum_{j=1}^{n_i}(x_{ij} - \bar{x}_i)^2 + \sum_{i=1}^{k}\sum_{j=1}^{n_i}(\bar{x}_i - \bar{\bar{x}})^2 + \sum_{i=1}^{k}\sum_{j=1}^{n_i}2(x_{ij} - \bar{x}_i)(\bar{x}_i - \bar{\bar{x}})\end{aligned}$$

由于上式中最后一项为0，所以有：

$$\sum_{i=1}^{k}\sum_{j=1}^{n_i}(x_{ij} - \bar{\bar{x}})^2 = \sum_{i=1}^{k}\sum_{j=1}^{n_i}(x_{ij} - \bar{x}_i)^2 + \sum_{i=1}^{k}\sum_{j=1}^{n_i}(\bar{x}_i - \bar{\bar{x}})^2 \tag{8.15}$$

式(8.15)中三个离差平方和的含义如下：

① $\sum_{i=1}^{k}\sum_{j=1}^{n_i}(x_{ij} - \bar{\bar{x}})^2$ 称为总离差平方和(记为SST)。它是全部观测值 x_{ij} 与总平均值 $\bar{\bar{x}}$ 的误差平方和，反映了全部观测值的差异大小。如本例中，要反映样本17个观测值的差异大小，就要计算它们的总离差平方和SST。

② $\sum_{i=1}^{k}\sum_{j=1}^{n_i}(x_{ij}-\bar{x}_i)^2$ 称为组内平方和或误差平方和（记为 SSE）。它是同一水平下（同一总体或同一组内）样本各观测值与其平均值之间的离差平方总和，反映了同一水平下样本观测值的差异状况。组内平方和实质上反映的是随机误差的大小。如本例中，组内平方和反映的是相同施肥方案下由于随机因素引起的不同地块上收获量的差异。

③ $\sum_{i=1}^{k}\sum_{j=1}^{n_i}(\bar{x}_i-\bar{\bar{x}})^2=\sum_{i=1}^{k}n_i(\bar{x}_i-\bar{\bar{x}})^2$ 称为组间平方和，也称为因素 A 的效应平方和（记为 SSA）。它是各水平的样本平均值与总平均值之间的离差平方总和。实质上，组间平方和所反映的误差有两种可能：一是由于所检验因素水平的差异引起的系统误差，如本例中施肥方案不同可能造成收获量有差异（诸μ_i不尽相等），致使来自不同总体的样本均值之间就有差异；二是随机误差，因为它是根据样本观测值计算的。如本例中，即使施肥方案对收获量毫无影响（三个总体平均收获量完全相等），由于抽样的随机性也会使得来自不同施肥方案的样本均值之间存在差异。

为了说明观测值中有无系统误差，就需要对组间平方和与组内平方和进行比较。由于平方和的大小受到数据项数多少的影响，所以可用各个平方和除以其自由度以求得组间方差（MSA）和组内方差（MSE）来比较，计算公式为：

$$\mathrm{MSA}=\frac{\text{组间平方和}}{\text{自由度}}=\frac{\mathrm{SSA}}{k-1} \tag{8.16}$$

$$\mathrm{MSE}=\frac{\text{组内平方和}}{\text{自由度}}=\frac{\mathrm{SSE}}{n-k} \tag{8.17}$$

若不存在系统误差，那么组间方差与组内方差都反映的是随机误差，两者差异就不会很大；反之，若组间方差显著地大于组内方差，就说明组间差异不仅包含随机误差，也存在系统误差。但是，组间方差要比组内方差大多少才能断定有系统误差？这就需要构造一个检验统计量。

为了找到适当的检验统计量，方差分析还需要对随机误差ε_{ij}做一些假定：诸随机误差ε_{ij}相互独立且同正态分布、均值为 0、方差存在且相等，即$\varepsilon_{ij}\overset{iid}{\sim}N(0,\sigma^2)$。在这些假定下，若原假设成立（即$H_0:\mu_1=\mu_2=\cdots=\mu_k$为真），则组间方差与组内方差之比就是一个服从$F$分布的检验统计量，即检验统计量$F$及其分布为：

$$F=\frac{\mathrm{MSA}}{\mathrm{MSE}}=\frac{\mathrm{SSA}/(k-1)}{\mathrm{SSE}/(n-k)}\sim F(k-1,n-k) \tag{8.18}$$

根据样本数据可计算出检验统计量F的值及其相应的P值。对于给定的显著性水平α，查F分布表可得对应的临界值$F_\alpha(k-1,n-k)$，若$F>F_\alpha(k-1,n-k)$，或P值$<\alpha$，则拒绝H_0，即表明所检验因素对观测变量有显著影响；反之则不能拒绝H_0，表明所检验因素对观测变量没有显著影响。

通常将计算过程中的主要内容列在一个表格内,形成方差分析表。其基本形式如表8.5所示。

表8.5　　方差分析表的基本形式

差异来源	平方和(SS)	自由度(df)	方差(MS)	F值	P值($P-value$)	F临界值(F $crit$)
组间	SSA	$k-1$	MSA	MSA/MSE		
组内	SSE	$n-k$	MSE			
总计	SST	$n-1$				

应注意的是,当$F > F_{\alpha}(k-1,n-k)$时,可认为各水平的总体均值不完全相同,所检验因素的影响是显著的。但不能据此认为各水平的总体均值全部不相同,方差分析的结果也无法判断其中哪些相同、哪些不相同。此外,各水平下的样本观测值个数n_i可以相等也可以不相等,但是在总的样本量n相同的情况下,n_i相等时的检验效率最高,所以n_i最好相等。

§8.4.3　单因素方差分析的应用

下面以例8-11来说明单因素方差分析的具体计算和应用。

设三种施肥方案收获量的总体均值分别为μ_1,μ_2和μ_3,检验施肥方案对收获量是否有影响,就等价于检验如下假设:

$H_0:\mu_1=\mu_2=\mu_3$(施肥方案对收获量没有显著影响)

$H_1:\mu_1,\mu_2,\mu_3$不全相等(施肥方案对收获量有显著影响)

先计算各样本均值和总平均值:

$$\bar{x}_1=\frac{384}{6}=64,\bar{x}_2=\frac{305}{5}=61,\bar{x}_3=\frac{447}{6}=74.5,\bar{\bar{x}}=\frac{1\,136}{17}\approx 66.823$$

再计算样本观测值的总离差平方和、组间平方和、组内平方和:

$$\begin{aligned}SST&=\sum_{i=1}^{k}\sum_{j=1}^{n_i}(x_{ij}-\bar{\bar{x}})^2\\&=[(55-66.823)^2+\cdots+(63-66.823)^2]+[(70-66.823)^2+\cdots\\&\quad+(65-66.823)^2]+[(78-66.823)^2+\cdots+(64-66.823)^2]\approx 1\,312.47\end{aligned}$$

$$\begin{aligned}SSA&=\sum_{i=1}^{k}\sum_{j=1}^{n_i}(\bar{x}_i-\bar{\bar{x}})^2=\sum_{i=1}^{k}n_i(\bar{x}_i-\bar{\bar{x}})^2\\&=6(64-66.823)^2+5(61-66.823)^2+6(74.5-66.823)^2\approx 570.97\end{aligned}$$

$$SSE = \sum_{i=1}^{k}\sum_{j=1}^{n_i}(x_{ij}-\bar{x}_i)^2$$

$$= [(55-64)^2+\cdots+(63-64)^2]+[(70-61)^2+\cdots(65-61)^2]$$

$$+[(78-74.5)^2+\cdots+(64-74.5)^2]\approx 741.5$$

检验统计量 F 的值:

$$F=\frac{SSA/(k-1)}{SSE/(n-k)}=\frac{570.97/(3-1)}{741.5/(17-3)}=\frac{285.485}{52.964}\approx 5.39$$

显著性水平 $\alpha=0.05$ 时,查 F 分布表得临界值 $F_{\alpha}(2,14)=3.74$。由于 $F=5.39>F_{\alpha}(2,14)=3.74$,故应拒绝 H_0,即施肥方案对收获量有显著影响。

根据 F 检验中 P 值的定义,这里的 P 值 $=P\{F(2,14)>5.39\}$,借助于 Excel 的 FDIST 函数可得 P 值为 0.018。由于 P 值 $<\alpha$,检验结论同上面。

利用 Excel 可以轻易完成方差分析的所有计算。具体操作是:首先在 Excel 的工作表中输入样本数据,同一个水平下的样本观测值可放置在同一行,也可放置同一列。然后依次点击菜单栏的"数据"→"数据分析"→"方差分析:单因素方差分析",在其对话框的输入选项部分,指定样本数据的输入区域和数据的分组方式;如果输入区域包括各组名称,则选中"标志位于第一行(列)",否则不选中此项;指定显著性水平(默认值为 0.05)。在输出选项部分指定显示计算结果的位置即可。方差分析的输出结果分两个部分,其一是"SUMMARY",是对样本各个水平的描述性统计,其二是"方差分析"即方差分析表。

上述例子的输出结果如图 8.4 所示。

方差分析:单因素方差分析

SUMMARY

组	观测数	求和	平均	方差
A_1	6	384	64	52.4
A_2	5	305	61	57
A_3	6	447	74.5	50.3

方差分析

差异源	SS	*df*	MS	*F*	*P-value*	*F crit*
组间	570.970 588	2	285.485	5.390 147	0.018 372	3.738 892
组内	741.5	14	52.964 29			
总计	1 312.470 588	16				

图 8.4 单因素方差分析的 Excel 输出结果

本章小结

1. 假设检验是基于小概率原理的一种统计推断方法，其一般步骤是：提出原假设和备择假设，构造检验统计量，给定显著性水平建立检验规则，计算检验统计量的观测值及其对应的 P 值，得出检验结论。假设检验可能犯的错误有两类，它们的概率 α 和 β 此消彼长。

2. 参数的假设检验主要包括总体均值、总体方差和总体比例的检验。本章所介绍的检验方法有 Z 检验、t 检验、χ^2 检验、F 检验等。

3. 一个总体参数的假设检验和两个总体参数之差（或比）的检验，其检验统计量不同，要注意它们之间的联系与区别。

4. 单因素方差分析法从形式上看是对多个总体均值相等性的一种 F 检验，实质上是研究一个定性变量对一个定量变量有无显著影响。其基本概念主要有系统误差、随机误差、组内平方和、组间平方和、组内方差、组间方差等。方差分析法的基本思想是通过观察组间方差与组内方差之比（F 统计量）是否显著偏大来判断有无系统误差的存在，从而检验多个总体均值是否相等。

5. Excel 的数据分析提供了两个样本时均值差的 t 检验、均值差的 Z 检验和方差比的 F 检验等分析工具，也提供了方差分析工具。其他计算可借助于 Excel 的函数或公式功能来实现。

思考题与练习题

8－1　什么是原假设与备择假设？怎样建立原假设与备择假设？

8－2　什么是检验统计量？检验统计量对于假设检验有何意义？选择检验统计量与哪些因素有关？

8－3　什么是第一类错误和第二类错误？犯两类错误的概率之间有何关系？

8－4　检验的 P 值表示什么含义？P 值的大小与哪些条件或因素有关？如何利用 P 值进行决策？

8－5　利用 Z 检验法对总体成数进行假设检验时，样本量须满足什么条件？为什么？

8－6　单因素方差分析中的组内平方和与组间平方和分别表示什么含义？单因素方差分析的检验统计量是如何构建的？

8－7　有一种电子元件，要求其使用寿命不得低于1 000小时。已知这种元件的使用寿命服从标准差为100小时的正态分布。现从一批元件中随机抽查了25件，测得平均使用寿命为972小时。试在0.05的显著性水平下检验这批电子元件是否合格。

8－8　某厂采用自动包装机分装产品，正常工作状态下，产品的重量服从正态分布，每包标准重量为1 000克，标准差不超过20克。某日随机抽查9包，测得样本平均重量为986克，样本标准差为24克。试问：在0.05的检验水平上，能否认为这天自动包装机工作正常？

8－9　根据长期正常生产的资料可知，某厂所产维尼纶的纤度服从正态分布，其方差为0.002 5。现从某日产品中随机抽出20根，测得样本方差为0.004 2。试判断该日纤度的波动与平时有无显著差异（取$\alpha=0.10$）？

8－10　某种疾病传统治疗方法的治愈率为70%。某医生研究出一种新疗法。对200名患者试用这种新疗法后，治愈了152人。试问：这一试验数据能否说明新疗法确实比传统方法更加有效？以0.10的显著性水平进行检验。

8－11　设有A和B两个品牌的同类电池，它们的使用寿命都服从正态分布且方差相等。某研究者认为A品牌比B品牌的平均使用时间长10小时以上。为了检验这一观点，现分别从这两个品牌电池中随机抽取了10只进行检测，获得使用时间的样本数据如下表所示（单位：小时）。

使用时间的样本数据

A品牌	59	61	63	49	55	50	63	58	57	54
B品牌	39	43	41	40	50	45	52	48	46	38

试问在0.1的显著性水平下，能否支持该研究者的观点？

8－12　某机构对甲、乙两地区居民家庭拥有电脑的情况进行了抽样调查。在甲地区调查的样本量为80家，其中56家拥有电脑；在乙地区调查了100家，其中51家拥有电脑。于是该机构得出结论：甲地区居民家庭的电脑普及率至少比乙地区高出10个百分点。试问：对这个结论进行检验的P值是多少？

8－13　某训练机构将20个学员随机分为4组，分别尝试课堂讲授、视频教学、小组讨论和自学教材等不同方法向学员们介绍专业知识，训练结束后的测试成绩如下表所示：

学员序号 \ 方法	课堂讲授	视频教学	小组讨论	自学教材
1	80	73	76	70
2	90	88	65	80
3	78	90	80	80
4	74	85	74	72
5	88	80	82	65

试以 0.10 的显著性水平检验这四种方法的训练效果有无显著差异。

9

相关与回归分析

根据案发现场犯罪嫌疑人留下的脚印,警察可以推算犯罪嫌疑人的身高,这有助于锁定嫌疑对象,迅速破案。为什么根据脚印能够推算身高呢?这是因为人的脚长与身高之间存在着密切的相关关系。同样,各地区工业生产用电量与其工业增加值等变量之间也存在密切的相关关系,因此根据工业生产用电量的数据可以评估工业增加值数据的真实性。大千世界中许许多多的现象是相互联系和相互依存的。对某个现象数量特征的研究,往往要涉及对这个现象与其他现象之间的数量关系的研究。相关分析与回归分析就是研究现象之间相关关系的重要统计方法。

9.1 相关与回归分析概述

§9.1.1 相关关系的概念

客观现象之间的相互依存关系是多种多样的,按其数量上是否确定可分为函数关系和相关关系两大类型。

函数关系是指变量之间确定性的数量依存关系,即一个变量 X(或几个变量)取一定数值时,另一个变量 Y 总有确定的值与之相对应。例如,圆的半径与面积的关系,个人所得与应纳个人所得税的关系,存款额、存款期限和利率与存款利息的关系,等等。只就两个变量而言,函数关系可写为 $Y=f(X)$,通常将 X 称为自变量,将 Y 称为因变量。一般情况下,函数关系可在平面坐标图上表示为一条直线或一条曲线。如图 9.1 是某市出租车乘车里程与乘车费的函数关系:$Y=10+1.8X$。

相关关系是指变量之间不确定性的数量依存关系,即指当一个变量 X(或几个变量)取一定数值时,与之相关的某一个变量 Y 的值依某种规律在一定范围内变化,不存在一一对应的数量关系。例如,通常企业的广告投入越多,产品销售额就会越多,但是具有相同广告支出的企业,其产品销售额未必都相同,因为企业销售额不仅受广告的影响,同时还受许多其他因素的影响,这些影响因素存在不确定性,甚至有些是无法观察的,所以,企业广告投入与产品销售额的关系就属于相关关系。

如果两个变量呈相关关系,将它们的若干实际观测值标示在平面坐标图上,各观测值点总是在一条直线上或沿一条曲线上下波动,图 9.2 表示的是广告费与销售额的相关关系。

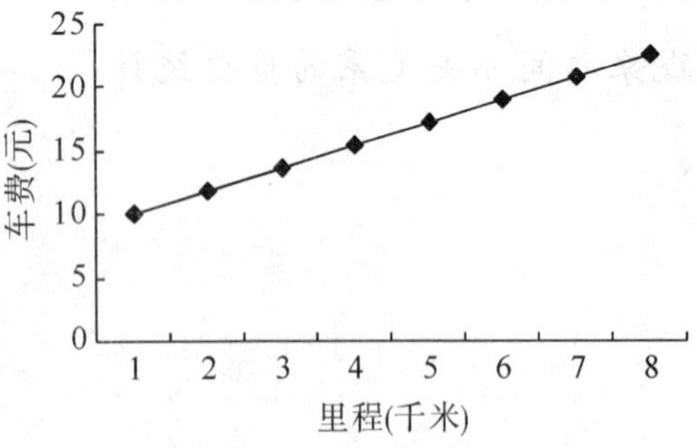

图 9.1 乘车里程与乘车费的函数关系

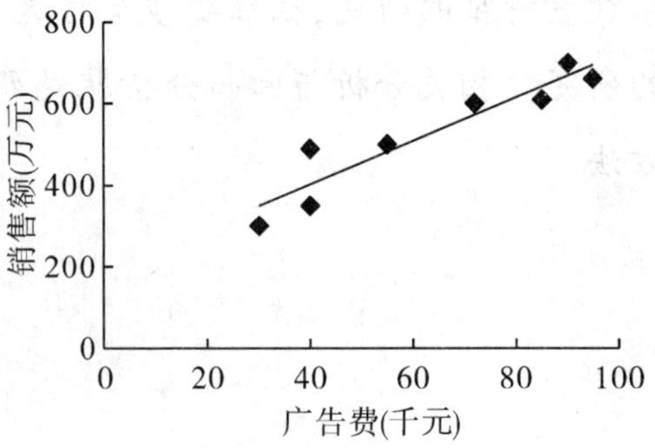

图 9.2 广告费与销售额的相关关系

研究相关关系时,必须区别真相关与假相关。真相关是指现象之间确实存在某种客观的内在联系,不是主观臆造的或者是数据上偶然的巧合。假相关或称伪相关是指原本没有实质联系的现象由于某种偶然的巧合而使其数据呈现表面上的联系。例如,有人曾计算出某月上海证券交易所的股票价格综合指数与当地气温呈高度正相关,这显然是一种假相关。对假相关进行统计分析是毫无意义的,所以对现象间的相关关系进行统计分析时,应该首先鉴别真相关与伪相关,对此只能以定性分析为依据。

研究相关关系时,还必须注意相关关系与因果关系的区别。因果关系指原因与结果、影响因素与被影响因素之间的关系,即一个变量的变化是导致另一个变量变化的一个原因。例如,同期地区生产总值与财政收入的关系、施肥量与农作物产量的关系都属于因果关系。现象之间存在因果关系,就必然存在相关关系,但相关关系不一定都是因果关系。例如,人的身高与体重之间存在密切的相关关系,但不能认为是因果关系。

§9.1.2 相关关系的类型

相关关系的类型不同,研究内容和方法也就有所不同。相关关系的类型可以从不同角度来划分。

(1)从所涉及的变量数目来分,有单相关和复相关

单相关又称一元相关,是指仅涉及两个变量的相关关系,涉及三个或三个以上变量的相关关系统称为复相关或称多元相关。例如,企业销售额与广告费之间的相关关系就属于单相关,而企业销售额与广告费、市场占有率等变量之间的相关关系就属于复相关。单相关分析是研究复相关的基础。本教材只介绍单相关的分析方法。

(2)从相关关系的表现形式来分,有线性相关和非线性相关

当变量之间的数量关系大体上接近于一条直线时,就称变量之间存在线性相关或直线相关关系。例如,居民可支配收入与消费水平通常呈线性关系。当变量之间的数量关系大体上接近于一条曲线时,就称变量之间存在非线性相关或曲线相关关系。从较大的观察范围来看,许多相关关系呈非线性,如各地区的电脑普及率与居民收入的关系,随着居民收入的不断增长,电脑普及率上升的速率可能会先快后慢直至趋于稳定,呈现非线性相关的态势。在实际应用中,线性相关是简单而且也较为普遍的形式。许多非线性相关关系可以通过线性化处理变换为线性相关形式来分析。本教材只讨论线性相关。

(3)从变量变化的方向来分,有正相关和负相关

正相关是指两个变量大致呈同方向变化的相关关系,即一个变量增加时,另一个变量也大体上随之而增加。例如,广告费与销售额的关系、身高与体重的关系等,都是正相关。负相关是指两个变量大致呈相反方向变化的相关关系,即当一个变量增加时,另一个变量却大体上随之而减少。例如,商品销售额与流通费用率的关系、居民可支配收入与食品支出比重的关系、森林覆盖率与空气污染程度的关系,都是负相关。

§9.1.3 相关图

将两个变量成对的观测数据在坐标图上标示出来，变量 X 的值为横坐标，另一个变量 Y 对应的数值为纵坐标，一对观测值对应一个点，这样形成的图就称为相关图或散点图。

相关图是进行相关和回归分析的重要探索性分析工具。由相关图可以观察变量之间有什么样的相关关系，即可观察相关形式是线性相关还是非线性相关，相关方向是正相关还是负相关，相关程度是强还是弱。

如果变量之间呈线性相关关系，其散点图明显呈线性形式，即所有的点分布在一条直线上下，如图 9.2 和图 9.3(a)、(b)、(c)所示。如果散点大致呈一条曲线形式分布，如图 9.3(d)所示，则它是一个非线性相关。

正相关的散点图是从左到右向上倾斜的，如图 9.2 和图 9.3(a)所示。反之，负相关的散点图是从左到右向下倾斜的，如图 9.3(b)和(c)。

相关性的强弱可以从散点图中观测值点上下波动的幅度来说明。如果所有散点都分布在一条直线和曲线上，就是完全相关即函数关系，如图 9.1 所示。从整体来看，各散点与某条直线或曲线的垂直距离越接近，相关性就越强，如图 9.2 和图 9.3(b)所示；反之，相关性就越弱，如图 9.3 (c)所示。

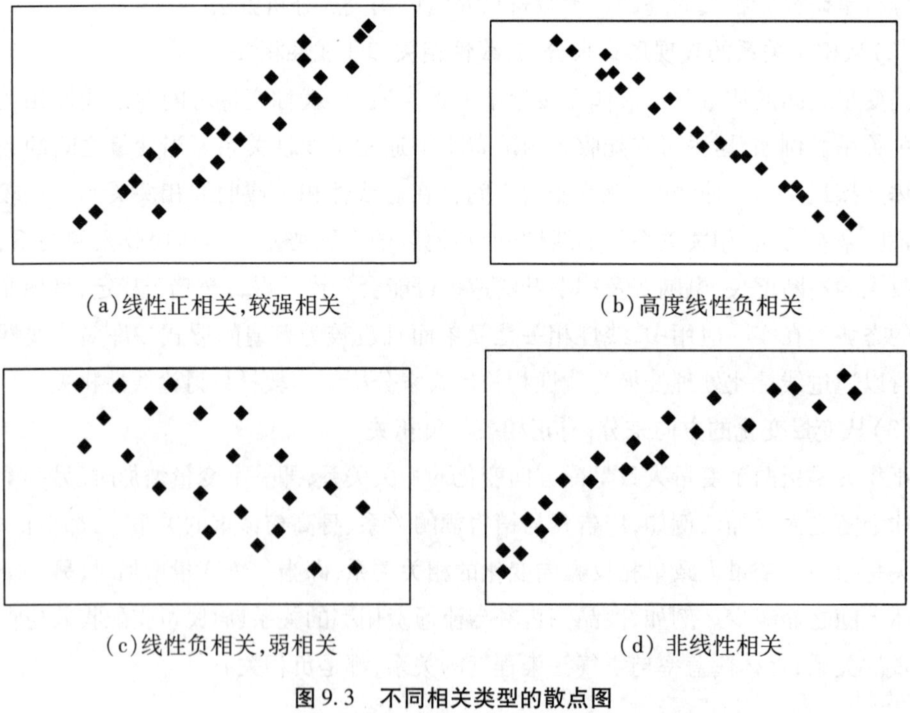

(a)线性正相关，较强相关　(b)高度线性负相关

(c)线性负相关，弱相关　(d) 非线性相关

图 9.3　不同相关类型的散点图

§9.1.4 相关关系分析的基本内容

散点图可对变量之间的相关关系进行直观的视觉分析，但我们还需要更精确和更客观的定量分析。对变量之间相关关系的定量分析，包括相关分析和回归分析两大基本内容。

相关分析是对变量之间相关的性质和密切程度的测定，其主要内容是根据观测数据计算相关系数，以此说明变量之间相关的方向和相关的密切程度。相关关系的种类不同，相关系数的计算方法也不尽相同。

回归分析是研究存在相关关系的诸变量之间具体的数量变化关系。回归分析的主要内容包括：首先，根据观测数据拟合回归方程，即寻找一个适当的数量关系式来代表变量间平均的数量变化关系，这种数量关系式称为回归方程；其次，对回归方程的可信程度进行检验；最后，利用所选定的回归方程进行分析或预测。相关关系的种类不同，所拟合的回归方程也就有不同类型。

可见，相关分析与回归分析虽然都是以变量之间的相关关系为研究对象，但两者的研究目的和内容都有明显的区别。此外，两者对所研究变量的性质要求也有所不同。仅就两个变量而言，相关分析中的两个变量是完全对等的，都被看作随机变量，不必区分自变量与因变量。而回归分析旨在通过一个变量去解释或预测另一个变量，因此回归分析首先要将所研究变量区分为自变量和因变量。因变量也称为被解释变量，是回归分析所要预测的变量，自变量也称为解释变量，是用来解释和预测因变量的。对于存在因果关系的变量，应该将“原因”作为自变量，将“结果”作为因变量。回归分析是在给定不同自变量数值的条件下，观察因变量对应的数值变化，因此因变量是随机变量，自变量视作可控制的量。

同时，相关分析与回归分析又具有密不可分的联系。若两个变量之间存在线性相关关系，其线性相关程度越高，所拟合的线性回归方程就越有效，回归估计的误差就越小，反之则大。一般说来，只有当变量之间的线性相关程度高或较高时，回归分析才具有必要性和实际应用价值，当两变量间相关程度很低时，就不必再进一步去拟合回归方程了，回归分析的结果也往往没有意义。若是两个变量之间存在非线性相关关系，相关程度的测定通常又要以回归分析的结果为基础。同样，若是要测定多个变量之间复相关的密切程度，通常也要依靠回归分析的结果。对非线性相关和复相关的分析，本教材未专门进行讨论，感兴趣者可参见有关的统计学教材。

9.2 一元线性相关分析

§9.2.1 简单线性相关系数

度量两个定量变量之间线性相关的密切程度的指标称为简单线性相关系数，通常就简称为相关系数。若 X、Y 代表两个相互联系的变量，两者之间的总体相关系数通常用 ρ 表示，其计算公式如下：

$$\rho = \frac{\sigma_{XY}}{\sigma_X \sigma_Y} \tag{9.1}$$

式(9.1)中，σ_X 是变量 X 的标准差，σ_Y 是变量 Y 的标准差，σ_{XY} 是变量 X 和 Y 的协方差。

通常，由于不可能完全收集到两个变量的全部数据，所以总体相关系数 ρ 虽然客观存在但不可能由观测值直接计算而得，需通过相应的样本相关系数去估计。样本相关系数通常用 r 表示，其计算公式如式(9.2)所示。

$$r = \frac{S_{xy}}{S_x S_y} = \frac{\sum (x - \bar{x})(y - \bar{y})}{\sqrt{\sum (x - \bar{x})^2} \sqrt{\sum (y - \bar{y})^2}} \tag{9.2}$$

式(9.2)中，S_{xy} 是变量 X 与 Y 的样本协方差，S_x 和 S_y 分别是变量 X 和 Y 的样本标准差，x 和 y 分别代表变量 X、Y 的样本观测值，n 为样本量，$\bar{x}$ 和 $\bar{y}$ 分别是变量 X 和 Y 的样本观测值均值。

习惯上将上述方法所计算的相关系数也称为 Pearson 积矩相关系数，因为它是由数学家卡尔·皮尔逊（K. Pearson）最早提出来的。

为了避免计算离差的烦琐性，式(9.2)也可演变为下列计算公式：

$$r = \frac{n\sum xy - \sum x \sum y}{\sqrt{n\sum x^2 - (\sum x)^2} \sqrt{n\sum y^2 - (\sum y)^2}} \tag{9.3}$$

相关系数 r 具有下述性质：

①若相关系数 $r>0$，表明两个变量呈正相关关系；若 $r<0$，表明两个变量呈负相关关系；若 $r=0$，则表明两个变量之间没有线性相关关系。

②相关系数 r 的取值永远在 -1 与 $+1$ 之间。当 $|r|=1$ 时，表明两个变量呈完全线性相关关系。$|r|$ 越接近于 1，表示线性相关程度越高；反之，$|r|$ 越接近于 0，表示线性相关程度越低。

③相关系数是一个无量纲的数值，不受两个变量计量单位变化的影响。

④在相关分析中,两个变量是地位对等的,两者互换位置后,相关系数的数值不变。

应用上述相关系数进行分析时,还必须注意:

①相关系数只适合与衡量两个定量变量之间的相关性,不适合于定性变量。例如,性别与爱好的相关,职业与收入的相关,就不能用上述相关系数来测度。

②相关系数只能反映变量间线性相关的程度,不能说明非线性相关关系的相关性强弱。当 r 接近于 0 时,有可能变量间还存在某种非线性相关关系。

③相关系数也不能说明变量之间的数量关系具体接近于哪条直线。寻找能够代表变量间数量关系的直线,是回归分析的任务。

④相关系数更不能说明变量之间存在因果关系。要判断有无因果关系,往往需要理论分析,甚至需要比较实验。

【例 9-1】从某行业中随机抽取了 8 个企业,调查得知它们的广告费(单位:万元)与销售额(单位:十万元)的数据如表 9.1 的第(1)和第(2)列所示。试计算相关系数,并说明该行业中企业广告费与销售额之间的相关关系。

解:先列表计算出有关数据。若采用公式(9.1)计算,需要计算的数据见表 9.1 的(3)至(7)列(其中:$\bar{x} = 507/8 = 63.375$,$\bar{y} = 4\ 210/8 = 526.25$),若采用公式(9.2)计算,则需要计算的数据为表 9.1 的(8)至(10)列。

表 9.1　企业的广告费与销售额及其相关系数计算表

序号	广告费(万元)x	销售额(十万元)y	$(x-\bar{x})$	$(y-\bar{y})$	$(x-\bar{x})(y-\bar{y})$	$(x-\bar{x})^2$	$(y-\bar{y})^2$	xy	x^2	y^2
(甲)	(1)	(2)	(3)	(4)	(5)	(6)	(7)	(8)	(9)	(10)
1	30	300	-33.38	-226.25	7 551.094	1 113.891	51 189.063	9 000	900	90 000
2	40	350	-23.38	-176.25	4 119.844	546.391	31 064.063	14 000	1 600	122 500
3	40	490	-23.38	-36.25	847.344	546.391	1 314.063	19 600	1 600	240 100
4	55	500	-8.38	-26.25	219.844	70.141	689.063	27 500	3 025	250 000
5	72	600	8.63	73.75	636.094	74.391	5 439.063	43 200	5 184	360 000
6	85	610	21.63	83.75	1 811.094	467.641	7 014.063	51 850	7 225	372 100
7	90	700	26.63	173.75	4 626.094	708.891	30 189.063	63 000	8 100	490 000
8	95	660	31.63	133.75	4 229.844	1 000.141	17 889.063	62 700	9 025	435 600
合计	507	4 210	0	0	24 041.250	4 527.875	144 787.500	290 850	36 659	2 360 300

于是,根据公式(9.2)可计算样本相关系数为:

$$r = \frac{24\ 041.250}{\sqrt{4\ 527.875}\ \sqrt{144\ 787.500}} \approx 0.939$$

或根据公式(9.3)可计算样本相关系数为:

$$r = \frac{8 \times 290\ 850 - 507 \times 4\ 210}{\sqrt{8 \times 36\ 659 - 507^2}\ \sqrt{8 \times 2\ 360\ 300 - 4\ 210^2}} = \frac{192\ 330}{204\ 834.325\ 5} \approx 0.939$$

上述计算结果表明,该行业企业广告费与销售额之间存在高度的线性正相关关系。

利用 Excel 可以很方便地求出相关系数。其具体操作方法是:在 Excel 的工作表中分别输入各个变量的数据,点击“数据”→“数据分析”,选择“相关系数”,确定后出现一个“相关系数”对话框(见图 9.4);在其“输入区域”中输入样本数据所在区域;各个变量的数据是按列放置的,在“分组方式”栏点“逐列”(如果是按行放置的,就点“逐行”);如果输入区域的第一行(列)为变量名,就勾选“标志位于第一行(列)”;在输出区域栏中指定输出结果的起点位置,最后点“确定”即可得到相关系数(见图 9.4 中左下区域)。相关系数的输出表实际上是一个相关系数矩阵即两两之间的相关系数。涉及多个变量时,这一计算功能的优越性更加突出。

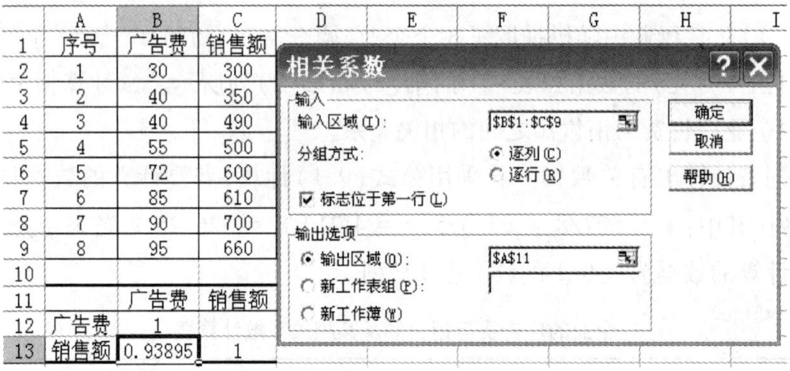

图 9.4 用 Excel 计算相关系数

§9.2.2 简单线性相关系数的检验

如前所述,我们所关注的总体相关系数 ρ 通常是一个未知参数,样本相关系数 r 是对总体相关系数 ρ 的估计,它是根据从总体中随机抽取的样本观测值来计算的统计量。因此样本相关系数是一个随抽样而变动的随机变量。那么,我们所计算的样本相关系数是由于抽样的偶然结果所致还是由于两个变量(总体)之间确实存在一定程度的相关呢?为此有必要对相关系数进行显著性检验。

对相关系数的显著性检验通常是检验总体相关系数是否等于零①,即待检验的假设为:

$H_0:\rho = 0$(总体两变量间线性相关性不显著)

$H_1:\rho \neq 0$(总体两变量间线性相关性显著)

要根据样本相关系数 r 检验上述假设,就须了解样本相关系数 r 的抽样分布,构建相

① 也可是检验总体相关系数是否等于某个不为零的特定数值,其方法较复杂,此不赘述,可参考其他文献。

应的检验统计量。尽管样本相关系数 r 的概率分布很复杂,但可证明,如果 X 和 Y 都服从正态分布,在"$H_0:\rho=0$"成立的前提下,相应的检验统计量为如下的 t 统计量:

$$t=\frac{r\sqrt{n-2}}{\sqrt{1-r^2}}\sim t(n-2) \tag{9.4}$$

借助于统计软件,可得到相应的 P 值,P 值 $=2P\{t(n-2)>|t|\}$。

给定显著性水平 α,查 t 分布表得自由度为 $(n-2)$ 的临界值 $t_{\alpha/2}$。若 $|t|\geq t_{\alpha/2}$ 或 P 值 $<\alpha$,表明应否定"$H_0:\rho=0$"而接受"$H_1:\rho\neq0$",表示总体的两个变量间线性相关性显著;反之,若 $|t|<t_{\alpha/2}$ 或 P 值 $>\alpha$,表示总体的两个变量间线性相关性不显著。

例如,根据例 9-1 计算的样本相关系数 $r=0.939$,可计算相应的 t 统计量的值为:

$$t=\frac{0.939\times\sqrt{8-2}}{\sqrt{1-0.939^2}}\approx6.688$$

取显著性水平 $\alpha=0.05$,查 t 分布表可得自由度为 $(n-2)=6$ 临界值 $t_{\alpha/2}$ 为 2.446 9。由于 $t=6.688>t_{\alpha/2}=2.446\ 9$,表明两变量间的相关系数是显著不为 0 的,即所研究行业企业的广告费与销售额之间确实存在线性相关关系。在 Excel 中,用函数"=TDIST(6.688,6,2)"即可计算出相应的 P 值 $=0.000\ 54$。由于 P 值小于给定的 α,检验结论同上。

§9.2.3 等级相关系数

严格地说,上述简单线性相关系数 r 只适合于两个变量都是定量变量且呈正态分布的场合。当变量出现极端变量值,或所研究的变量是定序变量时,则需要计算等级相关系数,最常用的是斯皮尔曼(C. Spearman)等级相关系数。

对于容量为 n 的样本,先将全部样本单位按变量 X 和 Y 分别排序,x_i 和 y_i 分别表示样本中第 i 个单位按变量 X 和 Y 排序的位次(等级,秩),$1\leq(x_i,y_i)\leq n$,再计算出每个样本单位对应的位次差 $d_i=x_i-y_i(1\leq i\leq n)$,则斯皮尔曼等级相关系数(记为 r_S)的计算公式为:

$$r_S=1-\frac{6\sum d_i^2}{n(n^2-1)} \tag{9.5}$$

事实上,式(9.5)是在变量值表示为等级或位次时由式(9.2)导出的。因此,斯皮尔曼等级相关系数实质上是简单线性相关系数的特例,与简单线性相关系数具有如下的相同性质:

①若等级相关系数 $r_S>0$,表明两个定序变量呈正相关关系;反之若 $r_S<0$,表明两个定序变量呈负相关关系;若 $r=0$,则表明两个定序变量不相关。

②等级相关系数 r_S 的取值范围为 $[-1,+1]$。当 $r_S=+1$ 时,表明所有个体在两个

定序变量上的表现完全一致(呈完全正相关关系);当 $r_S = -1$ 时,表明所有个体在两个定序变量上的变化方向完全相反(呈完全负相关关系)。$|r_S|$越接近于1,表示相关程度越高;反之,$|r_S|$越接近于0,表示相关程度越低。

计算等级相关系数时需注意:对于数值型数据,应先将变量按观察值大小排序得到每个观察值对应的秩次(当样本量 n 较大而又不可能划分太多等级时,可先将观测值取值范围划分为若干等级区间);对于位次并列的情况,这些并列位次的值都取它们所占据位次的均值来计算。

【例9-2】试根据例9-1的数据计算该行业中企业广告费与销售额之间的等级相关关系。

解:先计算样本中各个企业在广告费与销售额两个变量上的排序位次,再计算对应的位次差及其平方,如表9.2所示。

表9.2　企业的广告费与销售额的等级相关系数计算表

序号	广告费(万元)	销售额(十万元)	广告费的排序位次	销售额的排序位次	位次差 d_i	d_i^2
1	30	300	1	1	0	0
2	40	350	2.5	2	0.5	0.25
3	40	490	2.5	3	-0.5	0.25
4	55	500	4	4	0	0
5	72	600	5	5	0	0
6	85	610	6	6	0	0
7	90	700	7	8	-1	1
8	95	660	8	7	1	1
合计	507	4 210	36	36	0	2.5

由表9.2相关数据可计算得:

$$r_S = 1 - \frac{6\sum d_i^2}{n(n^2-1)} = 1 - \frac{6 \times 2.5}{8(8^2-1)} \approx 0.970$$

可见,该行业中企业广告费与销售额的等级顺序之间存在高度正相关关系。

9.3 一元线性回归分析

§9.3.1 一元线性回归方程的估计

“回归”一词是由英国生物学家高尔顿(Galton)在遗传学研究中首先提出来的。高尔顿通过对人体身高的研究发现,子女的身高不仅与父母的身高相关,而且有朝向相同性别的人的平均身高回归的趋势。现代意义的“回归”是研究一个变量(因变量)对另外一个或多个变量(自变量)的依存关系的统计方法,其目的就是寻找一个适当的数量关系式(回归方程)来近似代表变量间依存关系并据以进行估计或预测。

回归方程中自变量可以只有一个,也可以有两个和两个以上,回归分析相应地可分为一元回归分析和多元回归分析。根据回归方程的形态,回归分析又可以分为线性回归分析和非线性回归分析。这里只介绍一元线性回归分析。

(1)总体回归方程和样本回归方程的概念

如果因变量 Y 和自变量 X 之间呈线性相关关系,那就是说,对于自变量 X 的某一值 X_i,因变量 Y 对应的取值 Y_i 不是唯一确定的,而是有很多的可能取值,它们分布在一条直线的上下,这是因为 Y 还受在自变量以外的其他因素的影响。这些因素的影响大小和方向都是不确定的,通常用一个随机变量(记为 ε)来表示,也称为随机扰动项。于是,Y 和 X 之间的依存关系可表示为:

$$Y_i = \alpha + \beta X_i + \varepsilon_i \tag{9.6}$$

式(9.6)就是一元线性回归模型。其中 α、β 是常数。随机扰动项 ε_i 是无法直接观测的随机变量。为了进行回归分析,通常假定 ε_i 是零均值[$E(\varepsilon_i) = 0$]、同方差[$D(\varepsilon_i) = \sigma^2$]、独立[$Cov(\varepsilon_i,\varepsilon_j) = 0$]同正态分布的,即假定其分布为:

$$\varepsilon_i \overset{\text{iid}}{\sim} N(0,\sigma^2) \tag{9.7}$$

通常把满足以上基本假定的线性回归模型称为古典线性回归模型。

对式(9.6)求均值则有:

$$E(Y_i) = \alpha + \beta X_i \tag{9.8}$$

通常将式(9.8)称为总体的一元线性回归方程或总体回归直线,$E(Y_i)$ 表示给定自变量值 x_i 时因变量的均值或期望值。α、β 统称为总体回归方程的参数。其中 α 是总体回归直线的截距,表示除了 X 以外的其他因素对 Y 的平均影响量。β 是总体回归直线的斜率,表示 X 每增加一个单位 Y 的平均增加量。显然,由式(9.8)不难理解,总体回归方程描述的是 Y 和 X 的两个变量之间平均的数量变化关系。

在实际中,通常由于不可能把变量的全部可能取值收集齐全,总体回归方程中的参数

α 和 β 是不可能直接观测计算而得的，是有待估计的未知参数。为此，我们需要根据样本信息来估计。若能通过适当的方法，找到两个样本统计量 a、b 分别作为参数 α 和 β 的估计量，那么用 a、b 分别替代总体回归方程中的参数 α 和 β，则得到估计的回归方程，也称样本回归方程。一元线性的样本回归方程也称为样本回归直线，其形式如下：

$$\hat{Y}_i = a + bX_i \tag{9.9}$$

式(9.9)中，$\hat{Y}_i$ 是与自变量取值 X_i 相对应的因变量均值 $E(Y_i)$ 的估计；a 和 b 分别为总体回归方程参数 α 和 β 的估计量，a 是样本回归直线的截距，b 是样本回归直线的斜率，也称为样本回归系数。

样本回归方程与总体回归方程的形式是一致的。但须注意，总体回归方程的参数 α 和 β 是未知的、确定的数，从而总体回归方程也是未知但是确定的、唯一的；样本回归方程的估计量 a 和 b 是随抽样而变化的随机变量，因而样本回归线也是随抽样而变化的，对于每个可能样本，就都可以拟合一条样本回归线，所以样本回归线可以有许多条。

(2)回归方程参数的估计方法——最小二乘法

回归分析的基本内容就是要用样本回归方程去估计总体回归方程。就一元线性回归分析而言，就是要确定式(9.9)中的两个系数 a 和 b。如何确定呢？对于相关程度很高的情况，用目测的方法不难根据散点图画出一条回归直线。但目测结果毕竟是近似的，而且在相关程度不太高时，不同的人可能画出差异很大的回归直线。人们总是希望寻求一定的规则和方法，使得所估计的样本回归方程是总体回归方程的最理想的代表。

最理想的回归直线应该尽可能从整体来看最接近各个实际观察点，即散点图中各点到回归直线的垂直距离，即因变量的实际值 y_i 与相应的回归估计值 $\hat{y}_i$ 的离差整体来说为最小。由于离差有正有负，正负会相互抵消，通常采用观测值与对应估计值之间的离差平方总和来衡量全部数据总的离差大小。因此，回归直线应满足的条件是：全部观测值与对应的回归估计值的离差平方的总和为最小，即：

$$\sum_{i=1}^{n}(y_i - \hat{y}_i)^2 = \sum_{i=1}^{n}[y_i - (a + bx_i)]^2 = \text{最小} \tag{9.10}$$

根据式(9.10)的准则来估计回归方程系数 a 和 b 的方法称为最小平方法或最小二乘法。显然，离差平方总和的大小依赖于 a 和 b 的取值，客观上总有一对 a 和 b 的数值能够使离差平方总和达到最小。利用微分法求函数极值的原理，即可得到满足式(9.10)的两个正规方程：

$$\begin{cases} \sum y = na + b\sum x \\ \sum xy = a\sum x + b\sum x^2 \end{cases} \tag{9.11}$$

解上述方程可以求得 a 和 b。通常将 a 和 b 的计算公式写为如下形式：

$$\begin{cases} b = \dfrac{\sum (x-\bar{x})(y-\bar{y})}{\sum (x-\bar{x})^2} = \dfrac{n\sum xy - \sum x \sum y}{n\sum x^2 - (\sum x)^2} \\ a = \dfrac{\sum y}{n} - b \times \dfrac{\sum x}{n} = \bar{y} - b\bar{x} \end{cases} \tag{9.12}$$

可证明，当基本假定满足的情况下，a 和 b 分别是 α 和 β 的无偏估计，即：

$E(a) = \alpha$， $E(b) = \beta$

a 和 b 的方差分别为：

$$D(a) = \sigma^2 \frac{\sum x_i^2}{n\sum (x_i - \bar{x})^2}, \quad D(b) = \frac{\sigma^2}{\sum (x_i - \bar{x})^2}$$

而且，在回归参数的所有线性无偏估计中，最小二乘估计 a 和 b 的方差最小，即最小二乘估计是最佳线性无偏估计量，这一结论称为高斯－马尔可夫定理。

【例 9－3】根据例 9－1 的数据，试建立企业广告费与销售额之间的回归方程。

解：广告费支出显然是影响销售额的一个重要因素，应该以广告费为自变量 X，以销售额为因变量 Y。根据表 9.1 中的计算结果，由式(9.12)可得：

$$b = \frac{\sum (x-\bar{x})(y-\bar{y})}{\sum (x-\bar{x})^2} = \frac{24\ 041.25}{4\ 527.875} \approx 5.309\ 6$$

或：$$b = \frac{n\sum xy - \sum x \sum y}{n\sum x^2 - (\sum x)^2} = \frac{8 \times 290\ 850 - 507 \times 4\ 210}{8 \times 36\ 659 - 507^2} = \frac{192\ 330}{36\ 223} \approx 5.309\ 6$$

$$a = \frac{\sum y}{n} - b \times \frac{\sum x}{n} = \frac{4\ 210}{8} - 5.309\ 6 \times \frac{507}{8} \approx 189.754$$

所求的回归方程为：$\hat{Y} = 189.754 + 5.309\ 6X$

上述回归方程表明，如果没有广告投入($X=0$ 时)，销售额只有 189.754(十万元)；广告费每增加 1 万元，企业的销售额将平均增加 5.309 6(十万元)。

(3)运用 Excel 估计回归方程

在“数据”菜单的“数据分析”中选择“回归”，点“确定”后出现一个回归对话框(见图 9.5)，在“Y 值输入区域”一栏输入因变量观测数据的起止单元格(在本例中为 \$C\$1：\$C\$9)，在“X 值输入区域”中一栏输入自变量观测数据的起止单元格(在本例中为 \$B\$1：\$B\$9)，点击“标志”(因为这里输入区域的第一行是变量名，如果输入区域只有观测值，就不选此项)，在“输出区域”一栏指定显示输出结果的单元格起点(本例为 \$E\$1)。最后点“确定”，即可得到回归估计结果(见图 9.6)。

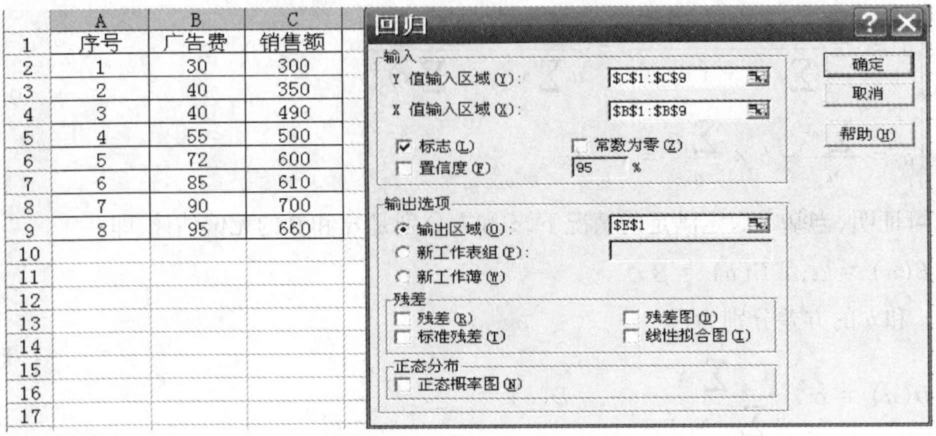

图 9.5　Excel 的回归对话框

	D	E	F	G	H	I	J	K
1		SUMMARY OUTPUT						
2								
3		回归统计						
4		Multiple R	0.938954					
5		R Square	0.881635					
6		Adjusted R	0.861907					
7		标准误差	53.44443					
8		观测值	8					
9								
10		方差分析						
11			df	SS	MS	F	Significance F	
12		回归分析	1	127649.7	127650	44.6905	0.000543	
13		残差	6	17137.84	2856.3			
14		总计	7	144787.5				
15								
16			Coefficients	标准误差	t Stat	P-value	Lower 95%	Upper 95%
17		Intercept	189.7535	53.76511	3.5293	0.01238	58.1949	321.312
18		广告费	5.30961	0.794246	6.6851	0.00054	3.366158	7.25306

图 9.6　利用 Excel 进行回归的输出结果

回归分析的输出结果包括“回归统计”“方差分析”和“回归系数估计”等三个部分，从输出结果的“Coefficients”下可得到截距项 a(Intercept)的估计值为 189.754，回归系数 b(广告费的系数)为 5.309 6。其他输出结果将陆续在后面给予解释。

§9.3.2　一元线性回归方程的拟合效果

(1)拟合优度的度量

样本回归方程是根据样本数据来估计的变量间的线性关系，那么该回归方程是否很好地匹配了样本数据呢？为此，我们还有必要了解样本回归方程对样本观测数据拟合的优劣程度，即要对所谓的拟合优度进行度量。

为了说明拟合优度，我们需要对因变量的总离差平方和进行分解。样本数据中每个观测值与平均值 $\bar{y}$ 的离差 $(y_i - \bar{y})$ 可以分解为两部分：

$$(y_i - \bar{y}) = (\hat{y}_i - \bar{y}) + (y_i - \hat{y}_i) \tag{9.13}$$

$(\hat{y}_i - \bar{y})$ 称为回归离差，它是估计值 $\hat{y}_i$ 对 $\bar{y}$ 的偏离程度，是随自变量 X 的取值不同而不同的，也就是说这部分离差的方向和大小可以由自变量的变化来加以解释；$(y_i - \hat{y}_i)$ 称为残差（通常记为 e_i），它是观测值 y_i 和估计值 $\hat{y}_i$ 的离差，是除了自变量 X 以外的其余因素引起的，这部分离差的方向和大小都是不确定的，不能由回归方程来解释说明。如图 9.7 所示。

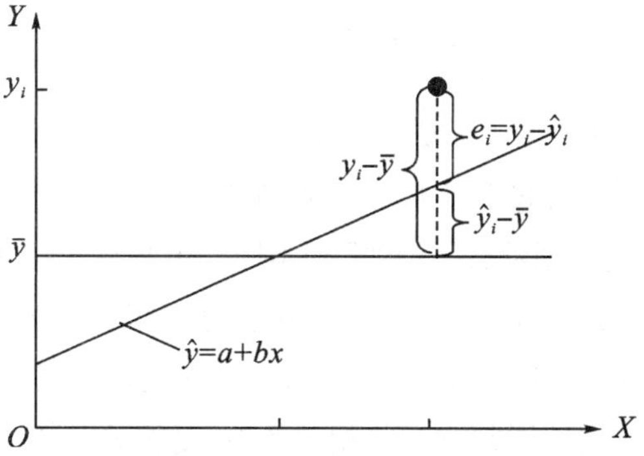

图 9.7　因变量离差的分解

将式(9.13)两边平方并对所有观测值加总，可证明：

$$\sum (y_i - \bar{y})^2 = \sum (\hat{y}_i - \bar{y})^2 + \sum (y_i - \hat{y}_i)^2 \tag{9.14}$$

式(9.14)中，$\sum (y_i - \bar{y})^2$ 称为总离差平方和（通常记为 SST），反映因变量 Y 总的变异；$\sum (\hat{y}_i - \bar{y})^2$ 称为回归平方和（通常记为 SSR），表示因变量 Y 总的变异中可由回归直线做出解释的部分；$\sum (y_i - \hat{y}_i)^2$ 称为残差平方和（通常记为 SSE），是因变量 Y 总的变异中样本回归直线无法解释的部分。显然，在总离差平方和中，如果回归平方和所占比重越大，残差平方和所占比重越小，那么样本回归直线对样本数据的拟合程度就越好。因此，可用回归平方和在总离差平方和中所占比重来度量样本回归直线的拟合程度，这一比重称为判定系数（或称可决系数），在一元线性回归分析中一般用 r^2 来表示，其计算公式为：

$$r^2 = \frac{\sum (\hat{y}_i - \bar{y})^2}{\sum (y_i - \bar{y})^2} = 1 - \frac{\sum (y_i - \hat{y}_i)^2}{\sum (y_i - \bar{y})^2} \tag{9.15}$$

可简记为：　$r^2 = \frac{\text{SSR}}{\text{SST}} = 1 - \frac{\text{SSE}}{\text{SST}}$

判定系数 r^2 有如下特点：

①判定系数的取值范围为：$0 \leqslant r^2 \leqslant 1$。$r^2 = 1$，表示所有的样本观测值对应的点都落在一条直线上，因变量 Y 的变异全部可由 Y 与 X 的线性关系来解释；r^2 越接近 1，说明回

归方程对样本观测值的拟合效果越好。反之,$r^2=0$,则说明因变量 Y 的变异完全不能由 Y 与 X 的线性关系来解释;r^2 越接近 0,则说明样本回归方程拟合效果越差。

②在一元线性回归中,判定系数就等于相关系数 r 的平方。

由此,也可以得到相关系数的另一个计算公式:

$$r=\sqrt{\frac{\sum(\hat{y}_i-\bar{y})^2}{\sum(y_i-\bar{y})^2}}=\sqrt{1-\frac{\sum(y_i-\hat{y}_i)^2}{\sum(y_i-\bar{y})^2}} \tag{9.16}$$

可简记为: $r=\sqrt{\frac{\text{SSR}}{\text{SST}}}=\sqrt{1-\frac{\text{SSE}}{\text{SST}}}$

显然,由式(9.16)计算的相关系数不能确定是正相关还是负相关,其相关方向还须根据回归系数的正负号或散点图和定性分析来判断。

根据式(9.15)计算判定系数,需先根据样本回归方程计算出 X 的各观测值 x_i 对应的回归估计值 $\hat{y}_i$,计算过程比较烦琐。借助于 Excel 的"回归"分析工具可轻松得到判定系数的值。事实上,在 Excel 的回归输出结果的第一部分就有判定系数(R Square)和相关系数(Multiple R——在多元线性回归中指复相关系数,复相关系数不考虑相关方向;在一元线性回归中它就是简单相关系数 r 的绝对值)。如例 9-2 中,判定系数为 0.882,相关系数为 0.939,见图 9.6。

(2)回归估计标准误差

利用样本回归方程得到的因变量估计值 $\hat{y}_i$,与实际观测值 y_i 之间总是存在或大或小、或正或负的估计误差即残差 e_i。为了说明估计误差大小的一般水平,可对全部观测值的残差平方进行平均,得到均方误差,用 MSE 表示:

$$\text{MSE}=\frac{\sum_{i=1}^{n}(y_i-\hat{y}_i)^2}{n-2}=\frac{\sum_{i=1}^{n}e_i^2}{n-2}=\frac{\text{SSE}}{n-2} \tag{9.17}$$

式(9.17)中的分母之所以用$(n-2)$而不是 n,是因为一元线性回归方程中有两个待估计参数,致使分子即残差平方和的自由度为$(n-2)$。统计学上可证明,根据式(9.17)定义的均方误差 MSE 是随机扰动项 ε 的总体方差 σ^2 的无偏估计量。

均方误差 MSE 的平方根就是回归估计的标准误差,常用 S_e 表示,即有:

$$S_e=\sqrt{\frac{\sum_{i=1}^{n}(y_i-\hat{y}_i)^2}{n-2}}=\sqrt{\frac{\sum_{i=1}^{n}e_i^2}{n-2}}=\sqrt{\frac{\text{SSE}}{n-2}} \tag{9.18}$$

回归估计标准误差 S_e 既可以衡量样本回归方程的拟合效果,更是回归预测所必须了解的一个指标。S_e 越小,平均来看回归估计的误差就越小。对预测而言,实际预测误差是未知的,但只要影响变量的因素没有重大变化,S_e 越小,预测误差通常也会越小。

根据式(9.18)来计算回归估计标准误差 S_e 显然很烦琐,但 Excel 的回归分析中同样也已经给出了这一指标的计算结果。如例9－2中，回归估计标准误差 S_e 为53.444（在输出结果的第一部分中，见图9.6）。

由式(9.15)可得：

$$r^2 = 1 - \frac{\sum (y_i - \hat{y}_i)^2/(n-2)}{\sum (y_i - \bar{y})^2/(n-1)} \cdot \frac{n-2}{n-1} = 1 - \frac{S_e^2}{S_y^2} \cdot \frac{n-2}{n-1}$$

大样本情况下，$(n-2)/(n-1) \approx 1$，从而有：

$$r^2 \approx 1 - \frac{S_e^2}{S_y^2} \quad 或 \quad r \approx \sqrt{1 - \frac{S_e^2}{S_y^2}} \tag{9.19}$$

$$或 \quad S_e \approx S_y \sqrt{1 - r^2} \tag{9.20}$$

由式(9.19)和(9.20)可知，回归估计标准误差 S_e 与判定系数 r^2、相关系数 r 有着密切的关系。它们可相互推算。这也表明，回归估计标准误差 S_e 与判定系数 r^2 是度量回归估计精度和回归方程拟合优度的指标，但也间接反映了变量之间相关关系的密切程度；相关系数 r 是衡量变量之间相关密切程度的指标，但也可间接反映回归估计精度和回归方程拟合优度。

§9.3.3　一元线性回归方程的显著性检验

如前所述，总体回归模型的参数是不能直接观测的，只能通过样本观测值去估计，而估计量是随抽样而变动的随机变量，那么所估计的回归方程是否可靠？对于任一给出的 n 对数据 (x_i, y_i)，都可以拟合一个线性回归方程，显然这样的回归方程不一定有意义。因此在应用所估计的回归方程之前还应该检验其是否具有统计显著性，即检验自变量 X 对因变量 Y 的线性影响是否显著，通常就是对如下的假设进行显著性检验①：

$H_0: \beta = 0$，　$H_1: \beta \neq 0$

若拒绝 H_0，表明 X 对 Y 存在显著的线性影响，所估计的回归方程是显著的、有意义的；反之，若不能拒绝 H_0，表明所估计的回归方程不显著，没有意义。

一元线性回归方程中的显著性检验主要有 F 检验和 t 检验两种等价的检验方法。

(1)一元线性回归方程的 F 检验

一元线性回归方程的 F 检验是根据方差分析的基本思想，将因变量观测值的离差分解为回归离差和残差，检验由于 X 的线性影响而引起的变差是否显著。由前面的式(9.15)可知，在总离差平方和一定的情况下，回归平方和越大，即判定系数越大，表示因变量 Y 的变化能够由 X 的线性影响来解释的比重就越大，但是回归平方和要达到什么样

① 也可以检验 $H_0: \beta = \beta_0 (\beta_0 \neq 0)$，还可以检验常数项 α，其检验原理与 $\beta = 0$ 的检验相同，但通常对检验 $\beta = 0$ 是否成立更为关注。

的水平才能说明 Y 与 X 的线性关系具有显著性呢？

在满足回归方程的基本假定的情况下，若“$H_0:\beta=0$”成立，可证明，回归平方和(SSR)、残差平方和(SSE)除以随机扰动项 ε 的总体方差 σ^2 所构成的统计量分别服从自由度为1、$(n-2)$的 χ^2 分布，即有：

$$SSR/\sigma^2 \sim \chi^2(1),\quad SSE/\sigma^2 \sim \chi^2(n-2)$$

上述两个服从 χ^2 分布的统计量相互独立，因此，它们分别除以各自自由度后的比值服从第一自由度为1、第二自由度为$(n-2)$的 F 分布。所以，对于“$H_0:\beta=0$”的检验可采用如下的检验统计量 F：

$$F=\frac{(SSR/\sigma^2)/1}{(SSE/\sigma^2)/(n-2)}=\frac{SSR}{SSE/(n-2)}\sim F(1,n-2) \tag{9.21}$$

对于给定的显著性水平 α，查 F 分布表可得临界值 $F_\alpha(1,n-2)$。须注意，只有当SSR充分大才能说明变量间的线性相关性显著，SSR越小说明变量间的线性相关性越不显著，所以这里的临界值为 $F_\alpha(1,n-2)$。若 $F\geq F_\alpha(1,n-2)$，则拒绝 H_0，表明变量 Y 与 X 之间的线性关系显著；反之，若 $F<F_\alpha(1,n-2)$，则不能拒绝 H_0，表明变量 Y 与 X 之间的线性关系不显著。

同样也可以根据所计算的 F 统计量的值对应的显著性水平（即 P 值）来做出决策：若 P 值 $\leq\alpha$，拒绝 H_0，反之则不能拒绝 H_0。这里的 P 值表示在第一自由度为1、第二自由度为$(n-2)$的 F 分布曲线下，统计量 F 的值右尾的面积。一般的统计软件都会给出这一数值。

上述检验方法也称为一元线性回归的方差分析，有关的计算结果也用方差分析表一目了然地展示出来，如表9.3所示。

表9.3　一元线性回归的方差分析表

离差来源	平方和(SS)	自由度(df)	均方差(MS)	F 值	P 值(Significance F)
回归	$SSR=\sum(y_i-\bar{y})^2$	1	SSR/1	$F=\frac{SSR}{SSE/(n-2)}$	$P\{F(1,n-2)\geq F\text{值}\}$
残差	$SSE=\sum(y_i-\hat{y}_i)^2$	$n-2$	$SSE/(n-2)$		
总计	$SST=\sum(y_i-\bar{y})^2$	$n-1$			

Excel回归输出结果的第二部分就是线性回归的方差分析表。在例9-3中，由图9.6中的方差分析表可知，$F=44.69$。若给定显著性水平 $\alpha=0.01$，查 F 分布表可得临界值 $F_{0.01}(1,6)=13.7$，由于 $F=44.69>13.7$，所以应拒绝 H_0，表明销售额 Y 与广告费 X 之间的线性关系显著。根据 P 值(Significance F)可以得到同样的检验结论，因为 P 值 $=0.000\,54<0.01$。事实上根据 P 值来判断可以灵活地满足不同风险偏好者的要求。

(2)回归系数的 t 检验

对于“ $H_0:\beta=0$ ”的检验也可以从估计量 b 的概率分布出发采用 t 检验法。由于 $b \sim N(\beta, \frac{\sigma^2}{\sum(x_i-\bar{x})^2})$，而其中总体方差 σ^2 未知，只能用 $S_e^2=\sum e_i^2/(n-2)$ 去代替，可证明 $(n-2)S_e^2/\sigma^2 \sim \chi^2(n-2)$ 且与 b 相互独立，因此在“ $H_0:\beta=0$ ”成立时有：

$$t=\frac{b}{S(b)}=\frac{b}{S_e/\sqrt{\sum(x_i-\bar{x})^2}} \sim t(n-2) \tag{9. 22}$$

根据式(9. 22)的 t 统计量可对回归系数进行 t 检验。对于给定显著性水平 α，查自由度$(n-2)$的 t 分布表确定临界值 $t_{\alpha/2}(n-2)$。若 $|t|\geq t_{\alpha/2}(n-2)$，则拒绝 H_0，而接受 H_1 即表明变量 Y 与 X 之间的线性关系显著；反之则不能拒绝 H_0。

同样也可以根据所计算的 t 统计量的值对应的显著性水平(即 P 值)来做出决策：若 P 值 $\leq\alpha$，拒绝 H_0；反之则不能拒绝 H_0。这里的 P 值表示在自由度为$(n-2)$的 t 分布曲线下，统计量 t 的值右尾的面积乘以 2。

在例 9-3 中，由图 9.6 中的最后一部分输出结果可知，$t=6.685$。若给定显著性水平 $\alpha=0.01$，查 t 分布表可得临界值 $t_{0.005}(6)=3.71$，由于 $t=6.685>3.71$，所以应拒绝 H_0，表明销售额 Y 与广告费 X 之间的线性关系显著。根据 P 值(Significance F)可以得到同样的检验结论，因为 P 值 $=0.000\ 54<0.01$。

不难发现，在上述两种检验中，F 检验的 P 值(Significance F)和回归系数的 t 值对应的 P 值是完全相同的。实质上，在一元线性回归分析中，$F=t^2$，所以 F 检验与 t 检验是等价的。实际应用中任选一种检验方法均可。但在多元线性回归分析中，F 检验与 t 检验就有明显不同的作用，F 检验是关于所有自变量与因变量之间线性关系是否显著的检验，而 t 检验是分别就每一个自变量对因变量的线性影响是否显著进行检验。关于多元线性回归方程的参数估计与显著性检验，与一元线性回归分析的基本原理相同，借助于 Excel 的输出结果不难理解，此不赘述。

*§9.3.4 利用一元线性回归方程进行预测

回归分析的一个主要目的是利用估计的回归方程对因变量做合理的预测。如果所建立的回归方程是显著的，并且也是有实际意义的，就可以利用回归方程根据自变量 X 的数值来估计或预测因变量 Y 的取值。这种预测称为回归预测。回归预测分为点预测和区间预测。

点预测就是将自变量预测期的数值 x_f 代入所估计的回归方程，即可计算出因变量相应的预测值 $\hat{y}_f$。即当 $X=x_f$ 时，因变量相应的预测值为：

$$\hat{y}_f=a+bx_f \tag{9. 23}$$

例如,根据例 9－3 所估计的回归方程,预测广告费为 80(万元)时,可预测销售额将达:

$\hat{y}_f = 189.754 + 5.3096 \times 80 = 614.522$(十万元)

由样本回归方程的含义不难理解,用式(9.23)计算的 $\hat{y}_f$ 实质上是对 Y_f 的均值 $E(Y_f)$ 的点估计。由于存在随机扰动项 ε 的影响,给定自变量的值 x_f,因变量对应的取值 Y_f 是一个随机变量,因变量的实际取值不一定等于其均值的点预测值,因此通常还需要对 Y_f 进行区间预测。

由于 $Y_f = E(Y_f) + \varepsilon$,通常假定 $\varepsilon \sim N(0,\sigma^2)$,所以 Y_f 最可能的预测值仍然是 $\hat{y}_f$,于是 Y_f 的区间预测就是要寻找一个以点预测值 $\hat{y}_f$ 为中心的对称区间,即因变量具体取值的预测区间一般可表示为:

$$(\hat{y}_f - \Delta, \hat{y}_f + \Delta) \tag{9.24}$$

式(9.24)中,$\hat{y}_f$ 是 $x = x_f$ 时因变量的点预测值,Δ 为预测误差范围。预测误差范围 Δ 总是与一定的置信水平 $(1-\alpha)$ 相联系的,这里的 $(1-\alpha)$ 表示因变量的实际值与点预测值之差小于或等于 Δ(即残差绝对值 $|e_f| = |y_f - \hat{y}_f| \leqslant \Delta$)的概率为 $(1-\alpha)$,换言之,因变量的实际值落入预测区间范围内的概率为 $(1-\alpha)$,即 $P\{\hat{y}_f - \Delta \leqslant y_f \leqslant \hat{y}_f + \Delta\} = 1-\alpha$。

要求预测误差范围 Δ 还需要明确残差的概率分布。可证明,残差 $e_f = y_f - \hat{y}_f$ 服从正态分布,其均值和方差分别为:

$$E(e_f) = E(y_f - \hat{y}_f) = 0 \tag{9.25}$$

$$D(e_f) = E(y_f - \hat{y}_f)^2 = \sigma^2\left[1 + \frac{1}{n} + \frac{(x_f - \bar{x})^2}{\sum (x_i - \bar{x})^2}\right] \tag{9.26}$$

由于式(9.26)中 σ^2 而只能用 $S_e^2 = \sum e_i^2/(n-2)$ 代替。于是可进一步证明:

$$t = \frac{y_f - \hat{y}_f}{S_e\sqrt{1 + \frac{1}{n} + \frac{(x_f - \bar{x})^2}{\sum (x - \bar{x})^2}}} \sim t(n-2) \tag{9.27}$$

由式(9.27)可知,给定置信水平 $(1-\alpha)$,预测误差范围 Δ 的计算公式为:

$$\Delta = t_{\alpha/2}(n-2) \cdot S_e \cdot \sqrt{1 + \frac{1}{n} + \frac{(x_f - \bar{x})^2}{\sum (x - \bar{x})^2}} \tag{9.28}$$

式(9.28)中,$t_{\alpha/2}(n-2)$ 是自由度为 $(n-2)$ 的 t 分布中右尾概率 $\alpha/2$ 对应的 t 值。查 t 分布表或由 Excel 的 TINV 函数可得。S_e 是回归估计标准误差。

由式(9.28)可知,回归预测的误差范围大小取决于下列因素:

①置信水平 $(1-\alpha)$。置信水平越大,$t_{\alpha/2}(n-2)$ 就越大,从而预测的误差范围也就越大。

②回归估计标准误差 S_e。S_e 越大，预测的误差范围也就越大。

③自变量的取值与均值的距离 $|x_f - \bar{x}|$。当 $x_f = \bar{x}$ 时，$(x_f - \bar{x})^2 = 0$，此时预测区间最窄。x_f 离 $\bar{x}$ 越远，$(x_f - \bar{x})^2$ 越大，预测区间就越宽。可见，预测区间的宽度是随 x_f 的变化而变化的，将对应于不同自变量取值的预测区间上下限分别连接起来，则可明显看到，预测区间上下限表现为关于回归直线对称的两条喇叭型曲线，如图 9.8 所示。正因为如此，做回归预测时，自变量的取值 x_f 不宜离 $\bar{x}$ 太远，否则预测的精度会大大降低。

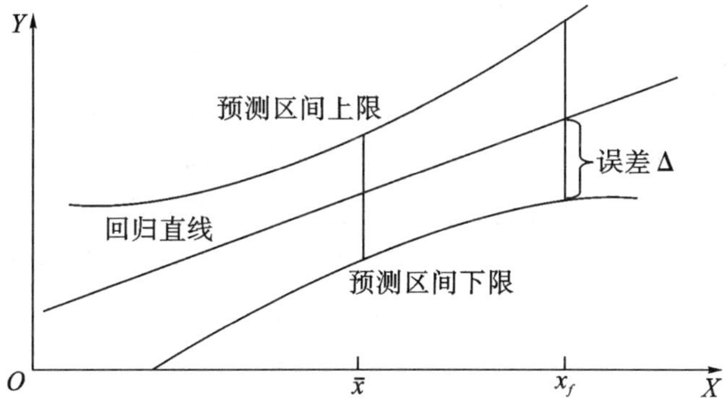

图 9.8　回归直线与预测区间

④样本量 n。n 越大，$1/n$ 越小，而且 $t_{\alpha/2}(n-2)$ 就越小（α 相同的情况下），$\sum(x_i - \bar{x})^2$ 也越大，所以预测误差范围就越小。

当 n 充分大时，$t_{\alpha/2}(n-2)$ 可用正态分布的分位数 $Z_{\alpha/2}$ 来近似，式(9.28)中根号里的值趋近于1。因此，在大样本条件下，因变量取值 y_f 的预测误差范围 Δ 可近似用下述公式计算：

$$\Delta = Z_{\alpha/2} S_e \tag{9.29}$$

【例 9-4】根据例 9-2 所估计的回归方程，当企业的广告费为 80 万元时，以 0.95 的置信水平对销售额进行区间预测。

根据样本数据，可计算出（参见表 9.1）：$\bar{x} = 63.375$，$\sum(x_i - \bar{x})^2 = 4\,527.875$

$\hat{y}_f = 189.754 + 5.309\,6 \times 80 = 614.522$（十万元）

已知 $n=8$，查 t 分布表或由 Excel 的函数 TINV 可得：自由度为(8-2)时，置信水平为 0.95 对应的 $t_{\alpha/2}(n-2) = t_{0.025}(6) = 2.447$。因此，由(9.28)可得，当 $x_f = 80$ 时，相应的销售额的预测误差范围 Δ 为：

$$\Delta = t_{\alpha/2}(n-2) \cdot S_e \cdot \sqrt{1 + \frac{1}{n} + \frac{(x_f - \bar{x})^2}{\sum(x - \bar{x})^2}}$$

$$= 2.447 \times 53.444 \times \sqrt{1 + \frac{1}{8} + \frac{(80 - 63.375)^2}{4\,527.875}} \approx 142.424 \text{（十万元）}$$

即当企业的广告费达到 80 万元时，在 0.95 的置信水平下，销售额的预测区间为：(614.522 ± 142.424)即(472.098,756.946)。

应用回归分析时，特别要强调的是：

首先，要注意与定性分析相结合。与相关分析一样，回归分析也只是从数据出发定量地分析变量间相互依存关系的一种统计手段，它们并不能揭示现象相互之间的本质联系。现象间内在的本质联系，取决于事物发展变化的客观规律性，要由有关的实质性科学去加以说明，需要结合实际经验去分析。如果对本来没有内在联系的现象，仅凭数据进行分析，就可能是一种"伪相关"或"伪回归"，这样不仅没有实际的意义，而且会导致荒谬的结论。

其次，利用回归方程进行预测时，自变量取值若超出了样本数据的范围，预测结果是不可靠的。所估计的回归方程即使是经过了显著性检验，而且拟合效果很好，那也只能说明它在样本数据范围内可以很好地代表变量间的数量依存关系，超过这一范围，变量间的数量关系很可能发生变化，所估计的回归方程就不能代表了。例如，在前面的例子中，企业的广告费与销售额呈高度线性正相关，但样本回归方程所表示的数量关系不能无条件外推或延伸。如果没有不断增长的社会需求，企业也不提高产品和服务的质量而只是增加广告费，销售额显然就不会一直呈直线增长。

最后，回归分析最适合于研究变量之间的因果关系，将原因作为自变量，结果作为因变量。但是回归分析不一定要求变量之间必须具有直接的因果关系。如本章开头所提到的，警察可根据犯罪嫌疑人的脚印长短估计其身高，这就是利用了身高(y)依赖于脚印长度(x)的回归方程来估计的。显然不能说脚长与身高是因果关系。只要变量间存在内在的、真实的数量依存关系，就可以建立回归方程来分析和估计。只要这种关系会延续，回归方程就可用于预测。

本章小结

1. 变量间的依存关系有函数关系和相关关系两种类型。相关关系是指变量之间不确定性的数量依存关系。相关关系从变量多少来分有简单相关和复相关；从表现形式来分有线性相关和非线性相关；从相关方向来分有正相关和负相关。散点图可以直观地描述相关关系的方向、形态和强弱程度。

2. 相关分析主要是研究变量间相关关系的方向和程度。简单线性相关系数是测度两个变量间线性相关程度的指标。Pearson 相关系数度量两个定量变量之间线性相关的密切程度，度量两个定序变量之间线性相关的密切程度常用 Spearman 等级相关系数。

3. 对相关系数的显著性检验通常是检验总体相关系数是否等于零，采用 t 检验法。

4. 回归分析研究的是寻找一个适当的回归方程来描述因变量与自变量间的数量依存关系的具体形式并用于估计和预测。所估计的一元线性回归方程的一般形式为：

$\hat{y} = a + bx$。估计该方程中 a 和 b 通常采用最小平方法。

5. 判定系数 r^2 表示因变量 y 总的变异中样本回归线能够解释的部分所占比重，其值介于0和1之间，数值越大，表示回归方程的拟合效果越好。回归估计标准误差 S_e 反映因变量的实际观测值与回归估计值之间的平均误差程度，其值越小，表示回归方程的代表性越好。

6. 对一元线性回归方程的显著性检验就是检验总体回归系数是否等于零，此时 t 检验和 F 检验是等价的。

7. 回归方程可用于对因变量进行估计或预测，可做点预测，也可做区间预测。

8. 相关分析和回归分析中的计算与散点图绘制都可以运用 Excel 去实现。

思考题与练习题

9-1　举例说明相关关系与函数关系、因果关系的联系与区别。

9-2　相关分析与回归分析有何联系与区别？

9-3　简单线性相关系数与 Spearman 等级相关系数有何异同？

9-4　相关系数、判定系数、回归估计标准误差之间有何联系？

9-5　简述估计回归方程参数的最小平方法的基本原理。

9-6　解释因变量的离差平方和、回归平方和及残差平方和的含义，并分析这三者有何意义。

9-7　回归预测应该注意一些什么问题？

9-8　某生产线上的管理人员认为，工人加工产品的速度可能影响到加工产品的质量，于是在某一天随机抽取了6名工人进行观测，他们的加工速度和优质品率如下表所示：

工人序号	加工速度(件/分钟)	优质品率(%)
1	25	70
2	40	60
3	55	63
4	30	78
5	60	60
6	20	85

(1)试说明工人的加工速度与其产品的优质品率有什么样的相关关系，并对总体相关性进行显著性检验。

(2)根据样本观测值建立一个回归方程，并说明该回归方程的拟合效果，并且检验回归方程的显著性。

9-9　某海滨地区各月空气温度与海水温度的数据如下表所示(单位:华氏温度)。要求:

(1)试求两者的相关系数。

(2)当空气温度为78度时,试预测海水温度为多少(点预测)。

(3)在0.95的置信度下,当空气温度为78度时,试预测海水温度的区间。

(4)若要根据海水温度来估计空气温度,又该怎么办。

月份	空气温度	海水温度
1	57	49
2	59	51
3	65	56
4	75	66
5	81	71
6	86	78
7	88	83
8	88	80
9	84	77
10	75	72
11	68	60
12	59	50

9-10　某研究者对10名志愿者进行了一项试验,让受试者持续一定时间观看一些图片,然后测试他们能够准确记忆的数量。试验得到的数据如下:

序号	观看时间(分钟)	记忆量
1	5	4
2	10	9
3	15	13
4	20	16
5	30	19
6	40	21
7	50	23
8	60	27
9	80	28
10	100	31

(1)试求观看时间与记忆量之间的线性相关系数和线性回归方程。

(2)计算判定系数和回归估计标准误差来说明所估计的回归方程的拟合效果。

(3)你认为对以上数据用线性关系来拟合是否是最合适的选择?

附 录

附表 1 标准正态分布函数值表

本表列出了标准正态分布 $N(0,1)$ 的分布函数

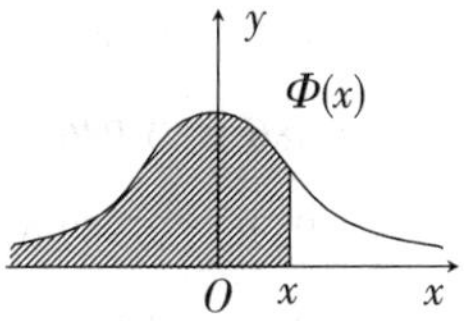

$$\Phi(x)=\int_{-\infty}^{x}\frac{1}{\sqrt{2\pi}}e^{-\frac{t^2}{2}}dt$$

的值。

x	0.00	0.01	0.02	0.03	0.04	0.05	0.06	0.07	0.08	0.09
0.0	0.500 0	0.504 0	0.508 0	0.512 0	0.516 0	0.519 9	0.523 9	0.527 9	0.531 9	0.535 9
0.1	0.539 8	0.543 8	0.547 8	0.551 7	0.555 7	0.559 6	0.563 6	0.567 5	0.571 4	0.575 3
0.2	0.579 3	0.583 2	0.587 1	0.591 0	0.594 8	0.598 7	0.602 6	0.606 4	0.610 3	0.614 1
0.3	0.617 9	0.621 7	0.625 5	0.629 3	0.633 1	0.636 8	0.640 6	0.644 3	0.648 0	0.651 7
0.4	0.655 4	0.659 1	0.662 8	0.666 4	0.670 0	0.673 6	0.677 2	0.680 8	0.684 4	0.687 9
0.5	0.691 5	0.695 0	0.698 5	0.701 9	0.705 4	0.708 8	0.712 3	0.715 7	0.719 0	0.722 4
0.6	0.725 7	0.729 1	0.732 4	0.735 7	0.738 9	0.742 2	0.745 4	0.748 6	0.751 7	0.754 9
0.7	0.758 0	0.761 1	0.764 2	0.767 3	0.770 4	0.773 4	0.776 4	0.779 4	0.782 3	0.785 2
0.8	0.788 1	0.791 0	0.793 9	0.796 7	0.799 5	0.802 3	0.805 1	0.807 8	0.810 6	0.813 3
0.9	0.815 9	0.818 6	0.821 2	0.823 8	0.826 4	0.828 9	0.831 5	0.834 0	0.836 5	0.838 9
1.0	0.841 3	0.843 8	0.846 1	0.848 5	0.850 8	0.853 1	0.855 4	0.857 7	0.859 9	0.862 1
1.1	0.864 3	0.866 5	0.868 6	0.870 8	0.872 9	0.874 9	0.877 0	0.879 0	0.881 0	0.883 0
1.2	0.884 9	0.886 9	0.888 8	0.890 7	0.892 5	0.894 4	0.896 2	0.898 0	0.899 7	0.901 5
1.3	0.903 2	0.904 9	0.906 6	0.908 2	0.909 9	0.911 5	0.913 1	0.914 7	0.916 2	0.917 7
1.4	0.919 2	0.920 7	0.922 2	0.923 6	0.925 1	0.926 5	0.927 9	0.929 2	0.930 6	0.931 9

附表1(续)

x	0.00	0.01	0.02	0.03	0.04	0.05	0.06	0.07	0.08	0.09
1.5	0.933 2	0.934 5	0.935 7	0.937 0	0.938 2	0.939 4	0.940 6	0.941 8	0.942 9	0.944 1
1.6	0.945 2	0.946 3	0.947 4	0.948 4	0.949 5	0.950 5	0.951 5	0.952 9	0.953 5	0.954 5
1.7	0.955 4	0.956 4	0.957 3	0.958 2	0.959 1	0.959 9	0.960 8	0.961 6	0.962 5	0.963 3
1.8	0.964 1	0.964 9	0.965 6	0.966 4	0.967 1	0.967 8	0.968 6	0.969 3	0.969 9	0.970 3
1.9	0.971 3	0.971 9	0.972 6	0.973 2	0.973 8	0.974 4	0.975 0	0.975 6	0.976 1	0.976 7
2.0	0.977 2	0.977 8	0.978 3	0.978 8	0.9 793	0.979 8	0.980 3	0.980 8	0.981 2	0.981 7
2.1	0.982 1	0.982 6	0.983 0	0.983 4	0.983 8	0.984 2	0.984 6	0.985 0	0.985 4	0.985 7
2.2	0.986 1	0.986 4	0.986 8	0.987 1	0.987 5	0.987 8	0.988 1	0.988 4	0.988 7	0.989 0
2.3	0.989 3	0.989 6	0.989 8	0.990 1	0.990 4	0.990 6	0.990 9	0.991 1	0.991 3	0.991 6
2.4	0.991 8	0.992 0	0.992 2	0.992 5	0.992 7	0.992 9	0.993 1	0.993 2	0.993 4	0.993 6
2.5	0.993 8	0.994 0	0.994 1	0.994 3	0.994 5	0.994 6	0.994 8	0.994 9	0.995 1	0.995 2
2.6	0.995 3	0.995 5	0.995 6	0.995 7	0.995 9	0.996 0	0.996 1	0.996 2	0.996 3	0.996 4
2.7	0.996 5	0.996 6	0.996 7	0.996 8	0.996 9	0.997 0	0.997 1	0.997 2	0.997 3	0.997 4
2.8	0.997 4	0.997 5	0.997 6	0.997 7	0.997 7	0.997 8	0.997 9	0.997 9	0.998 0	0.998 1
2.9	0.998 1	0.998 2	0.998 2	0.998 3	0.998 4	0.998 4	0.998 5	0.998 5	0.998 6	0.998 6
3.0	0.998 7	0.998 7	0.998 7	0.998 8	0.998 8	0.998 9	0.998 9	0.998 9	0.999 0	0.999 0
3.1	0.999 0	0.999 1	0.999 1	0.999 1	0.999 2	0.999 2	0.999 2	0.999 2	0.999 3	0.999 3
3.2	0.999 3	0.999 3	0.999 4	0.999 4	0.999 4	0.999 4	0.999 4	0.999 5	0.999 5	0.999 5
3.3	0.999 5	0.999 5	0.999 5	0.999 6	0.999 6	0.999 6	0.999 6	0.999 6	0.999 6	0.999 7
3.4	0.999 7	0.999 7	0.999 7	0.999 7	0.999 7	0.999 7	0.999 7	0.999 7	0.999 7	0.999 8

附表2　t 分布上侧分位数表

本表列出了 $t(n)$ 分布的上侧 α 分位数 $t_\alpha(n)$，它满足：

$$P\{t(n) > t_\alpha(n)\} = \alpha$$

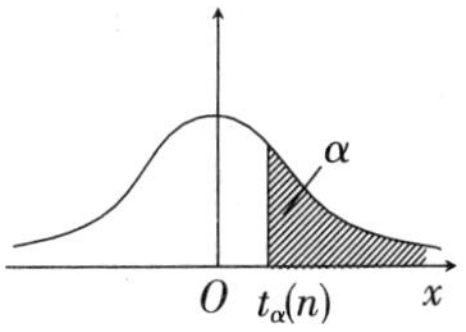

n \ α	0.25	0.10	0.05	0.025	0.01	0.005
1	1.000 0	3.077 7	6.313 8	12.706 2	31.820 7	63.657 4
2	0.816 5	1.885 6	2.920 0	4.302 7	6.964 6	9.924 8
3	0.764 9	1.637 7	2.353 4	3.182 4	4.540 7	5.840 9
4	0.740 7	1.533 2	2.131 8	2.776 4	3.746 9	4.604 1
5	0.726 7	1.475 9	2.015 0	2.570 6	3.364 9	4.032 2
6	0.717 6	1.439 8	1.943 2	2.446 9	3.142 7	3.707 4
7	0.711 1	1.414 9	1.894 6	2.364 6	2.998 0	3.499 5
8	0.706 4	1.396 8	1.859 5	2.306 0	2.896 5	3.366 5
9	0.702 7	1.383 0	1.833 1	2.262 2	2.821 4	3.249 8
10	0.699 8	1.372 2	1.812 5	2.228 1	2.763 8	3.169 3
11	0.697 4	1.363 4	1.795 9	2.201 0	2.718 1	3.105 8
12	0.695 5	1.356 2	1.782 3	2.178 8	2.681 0	3.054 5
13	0.693 8	1.350 2	1.770 9	2.160 4	2.650 3	3.012 3
14	0.692 4	1.345 0	1.761 3	2.144 8	2.624 5	2.976 8
15	0.691 2	1.340 6	1.753 1	2.131 5	2.602 5	2.946 7
16	0.690 1	1.336 8	1.745 9	2.119 9	2.583 5	2.920 8
17	0.689 2	1.333 4	1.739 6	2.109 8	2.566 9	2.898 2
18	0.688 4	1.330 4	1.734 1	2.100 9	2.552 4	2.878 4
19	0.687 6	1.327 7	1.729 1	2.093 0	2.539 5	2.860 9
20	0.687 0	1.325 3	1.724 7	2.086 0	2.528 0	2.845 3

附录

附表 2(续)

α / n	0. 25	0. 10	0. 05	0. 025	0. 01	0. 005
21	0. 686 4	1. 323 2	1. 720 7	2. 079 6	2. 517 7	2. 831 4
22	0. 685 8	1. 321 2	1. 717 1	2. 073 9	2. 508 3	2. 818 8
23	0. 685 3	1. 319 5	1. 713 9	2. 068 7	2. 499 9	2. 807 3
24	0. 684 8	1. 317 8	1. 710 9	2. 063 9	2. 492 2	2. 796 9
25	0. 684 4	1. 316 3	1. 708 1	2. 059 5	2. 485 1	2. 787 4
26	0. 684 0	1. 315 0	1. 705 6	2. 055 5	2. 478 6	2. 778 7
27	0. 683 7	1. 313 7	1. 703 3	2. 051 8	2. 472 7	2. 770 7
28	0. 683 4	1. 312 5	1. 701 1	2. 048 4	2. 467 1	2. 763 3
29	0. 683 0	1. 311 3	1. 699 1	2. 045 2	2. 462 0	2. 756 4
30	0. 682 8	1. 310 4	1. 697 3	2. 042 3	2. 457 3	2. 750 0
31	0. 682 5	1. 309 5	1. 695 5	2. 039 5	2. 452 8	2. 744 0
32	0. 682 2	1. 308 6	1. 693 9	2. 036 9	2. 448 7	2. 738 5
33	0. 682 0	1. 307 7	1. 692 4	2. 034 5	2. 444 8	2. 733 3
34	0. 681 8	1. 307 0	1. 690 9	2. 032 2	2. 441 1	2. 728 4
35	0. 681 6	1. 306 2	1. 689 6	2. 030 1	2. 437 7	2. 723 8
36	0. 681 4	1. 305 5	1. 688 3	2. 028 1	2. 434 5	2. 719 5
37	0. 681 2	1. 304 9	1. 687 1	2. 026 2	2. 431 4	2. 715 4
38	0. 681 0	1. 304 2	1. 686 0	2. 024 4	2. 428 6	2. 711 6
39	0. 680 8	1. 303 6	1. 684 9	2. 022 7	2. 425 8	2. 707 9
40	0. 680 7	1. 303 1	1. 683 9	2. 021 1	2. 423 3	2. 704 5
41	0. 680 5	1. 302 5	1. 682 9	2. 019 5	2. 420 8	2. 701 2
42	0. 680 4	1. 302 0	1. 682 0	2. 018 1	2. 418 5	2. 698 1
43	0. 680 2	1. 301 6	1. 681 1	2. 016 7	2. 416 3	2. 695 1
44	0. 680 1	1. 301 1	1. 680 2	2. 015 4	2. 414 1	2. 692 3
45	0. 680 0	1. 300 6	1. 679 4	2. 014 1	2. 412 1	2. 689 6

附表3 χ^2 分布上侧分位数表

本表列出了$\chi^2(n)$分布的上侧α分位数$\chi^2_\alpha(n)$,它满足:

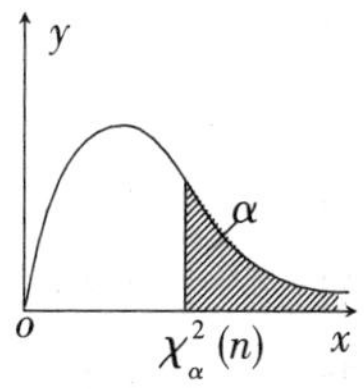

$$P\{\chi^2(n) > \chi^2_\alpha(n)\} = \alpha$$

n \ α	0.995	0.99	0.975	0.95	0.90	0.75
1	–	–	0.001	0.004	0.016	0.102
2	0.010	0.020	0.051	0.103	0.211	0.575
3	0.072	0.115	0.216	0.352	0.584	1.213
4	0.207	0.297	0.484	0.711	1.064	1.923
5	0.412	0.554	0.831	1.145	1.610	2.675
6	0.676	0.872	1.237	1.635	2.204	3.455
7	0.989	1.239	1.690	2.167	2.833	4.255
8	1.344	1.646	2.180	2.733	3.490	5.071
9	1.735	2.088	2.700	3.325	4.168	5.899
10	2.156	2.558	3.247	3.940	4.865	6.737
11	2.603	3.053	3.816	4.575	5.578	7.584
12	3.074	3.571	4.404	5.226	6.304	8.438
13	3.565	4.107	5.009	5.892	7.042	9.299
14	4.075	4.660	5.629	6.571	7.790	10.165
15	4.601	5.229	6.262	7.261	8.547	11.037
16	5.142	5.812	6.908	7.962	9.312	11.912
17	5.697	6.408	7.564	8.672	10.085	12.792
18	6.265	7.015	8.231	9.390	10.865	13.675
19	6.814	7.633	8.907	10.117	11.651	14.562
20	7.434	8.260	9.591	10.851	12.443	15.452

附表 3(续 1)

α / n	0.995	0.99	0.975	0.95	0.90	0.75
21	8.034	8.897	10.283	11.591	13.240	16.344
22	8.643	9.542	10.982	12.338	14.042	17.240
23	9.260	10.196	11.689	13.091	14.848	18.137
24	9.886	10.856	12.401	13.848	15.659	19.037
25	10.520	11.524	13.120	14.611	16.473	19.939
26	11.160	12.198	13.844	15.379	17.292	20.843
27	11.808	12.879	14.573	16.151	18.114	21.749
28	12.461	13.565	15.308	16.928	18.939	22.657
29	13.121	14.257	16.047	17.708	19.768	23.567
30	13.787	14.954	16.791	18.493	20.599	24.478
31	14.458	15.655	17.539	19.281	21.434	25.390
32	15.134	16.362	18.291	20.072	22.271	26.304
33	15.815	17.074	19.047	20.867	23.110	27.219
34	16.501	17.789	19.806	21.664	23.952	28.136
35	17.192	18.509	20.569	22.456	24.797	29.054
36	17.887	19.233	21.336	23.269	25.643	29.973
37	18.586	19.960	22.106	24.075	26.492	30.893
38	19.289	20.691	22.878	24.884	27.343	31.815
39	19.996	21.426	23.654	25.695	28.196	32.737
40	20.707	22.164	24.433	26.509	29.051	33.660
41	21.421	22.906	25.215	27.326	29.907	34.585
42	22.138	23.650	25.999	28.144	30.765	35.510
43	22.859	24.398	26.785	28.965	31.625	36.436
44	23.584	25.148	27.575	29.787	32.487	37.363
45	24.411	25.901	28.366	30.612	33.350	38.291

附表3(续2)

n \ α	0.25	0.10	0.05	0.025	0.01	0.005
1	1.323	2.706	3.841	5.024	6.635	7.879
2	2.773	4.605	5.991	7.378	9.210	10.597
3	4.108	6.251	7.815	9.348	11.345	12.838
4	5.385	7.779	9.488	11.143	13.277	14.860
5	6.626	9.236	11.071	12.833	15.086	16.750
6	7.841	10.645	12.592	14.449	16.812	18.548
7	9.037	12.017	14.067	16.013	18.475	20.278
8	10.219	13.362	15.507	17.535	20.090	21.955
9	11.389	14.684	16.919	19.023	21.666	23.589
10	12.549	15.987	18.307	20.483	23.209	25.188
11	13.701	17.275	19.675	21.920	24.725	26.757
12	14.845	18.549	21.026	23.337	26.217	28.299
13	15.984	19.812	22.362	24.736	27.688	29.819
14	17.117	21.064	23.685	26.119	29.141	31.319
15	18.245	22.307	24.996	27.488	30.578	32.801
16	19.369	23.542	26.296	28.845	32.000	34.267
17	20.489	24.769	27.587	30.191	33.409	35.718
18	21.605	25.989	28.869	31.526	34.805	37.156
19	22.718	27.204	30.144	32.852	36.191	38.582
20	23.828	28.412	31.410	34.170	37.566	39.997
21	24.935	29.615	32.671	36.479	38.932	41.401
22	26.039	30.813	33.924	36.781	40.289	42.796
23	27.141	32.007	35.172	38.076	41.638	44.181
24	28.241	33.196	36.415	39.364	42.980	45.559
25	29.339	34.382	37.652	40.646	44.314	46.928

附表 3(续 3)

α / n	0. 25	0. 10	0. 05	0. 025	0. 01	0. 005
26	30. 435	35. 563	38. 885	41. 923	45. 643	48. 290
27	31. 528	36. 741	40. 113	43. 194	46. 963	49. 645
28	32. 620	37. 916	41. 337	44. 461	48. 278	50. 993
29	33. 711	39. 087	42. 557	45. 722	49. 588	52. 336
30	34. 800	40. 256	43. 773	46. 979	50. 892	53. 672
31	35. 887	41. 422	44. 985	48. 232	52. 191	55. 003
32	36. 973	42. 585	46. 194	49. 480	53. 486	56. 328
33	38. 058	43. 745	47. 400	50. 725	54. 776	57. 648
34	39. 141	44. 903	48. 602	51. 966	56. 061	58. 964
35	40. 223	46. 059	49. 802	53. 203	57. 342	60. 275
36	41. 304	47. 212	50. 998	54. 437	58. 619	61. 581
37	42. 383	48. 363	52. 192	55. 668	59. 892	62. 883
38	43. 462	49. 513	53. 884	56. 896	61. 162	64. 181
39	44. 539	50. 600	54. 572	58. 120	62. 428	65. 476
40	45. 616	51. 805	55. 758	59. 342	63. 691	66. 766
41	46. 692	52. 949	56. 942	60. 561	64. 950	68. 053
42	47. 766	54. 090	58. 124	61. 777	66. 206	69. 336
43	48. 840	55. 230	59. 304	62. 990	67. 459	70. 616
44	49. 913	56. 369	60. 481	64. 201	69. 710	71. 893
45	50. 985	57. 505	61. 656	65. 410	69. 957	73. 166

附表4　F 分布上侧分位数表

本表列出了 $F(n_1,n_2)$ 分布的上侧 α 分位数 $F_\alpha(n_1,n_2)$，它满足：

$$P\{F(n_1,n_2) > F_\alpha(n_1,n_2)\} = \alpha$$

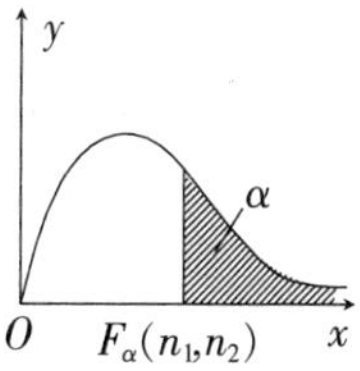

(1) $\alpha = 0.25$

n_2 \ n_1	1	2	3	4	5	6	7	8	9	10	12	15	20	24	30	40	60	120	∞	n_1 / n_2
1	5.83	7.50	8.20	8.58	8.82	8.98	9.10	9.19	9.26	9.32	9.41	9.49	9.58	9.63	9.67	9.71	9.76	9.80	9.85	1
2	2.57	3.00	3.15	3.23	3.28	3.41	3.34	3.35	3.37	3.38	3.39	3.41	3.43	3.43	3.44	3.45	3.46	3.47	3.48	2
3	2.02	2.28	2.36	2.39	2.41	2.42	2.43	2.44	2.44	2.44	2.45	2.46	2.46	2.46	2.47	2.47	2.47	2.47	2.47	3
4	1.81	2.00	2.05	2.06	2.07	2.08	2.08	2.08	2.08	2.08	2.08	2.08	2.08	2.08	2.08	2.08	2.08	2.08	2.08	4
5	1.69	1.85	1.88	1.89	1.89	1.89	1.89	1.89	1.89	1.89	1.89	1.89	1.88	1.88	1.88	1.88	1.87	1.87	1.87	5
6	1.62	1.76	1.78	1.79	1.79	1.78	1.78	1.78	1.77	1.77	1.77	1.76	1.76	1.75	1.75	1.75	1.74	1.74	1.74	6
7	1.57	1.70	1.72	1.72	1.71	1.71	1.70	1.70	1.69	1.69	1.68	1.68	1.67	1.67	1.66	1.66	1.65	1.65	1.65	7
8	1.54	1.66	1.67	1.66	1.66	1.65	1.64	1.64	1.63	1.63	1.62	1.62	1.61	1.60	1.60	1.59	1.59	1.58	1.58	8
9	1.51	1.62	1.63	1.63	1.62	1.61	1.60	1.60	1.59	1.59	1.58	1.57	1.56	1.56	1.55	1.54	1.54	1.53	1.53	9
10	1.49	1.60	1.60	1.59	1.59	1.58	1.57	1.56	1.56	1.55	1.54	1.53	1.52	1.52	1.51	1.51	1.50	1.49	1.48	10
11	1.47	1.58	1.58	1.57	1.56	1.55	1.54	1.53	1.53	1.52	1.51	1.50	1.49	1.49	1.48	1.47	1.47	1.46	1.45	11
12	1.46	1.56	1.56	1.55	1.54	1.53	1.52	1.51	1.51	1.50	1.49	1.48	1.47	1.46	1.45	1.45	1.44	1.43	1.42	12
13	1.45	1.55	1.55	1.53	1.52	1.51	1.50	1.49	1.49	1.48	1.47	1.46	1.45	1.44	1.43	1.42	1.42	1.41	1.40	13
14	1.44	1.53	1.53	1.52	1.51	1.50	1.49	1.48	1.47	1.46	1.45	1.44	1.43	1.42	1.41	1.41	1.40	1.39	1.38	14
15	1.43	1.52	1.52	1.51	1.49	1.48	1.47	1.46	1.46	1.45	1.44	1.43	1.41	1.41	1.40	1.39	1.38	1.37	1.36	15
16	1.42	1.51	1.51	1.50	1.48	1.47	1.46	1.45	1.44	1.44	1.43	1.41	1.40	1.39	1.38	1.37	1.36	1.35	1.34	16
17	1.42	1.51	1.50	1.49	1.47	1.46	1.45	1.44	1.43	1.43	1.41	1.40	1.39	1.38	1.37	1.36	1.35	1.34	1.33	17
18	1.41	1.50	1.49	1.48	1.46	1.45	1.44	1.43	1.42	1.42	1.40	1.39	1.38	1.37	1.36	1.35	1.34	1.33	1.32	18
19	1.41	1.49	1.49	1.47	1.46	1.44	1.43	1.42	1.41	1.41	1.40	1.38	1.37	1.36	1.35	1.34	1.33	1.32	1.30	19
20	1.40	1.49	1.48	1.47	1.45	1.44	1.43	1.42	1.41	1.40	1.39	1.37	1.36	1.35	1.34	1.33	1.32	1.31	1.29	20
21	1.40	1.48	1.48	1.46	1.44	1.43	1.42	1.41	1.40	1.39	1.38	1.37	1.35	1.34	1.33	1.32	1.31	1.30	1.28	21
22	1.40	1.48	1.47	1.45	1.44	1.42	1.41	1.40	1.39	1.39	1.37	1.36	1.34	1.33	1.32	1.31	1.30	1.29	1.28	22
23	1.39	1.47	1.47	1.45	1.43	1.42	1.41	1.40	1.39	1.38	1.37	1.35	1.34	1.33	1.32	1.31	1.30	1.28	1.27	23
24	1.39	1.47	1.46	1.44	1.43	1.41	1.40	1.39	1.38	1.38	1.36	1.35	1.33	1.32	1.31	1.30	1.29	1.28	1.26	24
25	1.39	1.47	1.46	1.44	1.42	1.41	1.40	1.39	1.38	1.37	1.36	1.34	1.33	1.32	1.31	1.29	1.28	1.27	1.25	25
26	1.38	1.46	1.45	1.44	1.42	1.41	1.39	1.38	1.37	1.37	1.35	1.34	1.32	1.31	1.30	1.29	1.28	1.26	1.25	26
27	1.38	1.46	1.45	1.43	1.42	1.40	1.39	1.38	1.37	1.36	1.35	1.33	1.32	1.31	1.30	1.28	1.27	1.26	1.24	27
28	1.38	1.46	1.45	1.43	1.41	1.40	1.39	1.38	1.37	1.36	1.34	1.33	1.31	1.30	1.29	1.28	1.27	1.25	1.24	28
29	1.38	1.45	1.45	1.43	1.41	1.40	1.38	1.37	1.36	1.35	1.34	1.32	1.31	1.30	1.29	1.27	1.26	1.25	1.23	29
30	1.38	1.45	1.44	1.42	1.41	1.39	1.38	1.37	1.36	1.35	1.34	1.32	1.30	1.29	1.28	1.27	1.26	1.24	1.23	30
40	1.36	1.44	1.42	1.40	1.39	1.37	1.36	1.35	1.34	1.33	1.31	1.30	1.28	1.26	1.25	1.24	1.22	1.21	1.19	40
60	1.35	1.42	1.41	1.38	1.37	1.35	1.33	1.32	1.31	1.30	1.29	1.27	1.25	1.24	1.22	1.21	1.19	1.17	1.15	60
120	1.34	1.40	1.39	1.37	1.35	1.33	1.31	1.30	1.29	1.28	1.26	1.24	1.22	1.21	1.19	1.18	1.16	1.13	1.10	120
∞	1.32	1.39	1.37	1.35	1.33	1.31	1.29	1.28	1.27	1.25	1.24	1.22	1.19	1.18	1.16	1.14	1.12	1.08	1.00	∞

(2) $\alpha = 0.10$ 附表4(续1)

n_2 \ n_1	1	2	3	4	5	6	7	8	9	10	15	20	30	50	100	200	500	∞	n_1 / n_2
1	39.9	49.5	53.6	55.8	57.2	58.2	58.9	59.4	59.9	60.2	61.2	61.7	62.3	62.7	63.0	63.2	63.3	63.3	1
2	8.53	9.00	9.16	9.24	9.29	9.33	9.35	9.37	9.38	9.39	9.42	9.44	9.46	9.47	9.48	9.49	9.49	9.49	2
3	5.54	5.46	5.39	5.34	5.31	5.28	5.27	5.25	5.24	5.23	5.20	5.18	5.17	5.15	5.14	5.14	5.14	5.13	3
4	4.54	4.32	4.19	4.11	4.05	4.01	3.98	3.95	3.94	3.92	3.87	3.84	3.82	3.80	3.78	3.77	3.76	3.76	4
5	4.06	3.78	3.62	3.52	3.45	3.40	3.37	3.34	3.32	3.30	3.24	3.21	3.17	3.15	3.13	3.12	3.11	3.10	5
6	3.78	3.46	3.29	3.18	3.11	3.05	3.01	2.98	2.96	2.94	2.87	2.84	2.80	2.77	2.75	2.73	2.73	2.72	6
7	3.59	3.26	3.07	2.96	2.88	2.83	2.78	2.75	2.72	2.70	2.63	2.59	2.56	2.52	2.50	2.48	2.48	2.47	7
8	3.46	3.11	2.92	2.81	2.73	2.67	2.62	2.59	2.56	2.54	2.46	2.42	2.38	2.35	2.32	2.31	2.30	2.29	8
9	3.36	3.01	2.81	2.69	2.61	2.55	2.51	2.47	2.44	2.42	2.34	2.30	2.25	2.22	2.19	2.17	2.17	2.16	9
10	3.28	2.92	2.73	2.61	2.52	2.46	2.41	2.38	2.35	2.32	2.24	2.20	2.16	2.12	2.09	2.07	2.06	2.06	10
11	3.23	2.86	2.66	2.54	2.45	2.39	2.34	2.30	2.27	2.25	2.17	2.12	2.08	2.04	2.00	1.99	1.98	1.97	11
12	3.18	2.81	2.61	2.48	2.39	2.33	2.28	2.24	2.21	2.19	2.10	2.06	2.01	1.97	1.94	1.92	1.91	1.90	12
13	3.14	2.76	2.56	2.43	2.35	2.28	2.23	2.20	2.16	2.14	2.05	2.01	1.96	1.92	1.88	1.86	1.85	1.85	13
14	3.10	2.73	2.52	2.39	2.31	2.24	2.19	2.15	2.12	2.10	2.01	1.96	1.91	1.87	1.83	1.82	1.80	1.80	14
15	3.07	2.70	2.49	2.36	2.27	2.21	2.16	2.12	2.09	2.06	1.97	1.92	1.87	1.83	1.79	1.77	1.76	1.76	15
16	3.05	2.67	2.46	2.33	2.24	2.18	2.13	2.09	2.06	2.03	1.94	1.89	1.84	1.79	1.76	1.74	1.73	1.72	16
17	3.03	2.64	2.44	2.31	2.22	2.15	2.10	2.06	2.03	2.00	1.91	1.86	1.81	1.76	1.73	1.71	1.69	1.69	17
18	3.01	2.62	2.42	2.29	2.20	2.13	2.08	2.04	2.00	1.98	1.89	1.84	1.78	1.74	1.70	1.68	1.67	1.66	18
19	2.99	2.61	2.40	2.27	2.18	2.11	2.06	2.02	1.98	1.96	1.86	1.81	1.76	1.71	1.67	1.65	1.64	1.63	19
20	2.97	2.59	2.38	2.25	2.16	2.09	2.04	2.00	1.96	1.94	1.84	1.79	1.74	1.69	1.65	1.63	1.62	1.61	20
22	2.95	2.56	2.35	2.22	2.13	2.06	2.01	1.97	1.93	1.90	1.81	1.76	1.70	1.65	1.61	1.59	1.58	1.57	22
24	2.93	2.54	2.33	2.19	2.10	2.04	1.98	1.94	1.91	1.88	1.78	1.73	1.67	1.62	1.58	1.56	1.54	1.53	24
26	2.91	2.52	2.31	2.17	2.08	2.01	1.96	1.92	1.88	1.86	1.76	1.71	1.65	1.59	1.55	1.53	1.51	1.50	26
28	2.89	2.50	2.29	2.16	2.06	2.00	1.94	1.90	1.87	1.84	1.74	1.69	1.63	1.57	1.53	1.50	1.49	1.48	28
30	2.88	2.49	2.28	2.14	2.05	1.98	1.93	1.88	1.85	1.82	1.72	1.67	1.61	1.55	1.51	1.48	1.47	1.46	30
40	2.84	2.44	2.23	2.09	2.00	1.93	1.87	1.83	1.79	1.76	1.66	1.61	1.54	1.48	1.43	1.41	1.39	1.38	40
50	2.81	2.41	2.20	2.06	1.97	1.90	1.84	1.80	1.76	1.73	1.63	1.57	1.50	1.44	1.39	1.36	1.34	1.33	50
60	2.79	2.39	2.18	2.04	1.95	1.87	1.82	1.77	1.74	1.71	1.60	1.54	1.48	1.41	1.36	1.33	1.31	1.29	60
80	2.77	2.37	2.15	2.02	1.92	1.85	1.79	1.75	1.71	1.68	1.57	1.51	1.44	1.38	1.32	1.28	1.26	1.24	80
100	2.76	2.36	2.14	2.00	1.91	1.83	1.78	1.73	1.70	1.66	1.56	1.49	1.42	1.35	1.29	1.26	1.23	1.21	100
200	2.73	2.33	2.11	1.97	1.88	1.80	1.75	1.70	1.66	1.63	1.52	1.46	1.38	1.31	1.24	1.20	1.17	1.14	200
500	2.72	2.31	2.10	1.96	1.86	1.79	1.73	1.68	1.64	1.61	1.50	1.44	1.36	1.28	1.21	1.16	1.12	1.09	500
∞	2.71	2.30	2.08	1.94	1.85	1.77	1.72	1.67	1.63	1.60	1.49	1.42	1.34	1.26	1.18	1.13	1.08	1.00	∞

(3) $\alpha = 0.05$ 附表4(续2)

n_2 \ n_1	1	2	3	4	5	6	7	8	9	10	12	14	16	18	20	n_1 / n_2
1	161	200	216	225	230	234	237	239	241	242	244	245	246	247	248	1
2	18.5	19.0	19.2	19.2	19.3	19.3	19.4	19.4	19.4	19.4	19.4	19.4	19.4	19.4	19.4	2
3	10.1	9.55	9.28	9.12	9.01	8.94	8.89	8.85	8.81	8.79	8.74	8.71	8.69	8.67	8.66	3
4	7.71	6.94	6.59	6.39	6.26	6.16	6.09	6.04	6.00	5.96	5.91	5.87	5.84	5.82	5.80	4
5	6.61	5.79	5.41	5.19	5.05	4.95	4.88	4.82	4.77	4.74	4.68	4.64	4.60	4.58	4.56	5
6	5.99	5.14	4.76	4.53	4.39	4.28	4.21	4.15	4.10	4.06	4.00	3.96	3.92	3.90	3.87	6
7	5.59	4.74	4.35	4.12	3.97	3.87	3.79	3.73	3.68	3.64	3.57	3.53	3.49	3.47	3.44	7
8	5.32	4.46	4.07	3.84	3.69	3.58	3.50	3.44	3.39	3.35	3.28	3.24	3.20	3.17	3.15	8
9	5.12	4.26	3.86	3.63	3.48	3.37	3.23	3.23	3.18	3.14	3.07	3.03	2.99	2.96	2.94	9
10	4.96	4.10	3.71	3.48	3.33	3.22	3.14	3.07	3.02	2.98	2.91	2.86	2.83	2.80	2.77	10
11	4.84	3.98	3.59	3.36	3.20	3.09	3.01	2.95	2.90	2.85	2.79	2.74	2.70	2.67	2.65	11
12	4.75	3.89	3.49	3.26	3.11	3.00	2.91	2.85	2.80	2.75	2.69	2.64	2.60	2.57	2.54	12
13	4.67	3.81	3.41	3.18	3.03	2.92	2.83	2.77	2.71	2.67	2.60	2.55	2.51	2.48	2.46	13
14	4.60	3.74	3.34	3.11	2.96	2.85	2.76	2.70	2.65	2.60	2.53	2.48	2.44	2.41	2.39	14
15	4.54	3.68	3.29	3.06	2.90	2.79	2.71	2.64	2.59	2.54	2.48	2.42	2.38	2.35	2.33	15
16	4.49	3.63	3.24	3.01	2.85	2.74	2.66	2.59	2.54	2.49	2.42	2.37	2.33	2.30	2.28	16
17	4.45	3.59	3.20	2.96	2.81	2.70	2.61	2.55	2.49	2.45	2.38	2.33	2.29	2.26	2.23	17
18	4.41	3.55	3.16	2.93	2.77	2.66	2.58	2.51	2.46	2.41	2.34	2.29	2.25	2.22	2.19	18
19	4.38	3.52	3.13	2.90	2.74	2.63	2.54	2.48	2.42	2.38	2.31	2.26	2.21	2.18	2.16	19
20	4.35	3.49	3.10	2.87	2.71	2.60	2.51	2.45	2.39	2.35	2.28	2.22	2.18	2.15	2.12	20
21	4.32	3.47	3.07	2.84	2.68	2.57	2.49	2.42	2.37	2.32	2.25	2.20	2.16	2.12	2.10	21
22	4.30	3.44	3.05	2.82	2.66	2.55	2.46	2.40	2.34	2.30	2.23	2.17	2.13	2.10	2.07	22
23	4.28	3.42	3.03	2.80	2.64	2.53	2.44	2.37	2.32	2.27	2.20	2.15	2.11	2.07	2.05	23
24	4.26	3.40	3.01	2.78	2.62	2.51	2.42	2.36	2.30	2.25	2.18	2.13	2.09	2.05	2.03	24
25	4.24	3.39	2.99	2.76	2.60	2.49	2.40	2.34	2.28	2.24	2.16	2.11	2.07	2.04	2.01	25
26	4.23	3.37	2.98	2.74	2.59	2.47	2.39	2.32	2.27	2.22	2.15	2.09	2.05	2.02	1.99	26
27	4.21	3.35	2.96	2.73	2.57	2.46	2.37	2.31	2.25	2.20	2.13	2.08	2.04	2.00	1.97	27
28	4.20	3.34	2.95	2.71	2.56	2.45	2.36	2.29	2.24	2.19	2.12	2.06	2.02	1.99	1.96	28
29	4.18	3.33	2.93	2.70	2.55	2.43	2.35	2.28	2.22	2.18	2.10	2.05	2.01	1.97	1.94	29
30	4.17	3.32	2.92	2.69	2.53	2.42	2.33	2.27	2.21	2.16	2.09	2.04	1.99	1.96	1.93	30
32	4.15	3.29	2.90	2.67	2.51	2.40	2.31	2.24	2.19	2.14	2.07	2.01	1.97	1.94	1.91	32
34	4.13	3.28	2.88	2.65	2.49	2.38	2.29	2.23	2.17	2.12	2.05	1.99	1.95	1.92	1.89	34
36	4.11	3.26	2.87	2.63	2.48	2.36	2.28	2.21	2.15	2.11	2.03	1.98	1.93	1.90	1.87	36
38	4.10	3.24	2.85	2.62	2.46	2.35	2.26	2.19	2.14	2.09	2.02	1.96	1.92	1.88	1.85	38
40	4.08	3.23	2.84	2.61	2.45	2.34	2.25	2.18	2.12	2.08	2.00	1.95	1.90	1.87	1.84	40
42	4.07	3.22	2.83	2.59	2.44	2.32	2.24	2.17	2.11	2.06	1.99	1.93	1.89	1.86	1.83	42
44	4.06	3.21	2.82	2.58	2.43	2.31	2.23	2.16	2.10	2.05	1.98	1.92	1.88	1.84	1.81	44
46	4.05	3.20	2.81	2.57	2.42	2.30	2.22	2.15	2.09	2.04	1.97	1.91	1.87	1.83	1.80	46
48	4.04	3.19	2.80	2.57	2.41	2.29	2.21	2.14	2.08	2.03	1.96	1.90	1.86	1.82	1.79	48
50	4.03	3.18	2.79	2.56	2.40	2.29	2.20	2.13	2.07	2.03	1.95	1.89	1.85	1.81	1.78	50
60	4.00	3.15	2.76	2.53	2.37	2.25	2.17	2.10	2.04	1.99	1.92	1.86	1.82	1.78	1.75	60
80	3.96	3.11	2.72	2.49	2.33	2.21	2.13	2.06	2.00	1.95	1.88	1.82	1.77	1.73	1.70	80
100	3.94	3.09	2.70	2.46	2.31	2.19	2.10	2.03	1.97	1.93	1.85	1.79	1.75	1.71	1.68	100
125	3.92	3.07	2.68	2.44	2.29	2.17	2.08	2.01	1.96	1.91	1.83	1.77	1.72	1.69	1.65	125
150	3.90	3.06	2.66	2.43	2.27	2.16	2.07	2.00	1.94	1.89	1.82	1.76	1.71	1.67	1.64	150
200	3.89	3.04	2.65	2.42	2.26	2.14	2.06	1.98	1.93	1.88	1.80	1.74	1.69	1.66	1.62	200
300	3.87	3.03	2.63	2.40	2.24	2.13	2.04	1.97	1.91	1.86	1.78	1.72	1.68	1.64	1.61	300
500	3.86	3.01	2.62	2.39	2.23	2.12	2.03	1.96	1.90	1.85	1.77	1.71	1.66	1.62	1.59	500
1 000	3.85	3.00	2.61	2.38	2.22	2.11	2.02	1.95	1.89	1.84	1.76	1.70	1.65	1.61	1.58	1 000
∞	3.84	3.00	2.60	2.37	2.21	2.10	2.01	1.94	1.88	1.83	1.75	1.69	1.64	1.60	1.57	∞

$\alpha = 0.05$ 附表4(续3)

n_2 \ n_1	22	24	26	28	30	35	40	45	50	60	80	100	200	500	∞	n_1 / n_2
1	249	249	249	250	250	251	251	251	252	252	252	253	254	254	254	1
2	19.5	19.5	19.5	19.5	19.5	19.5	19.5	19.5	19.5	19.5	19.5	19.5	19.5	19.5	19.5	2
3	8.65	8.64	8.63	8.62	8.62	8.60	8.59	8.59	8.58	8.57	8.56	8.55	8.54	8.53	8.53	3
4	5.79	5.77	5.76	5.75	5.75	5.73	5.72	5.71	5.70	5.69	5.67	5.66	5.65	5.64	5.63	4
5	4.54	4.53	4.52	4.50	4.50	4.48	4.46	4.45	4.44	4.43	4.41	4.41	4.39	4.37	4.37	5
6	3.86	3.84	3.83	3.82	3.81	3.79	3.77	3.76	3.75	3.74	3.72	3.71	3.69	3.68	3.67	6
7	3.43	3.41	3.40	3.39	2.38	3.36	3.34	3.33	3.32	3.30	3.29	3.27	3.25	3.24	3.23	7
8	3.13	3.12	3.10	3.09	3.08	3.06	3.04	3.03	3.02	3.01	2.99	2.97	2.95	2.94	2.93	8
9	2.92	2.90	2.89	2.87	2.86	2.84	2.83	2.81	2.80	2.79	2.77	2.76	2.73	2.72	2.71	9
10	2.75	2.74	2.72	2.71	2.70	2.68	2.66	2.65	2.64	2.62	2.60	2.59	2.56	2.55	2.54	10
11	2.63	2.61	2.59	2.58	2.57	2.55	2.53	2.52	2.51	2.49	2.47	2.46	2.43	2.42	2.40	11
12	2.52	2.51	2.49	2.48	2.47	2.44	2.43	2.41	2.40	2.38	2.36	2.35	2.32	2.31	2.30	12
13	2.44	2.42	2.41	2.39	2.38	2.36	2.34	2.33	2.31	2.30	2.27	2.26	2.23	2.22	2.21	13
14	2.37	2.35	2.33	2.32	2.31	2.28	2.27	2.25	2.24	2.22	2.20	2.19	2.16	2.14	2.13	14
15	2.31	2.29	2.27	2.26	2.25	2.22	2.20	2.19	2.18	2.16	2.14	2.12	2.10	2.08	2.07	15
16	2.25	2.24	2.22	2.21	2.19	2.17	2.15	2.14	2.12	2.11	2.08	2.07	2.04	2.02	2.01	16
17	2.21	2.19	2.17	2.16	2.15	2.12	2.10	2.09	2.08	2.06	2.03	2.02	1.99	1.97	1.96	17
18	2.17	2.15	2.13	2.12	2.11	2.08	2.06	2.05	2.04	2.02	1.99	1.98	1.95	1.93	1.92	18
19	2.13	2.11	2.10	2.08	2.07	2.05	2.03	2.01	2.00	1.98	1.96	1.94	1.91	1.89	1.88	19
20	2.10	2.08	2.07	2.05	2.04	2.01	1.99	1.98	1.97	1.95	1.92	1.91	1.88	1.86	1.84	20
21	2.07	2.05	2.04	2.02	2.01	1.98	1.96	1.95	1.94	1.92	1.89	1.88	1.84	1.82	1.81	21
22	2.05	2.03	2.01	2.00	1.98	1.96	1.94	1.92	1.91	1.89	1.86	1.85	1.82	1.80	1.78	22
23	2.02	2.00	1.99	1.97	1.96	1.93	1.91	1.90	1.88	1.86	1.84	1.82	1.79	1.77	1.76	23
24	2.00	1.98	1.97	1.95	1.94	1.91	1.89	1.88	1.86	1.84	1.82	1.80	1.77	1.75	1.73	24
25	1.98	1.96	1.95	1.93	1.92	1.89	1.87	1.86	1.84	1.82	1.80	1.78	1.75	1.73	1.71	25
26	1.97	1.95	1.93	1.91	1.90	1.87	1.85	1.84	1.82	1.80	1.78	1.76	1.73	1.71	1.69	26
27	1.95	1.93	1.91	1.90	1.88	1.86	1.84	1.82	1.81	1.79	1.76	1.74	1.71	1.69	1.67	27
28	1.93	1.91	1.90	1.88	1.87	1.84	1.82	1.80	1.79	1.77	1.74	1.73	1.69	1.67	1.65	28
29	1.92	1.90	1.88	1.87	1.85	1.83	1.81	1.79	1.77	1.75	1.73	1.71	1.67	1.65	1.64	29
30	1.91	1.89	1.87	1.85	1.84	1.81	1.79	1.77	1.76	1.74	1.71	1.70	1.66	1.64	1.62	30
32	1.88	1.86	1.85	1.83	1.82	1.79	1.77	1.75	1.74	1.71	1.69	1.67	1.63	1.61	1.59	32
34	1.86	1.84	1.82	1.80	1.80	1.77	1.75	1.73	1.71	1.69	1.66	1.65	1.61	1.59	1.57	34
36	1.85	1.82	1.81	1.79	1.78	1.75	1.73	1.71	1.69	1.67	1.64	1.62	1.59	1.56	1.55	36
38	1.83	1.81	1.79	1.77	1.76	1.73	1.71	1.69	1.68	1.65	1.62	1.61	1.57	1.54	1.53	38
40	1.81	1.79	1.77	1.76	1.74	1.72	1.69	1.67	1.66	1.64	1.61	1.59	1.55	1.53	1.51	40
42	1.80	1.78	1.76	1.74	1.73	1.70	1.68	1.66	1.65	1.62	1.59	1.57	1.53	1.51	1.49	42
44	1.79	1.77	1.75	1.73	1.72	1.69	1.67	1.65	1.63	1.61	1.58	1.56	1.52	1.49	1.48	44
46	1.78	1.76	1.74	1.72	1.71	1.68	1.85	1.64	1.62	1.60	1.57	1.55	1.51	1.48	1.46	46
48	1.77	1.75	1.73	1.71	1.70	1.67	1.64	1.62	1.61	1.59	1.56	1.54	1.49	1.47	1.45	48
50	1.76	1.74	1.72	1.70	1.69	1.66	1.63	1.61	1.60	1.58	1.54	1.52	1.48	1.46	1.44	50
60	1.72	1.70	1.68	1.66	1.65	1.62	1.59	1.57	1.56	1.53	1.50	1.48	1.44	1.41	1.39	60
80	1.68	1.65	1.63	1.62	1.60	1.57	1.54	1.52	1.51	1.48	1.45	1.43	1.38	1.35	1.32	80
100	1.65	1.63	1.61	1.59	1.57	1.54	1.52	1.49	1.48	1.45	1.41	1.39	1.34	1.31	1.28	100
125	1.63	1.60	1.58	1.57	1.55	1.52	1.49	1.47	1.45	1.42	1.39	1.36	1.31	1.27	1.25	125
150	1.61	1.59	1.57	1.55	1.53	1.50	1.48	1.45	1.44	1.41	1.37	1.34	1.29	1.25	1.22	150
200	1.60	1.57	1.55	1.53	1.52	1.48	1.46	1.43	1.41	1.39	1.35	1.32	1.26	1.22	1.19	200
300	1.58	1.55	1.53	1.51	1.50	1.46	1.43	1.41	1.39	1.36	1.32	1.30	1.23	1.19	1.15	300
500	1.56	1.54	1.52	1.50	1.48	1.45	1.42	1.40	1.38	1.34	1.30	1.28	1.21	1.16	1.11	500
1 000	1.55	1.53	1.51	1.49	1.47	1.44	1.41	1.38	1.36	1.33	1.29	1.26	1.19	1.13	1.08	1 000
∞	1.54	1.52	1.50	1.48	1.46	1.42	1.39	1.37	1.35	1.32	1.27	1.24	1.17	1.11	1.00	∞

(4) $\alpha = 0.01$

附表4(续4)

n_2 \ n_1	1	2	3	4	5	6	7	8	9	10	12	14	16	18	20	n_1 / n_2
1	405	500	540	563	576	586	593	598	602	606	611	614	617	619	621	1
2	98.5	99.0	99.2	99.2	99.3	99.3	99.4	99.4	99.4	99.4	99.4	99.4	99.4	99.4	99.4	2
3	34.1	30.8	29.5	28.7	28.2	27.9	27.7	27.5	27.3	27.2	27.1	26.9	26.8	26.8	26.7	3
4	21.2	18.0	16.7	16.0	15.5	15.2	15.0	14.8	14.7	14.5	14.4	14.2	14.2	14.1	14.0	4
5	16.3	13.3	12.1	11.4	11.0	10.7	10.5	10.3	10.2	10.1	9.89	9.77	9.68	9.61	9.55	5
6	13.7	10.9	9.78	9.15	8.75	8.47	8.26	8.10	7.98	7.87	7.72	7.60	7.52	7.45	7.40	6
7	12.2	9.55	8.45	7.85	7.46	7.19	6.99	6.84	6.72	6.62	6.47	6.36	6.27	6.21	6.16	7
8	11.3	8.65	7.59	7.01	6.63	6.37	6.18	6.03	5.91	5.81	5.67	5.56	5.48	5.41	5.36	8
9	10.6	8.02	6.99	6.42	6.06	5.80	5.61	5.47	5.35	5.26	5.11	5.00	4.92	4.86	4.81	9
10	10.0	7.56	6.55	5.99	5.64	5.39	5.20	5.06	4.94	4.85	4.71	4.60	4.52	4.46	4.41	10
11	9.65	7.21	6.22	5.67	5.32	5.07	4.89	4.74	4.63	4.54	4.40	4.29	4.21	4.15	4.10	11
12	9.33	6.93	5.95	5.41	5.06	4.82	4.64	4.50	4.39	4.30	4.16	4.05	3.97	3.91	3.86	12
13	9.07	6.70	5.74	5.21	4.86	4.62	4.44	4.30	4.19	4.10	3.96	3.86	3.78	3.71	3.66	13
14	8.86	6.51	5.56	5.04	4.70	4.46	4.28	4.14	4.03	3.94	3.80	3.70	3.62	3.56	3.51	14
15	8.68	6.36	5.42	4.89	4.56	4.32	4.14	4.00	3.89	3.80	3.67	3.56	3.49	3.42	3.37	15
16	8.53	6.23	5.29	4.77	4.44	4.20	4.03	3.89	3.78	3.69	3.55	3.45	3.37	3.31	3.26	16
17	8.40	6.11	5.18	4.67	4.34	4.11	3.93	3.79	3.68	3.59	3.46	3.35	3.27	3.21	3.16	17
18	8.29	6.01	5.09	4.58	4.25	4.00	3.84	3.71	3.60	3.51	3.37	3.27	3.19	3.13	3.08	18
19	8.18	5.93	5.01	4.50	4.17	3.94	3.77	3.63	3.52	3.43	3.30	3.19	3.12	3.05	3.00	19
20	8.10	5.85	4.94	4.43	4.10	3.87	3.70	3.56	3.46	3.37	3.23	3.13	3.05	2.99	2.94	20
21	8.02	5.78	4.87	4.37	4.04	3.81	3.64	3.51	3.40	3.31	3.17	3.07	2.99	2.93	2.88	21
22	7.95	5.72	4.82	4.31	3.99	3.76	3.59	3.45	3.35	3.26	3.12	3.02	2.94	2.88	2.83	22
23	7.88	5.66	4.76	4.26	3.94	3.71	3.54	3.41	3.30	3.21	3.07	2.97	2.89	2.83	2.78	23
24	7.82	5.61	4.72	4.22	3.90	3.67	3.50	3.36	3.26	3.17	3.03	2.93	2.85	2.79	2.74	24
25	7.77	5.57	4.68	4.18	3.86	3.63	3.46	3.32	3.22	3.13	2.99	2.89	2.81	2.75	2.79	25
26	7.72	5.53	4.64	4.14	3.82	3.59	3.42	3.29	3.18	3.09	2.96	2.86	2.78	2.72	2.66	26
27	7.68	5.49	4.60	4.11	3.78	3.56	3.39	3.26	3.15	3.06	2.93	2.82	2.75	2.68	2.63	27
28	7.64	5.45	4.57	4.07	3.75	3.53	3.36	3.23	3.12	3.03	2.90	2.79	2.72	2.65	2.60	28
29	7.60	5.42	4.54	4.04	3.73	3.50	3.33	3.20	3.09	3.00	2.87	2.77	2.69	2.62	2.57	29
30	7.56	5.39	4.51	4.02	3.70	3.47	3.30	3.17	3.07	2.98	2.84	2.74	2.66	2.60	2.55	30
32	7.50	5.34	4.46	3.97	3.65	3.43	3.26	3.13	3.02	2.93	2.80	2.70	2.62	2.55	2.50	32
34	7.44	5.29	4.42	3.93	3.61	3.39	3.22	3.09	2.98	2.89	2.76	2.66	2.58	2.51	2.46	34
36	7.40	5.25	4.38	3.89	3.57	3.35	3.18	3.05	2.95	2.86	2.72	2.62	2.54	2.48	2.43	36
38	7.35	5.21	4.34	3.86	3.54	3.32	3.15	3.02	2.92	2.83	2.69	2.59	2.51	2.45	2.40	38
40	7.31	5.18	4.31	3.83	3.51	3.29	3.12	2.99	2.89	2.80	2.66	2.56	2.48	2.42	2.37	40
42	7.28	5.15	4.29	3.80	3.49	3.27	3.10	2.97	2.86	2.78	2.64	2.54	2.46	2.40	2.34	42
44	7.25	5.12	4.26	3.78	3.47	3.24	3.08	2.95	2.84	2.75	2.62	2.52	2.44	2.37	2.32	44
46	7.22	5.10	4.24	3.76	3.44	3.22	3.06	2.93	2.82	2.73	2.60	2.50	2.42	2.35	2.30	46
48	7.20	5.08	4.22	3.74	3.43	3.20	3.04	2.91	2.80	2.72	2.58	2.48	2.40	2.33	2.28	48
50	7.17	5.06	4.20	3.72	3.41	3.19	3.02	2.89	2.79	2.70	2.56	2.46	2.38	2.32	2.27	50
60	7.08	4.98	4.13	3.65	3.34	3.12	2.95	2.82	2.72	2.63	2.50	2.39	2.31	2.25	2.20	60
80	6.96	4.88	4.04	3.56	3.26	3.04	2.87	2.74	2.64	2.55	2.42	2.31	2.23	2.17	2.12	80
100	6.90	4.82	3.98	3.51	3.21	2.99	2.82	2.69	2.59	2.50	2.37	2.26	2.19	2.12	2.07	100
125	6.84	4.78	3.94	3.47	3.17	2.95	2.79	2.66	2.55	2.47	2.33	2.23	2.15	2.08	2.03	125
150	6.81	4.75	3.92	3.45	3.14	2.92	2.76	2.63	2.53	2.44	2.31	2.20	2.12	2.06	2.00	150
200	6.76	4.71	3.88	3.41	3.11	2.89	2.73	2.60	2.50	2.41	2.27	2.17	2.09	2.02	1.97	200
300	6.72	4.68	3.85	3.38	3.08	2.86	2.70	2.57	2.47	2.38	2.24	2.14	2.06	1.99	1.94	300
500	6.69	4.65	3.82	3.36	3.05	2.84	2.68	2.55	2.44	2.36	2.22	2.12	2.04	1.97	1.92	500
1 000	6.66	4.63	3.80	3.34	3.04	2.82	2.66	2.53	2.43	2.34	2.20	2.10	2.02	1.95	1.90	1 000
∞	6.63	4.61	3.78	3.32	3.02	2.80	2.64	2.51	2.41	2.32	2.18	2.08	2.00	1.93	1.88	∞

$\alpha = 0.01$ 附表4(续5)

n_2 \ n_1	22	24	26	28	30	35	40	45	50	60	80	100	200	500	∞	n_1 / n_2
1	622	623	624	625	626	628	629	630	630	631	633	633	635	636	637	1
2	99.5	99.5	99.5	99.5	99.5	99.5	99.5	99.5	99.5	99.5	99.5	99.5	99.5	99.5	99.5	2
3	26.6	26.6	26.6	26.5	26.5	26.5	26.4	26.4	26.4	26.3	26.3	26.2	26.2	26.1	26.1	3
4	14.0	13.9	13.9	13.9	13.8	13.8	13.7	13.7	13.7	13.7	13.6	13.6	13.5	13.5	13.5	4
5	9.51	9.47	9.43	9.40	9.38	9.33	9.29	9.26	9.24	9.20	9.16	9.13	9.08	9.04	9.02	5
6	7.35	7.31	7.28	7.25	7.23	7.18	7.14	7.11	7.09	7.06	7.01	6.99	6.93	6.90	6.88	6
7	6.11	6.07	6.04	6.02	5.99	5.94	5.91	5.88	5.86	5.82	5.78	5.75	5.70	5.67	5.65	7
8	5.32	5.28	5.25	5.22	5.20	5.15	5.12	5.00	5.07	5.03	4.99	4.96	4.91	4.88	4.86	8
9	4.77	4.73	4.70	4.67	4.65	4.60	4.57	4.54	4.52	4.48	4.44	4.42	4.36	4.33	4.31	9
10	4.36	4.33	4.30	4.27	4.25	4.20	4.17	4.14	4.12	4.08	4.04	4.01	3.96	3.93	3.91	10
11	4.06	4.02	3.99	3.96	3.94	3.89	3.86	3.83	3.81	3.78	3.73	3.71	3.66	3.62	3.60	11
12	3.82	3.78	3.75	3.72	3.70	3.65	3.62	3.59	3.57	3.54	3.49	3.47	3.41	3.38	3.36	12
13	3.62	3.59	3.56	3.53	3.51	3.46	3.43	3.40	3.38	3.34	3.30	3.27	3.22	3.19	3.17	13
14	3.46	3.43	3.40	3.37	3.35	3.30	3.27	3.24	3.22	3.18	3.14	3.11	3.06	3.03	3.00	14
15	3.33	3.29	3.26	3.24	3.21	3.17	3.13	3.10	3.08	3.05	3.00	2.98	2.92	2.89	2.87	15
16	3.22	3.18	3.15	3.12	3.10	3.05	3.02	2.99	2.97	2.93	2.89	2.86	2.81	2.78	2.75	16
17	3.12	3.08	3.05	3.03	3.00	2.96	2.92	2.89	2.87	2.83	2.79	2.76	2.71	2.68	2.65	17
18	3.03	3.00	2.97	2.94	2.92	2.87	2.84	2.81	2.78	2.75	2.70	2.68	2.62	2.59	2.57	18
19	2.96	2.92	2.89	2.87	2.84	2.80	2.76	2.73	2.71	2.67	2.63	2.60	2.55	2.51	2.49	19
20	2.90	2.86	2.83	2.80	2.78	2.73	2.69	2.67	2.64	2.61	2.56	2.54	2.48	2.44	2.42	20
21	2.84	2.80	2.77	2.74	2.72	2.67	2.64	2.61	2.58	2.55	2.50	2.48	2.42	2.38	2.36	21
22	2.78	2.75	2.72	2.69	2.67	2.62	2.58	2.55	2.53	2.50	2.45	2.42	2.36	2.33	2.31	22
23	2.74	2.70	2.67	2.64	2.62	2.57	2.54	2.51	2.48	2.45	2.40	2.37	2.32	2.28	2.26	23
24	2.70	2.66	2.63	2.60	2.58	2.53	2.49	2.46	2.44	2.40	2.36	2.33	2.27	2.24	2.21	24
25	2.68	2.62	2.59	2.56	2.54	2.49	2.45	2.42	2.40	2.36	2.32	2.29	2.23	2.19	2.17	25
26	2.62	2.58	2.55	2.53	2.50	2.45	2.42	2.39	2.36	2.33	2.28	2.25	2.19	2.16	2.13	26
27	2.59	2.55	2.52	2.49	2.47	2.42	2.38	2.35	2.33	2.29	2.25	2.22	2.16	2.12	2.10	27
28	2.56	2.52	2.49	2.46	2.44	2.39	2.35	2.32	2.30	2.26	2.22	2.19	2.13	2.09	2.06	28
29	2.53	2.46	2.46	2.44	2.41	2.36	2.33	2.30	2.27	2.23	2.19	2.16	2.10	2.06	2.03	29
30	2.51	2.47	2.44	2.41	2.39	2.34	2.30	2.27	2.25	2.21	2.16	2.13	2.07	2.03	2.01	30
32	2.46	2.42	2.39	2.36	2.34	2.29	2.25	2.22	2.20	2.16	2.11	2.08	2.02	1.98	1.96	32
34	2.42	2.38	2.35	2.32	2.30	2.25	2.21	2.18	2.16	2.12	2.07	2.04	1.98	1.94	1.91	34
36	2.38	2.35	2.32	2.29	2.26	2.21	2.17	2.14	2.12	2.08	2.03	2.00	1.94	1.90	1.87	36
38	2.35	2.32	2.28	2.26	2.23	2.18	2.14	2.11	2.09	2.05	2.00	1.97	1.90	1.86	1.84	38
40	2.33	2.29	2.26	2.23	2.20	2.15	2.11	2.08	2.06	2.02	1.97	1.94	1.87	1.83	1.80	40
42	2.30	2.26	2.23	2.20	2.18	2.13	2.09	2.06	2.03	1.99	1.94	1.91	1.85	1.80	1.78	42
44	2.28	2.24	2.21	2.18	2.15	2.10	2.06	2.03	2.01	1.97	1.92	1.89	1.82	1.78	1.75	44
46	2.26	2.22	2.19	2.16	2.13	2.08	2.04	2.01	1.99	1.95	1.90	1.86	1.80	1.75	1.73	46
48	2.24	2.20	2.17	2.14	2.12	2.06	2.02	1.99	1.97	1.93	1.88	1.84	1.78	1.73	1.70	48
50	2.22	2.18	2.15	2.12	2.10	2.05	2.01	1.97	1.95	1.91	1.86	1.82	1.76	1.71	1.68	50
60	2.15	2.12	2.08	2.05	2.03	1.98	1.94	1.90	1.88	1.84	1.78	1.75	1.68	1.63	1.60	60
80	2.07	2.03	2.00	1.97	1.94	1.89	1.85	1.81	1.79	1.75	1.69	1.66	1.58	1.53	1.49	80
100	2.02	1.98	1.94	1.92	1.89	1.84	1.80	1.76	1.73	1.69	1.63	1.60	1.52	1.47	1.43	100
125	1.98	1.94	1.91	1.88	1.85	1.80	1.76	1.72	1.69	1.65	1.59	1.55	1.47	1.41	1.37	125
150	1.96	1.92	1.88	1.85	1.83	1.77	1.73	1.69	1.66	1.62	1.56	1.52	1.43	1.38	1.33	150
200	1.93	1.89	1.85	1.82	1.79	1.74	1.69	1.66	1.63	1.58	1.52	1.48	1.39	1.33	1.23	200
300	1.89	1.85	1.82	1.79	1.76	1.71	1.66	1.62	1.59	1.55	1.48	1.44	1.35	1.28	1.22	300
500	1.87	1.83	1.79	1.76	1.74	1.68	1.63	1.60	1.56	1.52	1.45	1.41	1.31	1.23	1.16	500
1 000	1.85	1.81	1.77	1.74	1.72	1.66	1.61	1.57	1.54	1.50	1.43	1.38	1.28	1.19	1.11	1 000
∞	1.83	1.79	1.76	1.72	1.70	1.64	1.59	1.55	1.52	1.47	1.40	1.36	1.25	1.15	1.00	∞